国家哲学社会科学规划项目
国家社科基金项目（批准号：11XYY016）

U0745346

廖巧云 著

语义修辞的认知神经机制研究

Cognitive Neural Mechanism of Semantic Rhetoric

上海外语教育出版社
外教社 SHANGHAI FOREIGN LANGUAGE EDUCATION PRESS

图书在版编目(CIP)数据

语义修辞的认知神经机制研究/廖巧云著.
—上海:上海外语教育出版社,2019
ISBN 978 - 7 - 5446 - 5970 - 3

I. ①语… II. ①廖… III. ①修辞学—认知语言学—研究 IV. ①HO5

中国版本图书馆 CIP 数据核字(2019)第 167659 号

出版发行: 上海外语教育出版社
　　　　　　(上海外国语大学内)　邮编: 200083
电　　话: 021-65425300 (总机)
电子邮箱: bookinfo@sflep.com.cn
网　　址: http://www.sflep.com
责任编辑: 奚玲燕

印　　刷: 启东市人民印刷有限公司
开　　本: 635×965　1/16　印张 17.75　字数 299千字
版　　次: 2019 年 11 月第 1 版　2019 年 11 月第 1 次印刷
印　　数: 1 100 册

书　　号: ISBN 978-7-5446-5970-3
定　　价: 56.00 元
本版图书如有印装质量问题,可向本社调换
质量服务热线: 4008-213-263　电子邮箱: editorial@sflep.com

序言一

　　廖巧云教授早些年在上外师从著名语用学家何兆熊教授做博士研究，打下了坚实的语用分析学术基础；随后转入博士后研究，专注于在心智哲学视域下研究语言运用——我们知道，心智哲学是以人的心智为研究对象的哲学分支，是从形而上的角度探讨人的心智本质以及语言运用的心智工作原理——这就使巧云教授可以进一步从理论的高度思考语言运用的原理和机制；近十年来，巧云教授又专注于认知神经的实验研究，探索语言运用的脑神经运作过程，将心脑关系问题放在可观察的实验研究上考察大脑神经的映射运作。这三样学习和研究是一脉相承的，前者引领着对后者的关注，后者可以对前者进行验证和补充。这样就使语言运作的本体论、认识论的认识同语言运用的心理现实性紧密地联系起来。

　　巧云教授这十几二十年来的学术营养造就了本书——《语义修辞的认知神经机制研究》。书中首先将语言运用常见的几种修辞格加以归纳和总结，用心智哲学的心—物随附性理论进行分析，同时还用认知神经的 ERPs 实验检验这样的运用的心理实在性，使有关的探索符合脑科学研究的经验实证，又从哲学的高度整合各种身心关系的理论，从而初步完成从理论到实践的检验又从实践到理论的提升的反复过程，建立统一的理论构架，以谋求到达出理论、出思想的境地。

本书研究的是语义修辞。语言表达有两种模式：字面义表达和非字面义表达，前者用的是命题符号，是用命题符号的真值；后者先要用意象符号来体现所要表示的对象，之后还要用命题符号来表现意象，这时用的命题符号就不是用它的真值，而是以一事物的意象来表征所表示的对象，这时的心—物随附就表现为以对象所激活心智对此的感受为意象来表示该对象。这就是"表征"（representation）。语义修辞常用的就是这样的表征。心智哲学和认知心理学所关注的一个重要理论就是心理表征理论，或称认知表征理论。从心理表征理论看，认知表征是指个体经由知觉将外在环境中的事物或事件甲转换为内在的心理事件乙，这是人类获得知识的心理过程。乙是如何与甲相关以至可以用乙表征甲，这涉及外在被表征的事物事件同心智予以表征的事物事件之间所关涉的主体意向性问题。关注内在表征与它所表征的外在事物事件所涉的意向性问题，是当前心智哲学研究的一个重要课题。若只是从语言表达来说，这就是在对事件和事物转换为内在心理事件后，将心理事件储存和概念化，以利作出表征，即语言运用就是将这被表征的对象用心智里的一种方式表征出来，例如用一种句式或某种修辞格表示出来。这是语言运用的心理表征观，就是表达主体经由自己的知觉将在这样的语言环境下的感受转换为自己的心理事件的过程，并将此时此境的特定感受和认识予以定格、储存和概念化，作出呈现表征。这个过程就是本书所谈及的三个修辞格的呈现表征的实质过程。

这体现了知识表征的语义外在主义特征。语义表征从内在主义发展为外在主义，走过了从古代到当代心理表征研究的漫长经历。古代哲人如亚里士多德、柏拉图等都认为，知识只是内在于人的心理和大脑的事。19世纪末20世纪初，德国心理学家弗朗兹·布伦塔诺（F. Brentano）提出，世界上的事物可分为两类：物理现象和心理现象。物理现象不具有人的心理意向性，只有心理现象才体现人的意向性；而静态实体对心理学研究来说是没有意义的，因为这样的静态事物没有体现意向性。意向性是人心理活动的一种本质属性，是人心理活动的一种与生俱来的本能，它的基本功能是再现心理活动对外界事物作出选择和指向，是人的心理活动同外界事物联系的纽带。这就为当代的语义外在论（semantic externalism）提供了重要的理论铺垫。

我们对对象作出表征，可以用概念的真值，也可以用话语表达各种意象和形象，这就是运用修辞。许多辞格表达建构的一个重要前提是围绕对象的可能性特征展开的,例如隐喻的表达,就离不开表达主体意向性对对象的某一(些)可能性特征的选择和指向;可能性特征的选择和指向是对象与人的本质力量之间内在联系的一种方式,是人的内在本质及其意愿、目的、兴趣、偏好等在外在对象上凸显出来的一种方式。本书所提出的一个重要概念——可能性特征——就是这样的一个概念,体现了语义外在论的一个基本思想,这就回到心理意向性问题上来。

本书对语义修辞展开了研究,对修辞运用的认知神经机制进行了实验检验。巧云教授运用 ERPs 实验对语义修辞的思辨性研究结论进行了检验,得出了相应的结论。这样的做法,是认知语言学研究的一项比较新的尝试。

用 ERPs 实验对认知神经机制进行研究起源于 19 世纪末脑科医生成功对脑神经活动的成像进行记录;从 20 世纪五六十年代开始,有科学家用这种成像进行同语言运用有关的研究。之后,随着实验科学家获得了语言活动时脑神经运动的几个常数,ERPs 实验用于检验语言活动的心理实在性越来越盛行;进入 21 世纪,这种研究在我国有了很大进展,成为认知语言学的一项显学。巧云教授在这方面的研究很有成绩,得到的结论也很有说服力,是本书的一大亮点。

思辨性的研究需要必要的、反映心理实在性的实验进行检验,这是对认知语言学思辨性研究的重要补充,是语言研究要深入下去的不可缺少的一环。对此,我们要记住习近平总书记的指示,运用国外的理论和方法,如果不加分析把它奉为圭臬,一切以此为准绳,或得出与他们同样的结论,那就没有独创性可言;要推出具有独创性的研究成果,就要从我国的实际出发,坚持实践的观点、历史的观点、辩证的观点、发展的观点,在实践中认识真理、检验真理、发展真理。习总书记的这些重要指示使我获益良多;我们对巧云教授的研究在这方面有所期待,愿以此重要指示与巧云教授共勉,祝愿巧云教授磨砺以须,倍道而进。

巧云教授此书即将梓行,以公诸同好,我试弁以上数言于其端,是为序。

徐盛桓
二零一八年岁末仲冬
寓寄河南开封

序言二

一

　　廖巧云教授在科研方面勤于思考、勇于创新、笔耕不辍、成果不断,逐步形成了自己独到的研究思路,得到了学界的广泛认可。

　　廖巧云教授于 2005 年出版了专著《C-R-A 模式:言语交际的三维阐释》,其理论价值令我印象深刻。她提出了将语用学中三大理论相结合的思路,即格莱斯的合作原则(Cooperative Principle,用字母 C 指称),斯波伯和威尔逊的关联理论(Relevance Theory,用字母 R 指称)以及维索尔伦的顺应论(Adaptation Theory,用字母 A 指称),将这三者整合为她自己的 C-R-A 模型,既传承了原理论中的主要观点,也弥补了各自的不足,体现出了构思良苦、匠心独运的科研风格。其做法其实就是马克思将费尔巴哈的唯物论与黑格尔的辩证法相融合的研究方法在语言学研究中的有效运用。我曾在许多场合多次介绍过她的这种研究思路。是啊,我们不仅要知道马克思主义的基本内容(他的四大板块我们都学了好几遍），还要知道其研究方法，因其同样适用于我们进行创新实践。多种理论或观点自是各有长短，若能将诸家说教采取"以长补短"的方法加以整合，灵活运用马克思的融合法研究思路，这确实不失为一种开发创新思维的好方法。

不久之后，巧云教授又出新成果，她于2011年出版了第二部专著，题为《因果构式的运作机理研究》。她在这一研究中提出了"整体性认知—语用模型"（HCPM），且以其为理论框架，较为详细地探讨了英语因果构式的生成机制和识解机理，这完全符合学术规范，既有自己的新颖论点，也有理论框架的实际运用，又为学界展现了一种理想的科研模板。回看当下的学术界，很多论文缺少自己的论点，照搬国外的理论，再套上中文的例句，这种应用型论文似乎在干着"为他人作嫁衣"的营生，导致了我国老是在理论研究上没有什么重大突破的尴尬局面。还有的论文根本就缺少新颖的论点，将文科研究视为语料调查、数据统计的演练场，这些为数据而数据的文章，究竟对外语教学产生了什么指导意义？很多学者为这样的研究模式甚感担忧！还有一类论文在提供论据时常常是信手拈来，随便找几个例子或生造例句来说明自己的观点，这又能说明多少问题呢？岂不知语言规律几乎都有例外，就任何一种现象都能找到反例，此时若不借助语料库或大数据，采用原型范畴理论来加以分析，文章就会失去应有的说服力。

我在这本书的序言中曾将巧云教授的科研思路总结为"学而养思，思而育文，文而炼心，心生言立"。日前她的第三部书稿——《语义修辞的认知神经机制研究》又摆在了我面前，这为我先前的总结又一次做出了佐证。她因持之以恒的学习，一直掌握着学科发展的前沿动态；因潜心竭力的思考而成果不断，从而心胸开阔，视野宽广，一直行走在"跟踪前沿，勤于思考，勇于创新，开阔视野"的宽广大道上。她一路走来，风尘仆仆，成果累累，也积攒了扎实的理论功底，养成了较强的科研能力。这次她再邀我为其作序，我很是欣慰，为她在科研道路上所取得的每一点滴进步感到由衷的高兴，谨以此序，以表祝贺！

二

正如作者所言，本书是在后现代主义哲学的大背景下应运而生的。

巧云教授尝试以后现代的心智哲学、体验哲学和生成整体论为主要理论指导,基于她自己于 2011 年建构的整体性认知—语用模型,提出了意向性视域下的"内涵外延关联—传承模型"(ADRIM),用来阐释语义修辞话语的识解机制;巧云教授还运用该理论分析了大量的语义修辞范例,以验证其可操作性;她还进一步应用认知神经心理学最为成熟的 ERPs 技术手段进行实验研究,以论证语义修辞识解认知神经机制的心理现实性。

　　长期以来,语言学与(语言)哲学一直处于"两张皮"的状态之中,直到 21 世纪初才有所好转,但相对于我国高校现有约一百万外语教师的规模来说,将这两个学科结合起来做贯通研究的学者实在是和者甚寡;至于将语言学与后现代哲学结合起来做综观处理的更是凤毛麟角;更不用说将建设性后现代哲学与语言学进行整合研究了,到目前为止暂付阙如。巧云教授勇于尝试,在本书中明言"运用后现代主义的哲学观点和方法论来做语言研究",确实为我国语言学界(包括外语界和汉语界)研究的一种创新做法。哲学号称是一切学科的基础,在哲学视野下,又是后现代哲学,特别还是建设性后现代哲学的视野,来探讨语言理论,必有另一番滋味在心头。巧云教授就尝到了这番滋味,且还做出了一篇漂漂亮亮的大文章、好文章,值得点赞。

三

　　《语义修辞的认知神经机制研究》一书论点明晰,论证充分,层次清楚,得出的结论令人信服,给人留下了深刻的印象。就我而言,除上所述之外还主要有以下几点感受。

　　1. 紧跟学术前沿,把握发展脉搏

　　时代在不断前进,人类在不断进步,理论也在不断翻新。我们这些读书人总有一种感觉,稍不留神或稍有懈怠就会掉队,而且一旦落后,就会总有跟不上趟的感觉。这就需要我们在学习和科研时,必须紧跟学术前沿,把握时下的发展脉搏,才能保证自己行走在前沿,只有这样才能将学生带进前沿。

　　正如上文所言,建设性后现代哲学思潮为当代语言研究开启了全新方向,它正是当前语言学研究的前沿哨所之一。在这一思潮的统摄下,我们当从多元性、多维性、人本性等角度来研究语言,特别是当前学界已有人提出了"中国后语言哲学""体验人本观""意义体认观"和"体认语言学",这都是我们要密切关注的新动向。如何才能做到"多元"和"多维"?关注一切与语言使用相关的因素!这是语言学前沿给我们提出的新要求,也是时代赋予我们学人当下的使命!绝不能再走老路,像索绪尔那样关门打语言,像乔姆斯基那样关门打句法,理当坚持"开门观",理应肩负"担当",这便是本书所奉行的基本研究方向。

2. 瞄准跨学科,强调综观性

要想进入学术前沿,跨学科,乃至超学科,是当今语言研究的又一大趋势。上文我所论述的巧云教授的研究思路,正是绷紧了"跨学科"这根弦,一旦有了交叉学科的视角,跳出纯语言研究的窠臼,结合哲学、人类学、神经科学、心理学、教育学、计算机科学等认知科学,在认知大背景的统摄下来探索语言中的若干现象,定能获得一种全新的感受。

巧云教授所撰写的这部专著,大胆尝试从大脑神经活动的视角来探究修辞认知的神经机制,抓住了认知神经科学为语言研究带来的发展机遇。坚持这种跨学科和超学科的研究方向,既注重从学科内部向纵深发展,也关心从学科外部与认知科学的结合,把握多层次、多维度的互动和动态的交叉,这样的探索必然会带来语言研究的新天地。本研究的成果可能是初步的,但却展示了认知神经语言学广阔的发展前景和可观的应用价值。

3. 理论结合实践,满足战略需求

为实现将我国建设成经济、政治、文化强国的目标,科研当关注"中国文化传播及中国文化走出去"的战略需求,语言研究也应与其紧密结合。当今人们对语言的认识早已突破"工具论"的羁绊,认为语言是社会生产力,是知识储备库,是民族凝聚剂,是生存家园。我们已经进入了"信息化、智能化"的新时期,对语言研究有了新的需求,这为我们带来了新的机遇,但也是一个新挑战。科技创新、人工智能、文化建设、语言教育和大众生活中所反映出的以及急需解决的各种语言问题,越来越紧迫地摆在了我们面前。特别是近来国内外开展得如火如荼的人工智能研发,急待人们在语言表达、跨文化驾驭等方面有所突破。

在这大好形势的鼓舞下我们进一步认识到,语言研究需要服务于人工智能的开发与国家战略的需要,以利于早日实现"走出纯语言研究"的困局。巧云教授在书中所积极倡导的"思辨性探索"与"实证性分析"相结合的方法,很具有推广价值,可帮助学界克服那种"论点"与"论据"相脱节的文章写作方法，为人文研究提供了一个可供借鉴的范例。巧云教授的本项研究试图通过分析人类语言的运用来窥探心智运作的过程，在一定程度上有助于我们深刻认识人类自然语言处理的基本原理和运行方式，同时该项科研成果也为认知神经科学提供了若干素材，为认知语言学和体认语言学提供了新的科研方向，有望为人工智能边缘于语言研究提供一条可资借鉴的探索新路。我们相信，语言的思辨性研究与脑科学探索的有机结合，必将有效地推动理论创新，有效地促进人文研究不断走向完善。

四

当然了，将有关认知神经和脑科学的研究方法用于语言学研究，这在国内外才几十年的发展时间，还有漫长的路要走。学界虽有不同声音，但不影响这一新生事物的成长与发展。巧云教授将其运用于语义修辞的识解机制分析，这一尝试是有价值的，新生事物需要扶持，更要看到它未来还有很大的探索空间，特别是其他语义修辞的实验研究尚待展开，不同年龄段、不同种族、不同社团等作为被试的研究也可成为未来研究的内容。

希望巧云教授及其后来者能够在这一领域有更多的付出，更大的收获！

王　寅

2018 年 12 月 18 日

目录

图片清单

表格清单

前言

　　本书旨在以心智哲学和生成整体论为主要理论指导，为汉语语义修辞识解研究构建一个分析框架，以揭示语义修辞的识解机制，并运用框架对语义修辞范例进行分析，以验证框架的可操作性；再进一步应用认知神经心理学最为成熟的 ERPs 技术手段进行实验研究，以论证语义修辞识解认知神经机制的心理现实性。由于汉语修辞种类繁多，而这样一项研究无法涵盖各类修辞，因此本研究聚焦于语义修辞。

　　语义修辞研究历史悠久。迄今为止，国内外许多学者从古典修辞学、传统修辞学、新修辞学、语义学、语用学、认知语言学、认知神经语言学等视角对修辞进行过探讨，比较清楚地梳理了修辞的复杂情况，为修辞的分类、描写及其规范运用积累了大量成果。不过，对于语义修辞识解机制的研究还有待进一步深化。同时，国外关于语义修辞认知神经语言学研究的资料较为丰富，但这些研究主要是对某一种语义修辞（如隐喻、双关等）的涉猎，而直接涉及语义修辞话语识解认知神经机制的研究不多；国内的同类研究是近几年才出现的，涉猎范围很小，而且还没有学者试图将语义修辞放在一个统一的语言学理论框架中进行探讨并同时运用 ERP 实验对框架进行验证。因此，本研究希望在语义修辞识解的认知神经机制研究方面做出新的尝试。

全书共分七章。第一章为绪论,涉及本书的研究目标、理据和方法论等;第二章在对汉语修辞进行简要介绍的基础上,回顾其研究简史,并进一步对语义修辞研究进行了回顾,提出了本研究的基本假设和主要论题;第三章运用基于模型的语用推理理论下辖的内涵外延传承说对整体性认知语用模型(HCPM)下辖的话语识解框架进行修补,并运用心智哲学理论对框架进行拓展,提出了意向性视域下的内涵外延关联—传承模型(Annotation-Denotation Relevance-Inheritance Model,ADRIM);第四章将ADRIM用于分析不同的语义修辞话语,以范例分析来验证模型的合理性和可操作性;第五章简要介绍了认知神经语言学研究概况和ERPs研究方法,以说明本实验研究的必要性和可行性,在此基础上,详细讨论了本书的实验技术和具体方案;第六章是关于语义修辞话语认知神经机制的ERPs实证研究,即语义修辞范例的ERPs研究,在一定范围内、一定程度上验证了我们运用定性研究方法所得到的思辨性结论;第七章为总结与展望。

本研究成果主要内容如下:

第一,构建了语义修辞话语识解机制分析框架。在对心智哲学和认知语用学的实践进行反思之基础上,以心智哲学和生成整体论为理论指导,构建了语义修辞识解机制分析框架。针对整体性认知语用模型下辖的话语识解框架在分析修辞话语识解机制时难以构建起修辞话语所涉及的两个域之间关系的问题和基于模型的语用推理理论下辖的内涵外延传承框架无法解释为什么能够说"A是B"以及两个概念的属性是如何传承的等问题,运用后者对前者进行修补,并运用心智哲学理论对框架进行拓展,提出了意向性视域下的内涵外延关联—传承模型(ADRIM)。该识解框架可以简述为:修辞话语的识解过程是在意向性主导下,在整体性框架内,依靠相邻/相似性,在心—物随附性作用下,从显性表述溯因推导出隐性表述并推导出交际意图的过程。更具体地讲,通过关联—传承手段寻求修辞话语涉及的事物间的内涵外延关系,并依靠在心—物随附性作用下形成的能够体现A与B两事物之间关系的可能性特征,即发现一事物从逻辑语义角度本不具备的特征即可能性特征,以构建体现两事物之间关系的"A是B"表达式;并依据话语所在的整体性语境推导出两事物之间能够构成修辞关系的相关特征,以获得相对完备的表达,最后推导出讲话人交际意图的过程。其中,在心—物随附性作用下提取可能性特征是关键,也是语义修辞话语识解区别于一般话语的焦点。

第二,运用ADRIM探索语义修辞的识解机制,用范例分析方法验证了模型的合理性和可操作性,即从定性研究角度对框架的可操作性进行验证。根据研究目标,本文将英汉语中常见的八种语义修辞话语即隐喻、转喻、比拟、反语、夸张、移就、委婉、双关等分为三类,即基于"相似性""相邻性""相似性+相邻性"的三类,进行逐一分析,以此说明本研究所构建的ADRIM的可操作性及对语义修辞识解机制的解释力。通过对主要的八类语义修辞的分析,说明本研究所构建的内涵外延关联——传承模型能够有效地用于语义修辞话语识解机制的分析,具有较强的可操作性。

第三,探讨了汉语语义修辞识解的认知神经机制ERPs实验研究的方案,并确定以语言理解涉身认知理论模型——索引假设为理论框架,采用语言理解的可供性提取的研究范式。本研究的重点是要对语义修辞识解过程中可能性特征提取的心理现实性进行实验研究。可能性特征提取反映了语义修辞理解的心智过程;修辞是由心理语言外化为具体修辞表达式的。语义修辞识解过程中的可能性特征提取是一种心智活动,是人类在心—物随附性的基础上形成的对外界纷繁复杂的世界认知性的关联总结。因此,可供性提取的实验研究范式符合本实验研究需求。

第四,应用ERPs技术对语义修辞话语识解机制假设进行实证性研究,进一步验证了语义修辞识解过程的关键环节,即在内涵外延关联——传承过程中心—物随附性作用下可能性特征提取的心理现实性。从三类语义修辞中各选取一种修辞话语即隐喻、反语、双关等作为实验研究对象,以汉语为母语的外语学习者为被试,设计了三个实验分别探讨三种语义修辞识解的认知神经机制的核心环节,即可能性特征提取的心理现实性。三个实验结果显示:不论是行为数据结果还是反应早期语义加工的N400和反应后期语义整合的LPC等ERPs成分,都从不同层面支持修辞识解过程中可能性特征提取具有心理现实性这一假设,可能性特征提取有助于促进语义修辞话语的识解。

本书具有广阔的应用前景。首先,本书对从认知语言学、语用学和认知神经语言学角度进行语义修辞研究乃至整个修辞系统的研究具有重要的理论参考价值。本研究构建了语义修辞话语识解机制分析框架,并指出通过关联——传承手段在心—物随附性作用下提取能够体现A与B两事物之间关系的可能性特征为语义修辞话语识解的关键环节,这使在构建语义修辞话语涉及的两个域之间关系的研究取得了突破;思辨性研究与实证性研究有机结合的成功尝试,为语言研究提供了可供借鉴的研究范例,语言的思辨性研究与脑科学研究的有机结合将有效推动理论创新工作的展开,以有效促进理论不断走向完善;创造性地将索引假设作为理论框架,采用语言理解的可供性提取研究范式,进行了修辞话语识解机制的ERPs研究,验证了语义修辞话语识解的关键环节是通过关联—传承手段在心—物随附性作用下提取能够体现 A 与 B 两事物之间关系的可能性特征的思辨性结论,该研究范式为其他修辞研究乃至整个语言研究提供了参考。其次,本研究成果在一定程度上为人类心智研究和人工智能语言研究提供了有价值的参考。面对当今社会的语言需求,特别是针对信息化、智能化对语言的需求,面对科技创新、文化建设和大众生活中的各种语言问题,以及随着国内外人工智能研发如火如荼的进展,人工智能在语言表达能力、跨文化驾驭能力方面的研究有待突破,使语言研究服务人工智能开发与利用的国家战略。本研究通过人类的语言运用来窥视人类的心智运作,在一定程度上揭示了人类自然语言处理的基本原理,因此,该研究结果为认知神经科学研究提供了素材,有望为人工智能的语言研究提供可资借鉴和进一步反思的研究成果。再次,该研究对语言教学特别是修辞话语的教学具有重要启示和实践指导意义。本书以八种语义修辞为主要研究对象,但该研究方法可以投射其他各种修辞,进而投射所有非字面义表达,从而为非字面义表达的教学提供参考,即非字面义表达的教学应该重点注意其所表达的语义,并且要解释其含义的来源。这将对外语教学中教师培养学生的语言运用能力具有重要的指导意义和参考价值。

本书主要面向对语言和语言研究感兴趣的大学生和研究生,也面向广大外语教师和有关社会工作者。

本书在撰写过程中得益于许多人的关心和帮助。首先要感谢在理论框架构建过程中给予我诸多帮助和指导的徐盛桓教授和王寅教授等,他们对学术的孜孜以求、对后学的无私提点也为我树立了榜样。感谢在认知神经语言学研究方面给予我诸多帮助的赵仑教授、张辉教授、姜孟教授、王小潞教授和王慧莉教授等;感谢徐盛桓教授带领的心智哲学与语言研究团队成员们和四川外国语大学姜孟教授带领的认知神经语言学研究团队的成员们,他们从不同层面以不同方式在本书成文过程中给予了诸多帮助,特别感谢牛保义教授、刘辰诞教授、刘玉梅教授、赵永峰教授、蒋勇教授等;感谢我的研究生和访问学者们,博士研究生邱晋、胡权、郑洁等,访问学者孔淑娟、傅瑛、李玉萍等,以及硕士研究生潘翔、谭志鹏、曹湘洁、陈慧、乔瑒、杨杰、武瑾萍、张秀碧、邬登菊、董祎、赵雪、郭峡利、杨梦珍、王彦力、陈晓凤、周维佳、陈梅、司涵也、刘群、高丹、薛青妍、张俊、贺秀珍、唐璐、张弘帆、张善新等,他们或参与了文献资料的收集整理,或参与了实验数据的收集和实验过程等,有些同学还参与了后期的校读工作;感谢国家社科项目参与人徐盛桓教授、赵仑教授、蒋勇教授、王鲁男教授、赵应吉教授、邱晋博士和孟利君博士。感谢上海外语教育出版社,特别感谢梁晓莉老师和奚玲燕老师,她们为本书的出版付出了大量心血。感谢我的丈夫和儿子,有时我因忙于行政工作或研究工作而对他们有所忽视,但他们都给予了足够的理解与包容,使我免却许多后顾之忧。最后要感谢参考文献所涉及的作者们,他们的研究成果是本书之基础。

本书除得到国家社科基金(批准号:11XYY016)的资助外,还得到了上海外国语大学引进人才科研经费(编号:KY01X0322017004)和上海外国语大学校级重大科研项目(2018114027)的资助,谨表谢忱;其中部分成果已经在《外语教学与研究》《外国语》《现代外语》《外语学刊》《外语教学》等 CSSCI 源刊上发表。

囿于本人水平,书中定有不少疏漏,敬请读者指正。

廖巧云
2018 年冬于上海外国语大学

第一章

绪　论

第一节　修辞研究概览

修辞研究历史悠久,最早发端于古希腊和古罗马。当时出现了一些大修辞学家,其中的主要代表是亚里士多德和昆体良(Quintilian),亚氏的《诗学》(*Poetics*)、《修辞学》(*Rhetoric*)等便是修辞学的奠基性著作(徐盛桓,2008d)。

修辞学是表达的学问,是研究话语表达效果的学问(王希杰,2004:15)。根据修辞学探究的范围,人们常常把修辞学分为过宽和过窄两种情况。过宽的修辞学主要考察研究说和写的整个过程,研究作文的全部过程,有的修辞学著作把文章的题目、材料、谋篇、裁章、主题等都纳入修辞学范围;过窄的修辞学,就是主要或者仅仅研究修辞格,或把修辞学仅仅理解为语言的美化。这两种倾向都是不可取的。修辞格只是修辞学的一个组成部分,而且是一个不可缺少的、最重要的组成部分。

“亚里士多德的修辞学成了从哲学出发研究修辞学格

式化的最辉煌的尝试"(Ricoeur, 1997: 16;转引自汪堂家,2004)。传统修辞学的主要研究对象是修辞格式的运用,重点关注辞格的建立和分类问题。这样的研究是静态的,脱离了修辞学与外界的联系(王希杰,2004: 15)。20世纪下半叶出现了新的修辞研究。新修辞学同传统的研究相近,主要还是关于辞格的研究。但研究者在结构主义语言学的理论框架下,将修辞格区分为形式和内容两大类,并提出了或引进了"修辞零度""义位转换""冗余""偏离"等重要修辞概念(汪堂家,2004),从而使得其研究显出新意。

我国从先秦时期开始,对修辞有过不少有价值的论述,不过,很长一段时间涉及的基本上是辞格研究。20世纪后期,有学者尝试将系统学、社会语言学、篇章语言学等理论引进修辞研究,也有学者尝试引进了"修辞零度""偏离"等重要修辞概念(王希杰,2004: 76),不过,我国修辞学界的研究主要还是表达论的研究,而且迄今为止新的突破似乎并不多。

当代的修辞研究逐步从研究"怎样说"发展为研究"为什么这么说"。当代修辞研究以认知视角的研究最具代表性。其中,最有影响力的当推雷可夫和约翰逊(Lakoff & Johnson, 1999)从认知视角对隐喻进行的研究,他们认为语言都是隐喻性的;斯波伯和威尔逊(Sperber & Wilson, 1995/2001)从认知语用视角对修辞话语特别是对反语进行了较为深入的探讨;徐盛桓等(徐盛桓,2008d;廖巧云,2008a;黄缅,2008)从认知语用视角探讨了修辞话语的生成机制。他们认为,语言运用体现一定的认知方式和认知策略,而这些认知方式和策略又受人类基本认知能力的制约;一般话语和修辞话语构成了话语连续体。与一般话语相比,修辞话语的含意通常比一般话语更加丰富,含意的蕴涵方式和方法比较特别。因此,一般话语同修辞话语的基本特征及其运作机制是相通的;同时,也因为修辞话语的含意比一般话语表现得更为丰富多样,含意的蕴涵方式方法更为特别,并有其明显特征,所以值得研究(徐盛桓,2008c)。

国外关于语义修辞的认知神经机制的已有研究资料较为丰富,不过其研究也主要是对某一类语义修辞(如隐喻、双关等)的涉猎,而且极少涉及语义修辞话语的识解机制研究;国内的同类研究是近几年才出现的。迄今为止,探索语义修辞的认知神经机制在我国还未得到应有的重视,还没有学者试图将语义修辞放在一个统一的语言学理论框架中进行探讨并用ERPs实验进行验证。事实上,国内关于认知神经语言学的研究才刚刚起步,特别是汉语各个层面的ERPs研究还有待突破,实验设计方法有待进一步探讨,整合不同方法的研究范式有待进一步深入探索,等等。从认知神经语言学角度对语义修辞进行认知神经机制研究还有许多问题值得探讨：语义修辞的理解过程究竟是怎样的？影响语义修辞理解的主要因素有哪些？这些因素又是如何影响语义修辞的加工过程的？语义修辞话语识解的认知神经机制究竟是什么？等等。因此，本研究试图就目前需要探讨的问题展开更深入的思考和探索。

第二节　研究目标和基本假设

本研究的主要目标是在提出一个研究语义修辞话语识解机制的整体性框架之基础上，分析部分修辞范例，并应用认知神经心理学最为成熟的ERPs技术手段对修辞的认知神经机制进行实证研究。首先，我们将在语言研究的层面进一步探究语义修辞的识解机制，即在意向性解释视域下研究语义修辞话语识解的认知神经机制，并提出语义修辞的认知神经机制假设；然后从神经活动的过程来检验我们从认知语言学理论角度研究所得到的思辨性结论。更具体地讲，试图通过ERPs实验，记录正常被试在面对语义修辞的不同实验材料时呈现的脑电，并根据不同时间加工进程，分析了解一般话语和语义修辞话语加工之间的区别和联系，揭示语义修辞认知的大脑神经机制，以验证我们从认知语言学角度提出的语义修辞识解框架。主要研究内容如下：

第一，在对心智哲学和认知语言学的实践进行反思之基础上，以心智哲学和生成整体论为理论指导，构建语义修辞话语识解机制的整体性分析框架，探索语义修辞的识解机制，阐释其根本原则和策略；提出基于概念的内涵外延关联—传承手段提取可能性特征是所有语义修辞的认知神经机制的假说，认为所有语义修辞表达都显性/隐性地包含着"A是B"或"B是A"的句法表征，或者说所有修辞手段（如隐喻、双关、反语等）的识解受制于一个变量，归结为"替代"，其理解的认知神经机制为基于概念的内涵外延关联—传承过程的可能性特征提取。

第二，进行ERPs实验研究，从神经活动的过程来检验我们从认知语言学和认知语用学角度研究所得到的思辨性结论。我们将以母语为汉语的对象为被试，采集他们理解汉语语义修辞时的行为和脑电数据，对实验数据进行离线分析并对结果进行讨论，用以探讨修辞话语的认知神经机制;用实验验证语言理论假设,即考察探索思辨性理论假设的神经心理基础。其中,实验过程将主要通过 ERPs 的 N400 和 LPC 等成分反映语义加工情况;同时充分考虑其他一些可变因素,如认知主体对相关修辞的熟悉度等。通过 ERPs 实验研究,主要考察汉语语义修辞在线加工的认知神经机制,即在心—物随附性作用下提取可能性特征的心理现实性;并附带考察语义修辞识解的脑区差异以及影响修辞在线加工的语境因素。

根据以上研究目标,本研究提出如下基本假设:

第一,语言学的观点和"大脑"的观点是互补的。语言学关注的是语义修辞在语言层次上体现的规律性(孙维张,1989);而所谓大脑的观点,是关注大脑对修辞的在线加工的认知过程以及这种认知过程背后的脑机制(Federmeier, et al., 2003)。本研究是要把这两种观点有机地结合起来。

第二,概念的内涵外延关联—传承是所有语义修辞的认知神经机制,其核心环节是通过概念的内涵外延关联—传承手段在心—物随附性作用下提取可能性特征。

第三,汉语语义修辞话语同一般话语一样,遵循一般话语识解过程的基本规律,我们能通过理解一般话语的方式理解修辞话语。不过,在理解这两类话语的过程中,语义修辞话语较一般话语需要经过更多的环节达至话语识解。

第三节　研究的理据[①]

本研究将在后现代哲学视域下,以心智哲学和生成整体论为指导,构建一个语义修辞话语的识解机制分析框架,以揭示语义修辞的识解机制,并运用认知神经语言学最为成熟的 ERPs 电生理技术来检验其可行性和合理性。具体理论依据如下。

第一,该研究符合后现代哲学视域下的语言研究需求。后现代主义思潮对西方哲学发展过程进行了一次深刻的理论反省,成为西方哲学试图跳出传统哲学藩篱的一次大胆尝试,展示了当代西方哲学发展的新转向。根据利奥塔(Lyotard, 1984:60)的观点,后现代科学理论的发展是非

---

① 本小节根据廖巧云(2013)改写而成。

连续的、多变的和矛盾的。这被当作对现代主义思维方式的反叛。两者不同的是,现代主义总是追求统一性、一致性、有序性、总体性、客观性、永恒性等;而后现代主义追求的则是多样性、非连续性、差异性、零散性、非一致性、不完满性、特殊性、多元性、不确定性等(于鑫,2004)。后现代主义倡导的去中心性、创造性和多元性等,对众多研究领域产生了重要影响,特别是建设性后现代哲学思潮强调的"整体发展观"和"务实进取精神"(王寅,2012)具有很高的理论地位。

在后现代语言哲学视域下,语言研究呈现出纷繁多元的研究态势。后现代语言哲学,是伴随着语言学研究的体验观(embodiment idea)的成熟而进一步发展起来的,认为语言知识是身体、大脑和世界三者互动的结果,因此,语言将物质世界和精神世界这两个世界沟通起来。从后现代语言哲学的理念可以看出,语言研究需要从认知心理学和脑神经科学等寻求支撑,也就需要将语言系统、身体意象、身体图式、大脑神经、心理活动等都看作研究语言的基本方面。总之,建设性后现代哲学视域下的语言研究呈现出三个主要特征:首先,强调语言研究的多元性和多维性;其次,强调"体验人本观"和"意义体认观"(王寅,2010);再次,强调语言的人类独有性和人的主体性。后现代哲学视角下的语言研究使一切与语言使用相关的东西都进入了研究者的视野,不仅需要有更为广阔的视野和更加多元的视角,而且还需要有跨学科或超学科的眼光。

心智哲学、生成整体论、认知语用学理论和认知神经语言学理论都是后现代哲学视域下的代表性理论或者产物,因此将成为本研究的主要理论基础。

第二,本研究符合语义修辞话语认知神经机制研究现状的要求。正如本章第一节关于修辞研究的整体情况所述,从古代起,无论是东方还是西方,修辞研究都经历了长时间的材料积累和进行描写与分类的探索。这时的研究所涉及的,主要是修辞的外在表达形式以及其中的逻辑基础,主要关注辞格的建立和分类问题,属于静态研究;20世纪下半叶修辞学研究发生变革,从而出现了新的修辞研究,但仍与传统的研究比较接近,主要致力于对辞格的研究,当代修辞研究以认知视角的研究为主要代表,认为修辞性话语本身就是交际使用的话语,作为话语的一部分,它既规定整体,又体现整体,话语是由一般性话语和修辞性话语构成的一个连续体,并对修辞话语的生成机制进行了较多探讨;语义修辞话语的认知神经机制研究虽然取得了较大突破,但仍然处于起步阶段,而且面临着较多发展难题。国内关于语义修辞认知神经机制的研究还需要进一步加强,需要

第一章 绪论

构建一个能够系统研究修辞认知神经机制的整体性框架,需要进一步运用 ERPs 实验对从认识论角度的研究所获得的思辨性结论进行验证。该研究现状说明了本研究的必要性。

第三,该研究能够满足当代语言研究跨学科性的需求。认知神经语言学"是一门以有限的大脑神经科学的研究成果为框架,通过分析语言现象来构建理论模型,研究探讨语言和大脑的关系的学科"(常欣,2009:内容简介)。该学科从心理、认知与神经视角研究语言的本体特征和内在机制,以揭示语言作为一种心智现象的奥秘。

认知神经语言学是以语言认知为研究对象的新兴语言学理论,不但能将语言学同大脑神经科学联系起来,而且还能将语言学同计算科学、人工智能等研究联系起来。

因此,认知神经科学的发展有力推动了语言学的发展,使语言学不但要在自身学科内部寻求纵深发展,而且还需要结合认知科学的相关学科寻求外部发展,从而与神经科学、心理学、人类学、人工智能、教育学等之间发生多层次、多维度和动态的交叉融合。众所周知,语言在本质上属于大脑的认知机能,因此,研究语言也就不可避免地要涉及认知科学和神经科学,从而产生了认知神经语言学。由是观之,认知神经语言学本身就是跨学科研究的产物。因此,本研究顺应了当代语言的跨学科研究趋势,具有非常可观的发展前景和应用价值。

第四节　研究的对象和范围

众所周知,修辞话语是一个大家族,而且修辞话语的定义和种类会因修辞学家的不同而有所差异,因此,修辞话语的分类是一个较为复杂的问题。20 世纪前 70 年,汉语修辞格稳定在三四十格之间。60 年代末开始了创建新格的潮流,到 80 年代,创建新格成了一种风气。汉语辞格急剧增加,多到一两百个(王希杰,2004:14)。常用的修辞格或修辞手法包括比喻、比拟、夸张、排比、反复、对偶、设问、反问、借代、反语、对比、联想、通感、双关、顶针、互文、回环、移情(移就)、粘连等[①]。王希杰(2004)从意

---

① 参见"修辞手法"——百度百科(2012/05/10)。

义、声音、结构、均衡、变化、侧重、联系等角度对不同修辞格进行了全面讨论，并分析了不同修辞格的特点。陈汝东把修辞分为形式化修辞和意义化修辞两类。形式化修辞包括对偶、排比、反复、顶真、回文等；意义化修辞方法包括比喻、借代、比拟、夸张、双关、移就等。所有这些类别还可进一步分为不同的小类（陈汝东，2004：161-253）。

本书的研究对象是语义修辞话语，主要探讨词汇层面的与语义相关的修辞话语，即以意义化修辞格为主要研究对象。这样选择主要出于以下考虑：第一，修辞格这一系统涉及的面太广，一部专著无法涵盖所有修辞格，而选择语义修辞为研究对象则有较好的代表性；第二，出于使实验设计更具可操作性的考虑，ERPs实验的精密度要求较高，无法同时兼顾研究的各个方面或者层面，也就是说，每个实验语料涵盖面不能过宽，只能反映较为具体的问题；第三，我们希望以语义相关的修辞研究为出发点，辐射其他种类修辞格的研究。

如上所述，修辞话语可以是对短语的转换或是一种说话风格，也可以是把字词或短语从固有意义转成其他意义；也就是说，语义修辞话语是由语义变异引发的。因此，本书研究的语义修辞，作为众多修辞格中较为独特的一类，主要指词汇层面通过语义变异构建起来的修辞表达。这些辞格具有一个重要的共同特征，那就是这些修辞格的理解需要进行概念置换，从而发生语义变异。简单来说，语义变异就是指对语义修辞而言，看似无所指的 A，与 B 之间至少存在某一个方面的同一性，可具体体现为相同或相似或相应或相关的关系；也就是说，在意向性作用下，A 能指向某个 B（徐盛桓、廖巧云，2013；徐盛桓，2014）。根据同一律的要求，在同一思维过程中，人们使用的概念必须是确定的，也就是有确定的内涵和外延，所以，不同的概念要以不同的名称来反映。即是说，概念的同一就是指概念外延必须保持同一；而概念置换，就是指违反了同一律的要求，把不同的概念视作同一个概念加以运用，以期达到某种修辞效果（廖巧云、邱晋，2009）。这样生成的语义修辞话语便是本研究的主要对象。

第五节　研究的方法论

该研究不仅要从语言研究层面进一步探究语义修辞话语识解的认知

机制,而且还要从超语言学科领域,借鉴哲学特别是心智哲学、心理学和神经科学等领域的研究方法来探讨语义修辞的认知神经机制。其中主要运用的是从大脑信息加工的视角,使用脑成像实验结果验证理论的方法。具体方法如下。

第一,定性研究方法,具体采用溯因推理(Anderson, 1983; Hopper & Traugott, 1993)的方法。我们将先选取典型的修辞表达进行观察和分析,提出研究假设,构建一个研究修辞识解机制的分析框架,用于解释语义修辞话语的识解过程,"最后用解释的有效性强调假设的适用性"(廖巧云,2011: 7)。

第二,实验研究方法,具体采用时间分辨率很高的 ERPs[①] 电生理技术和先进的脑成像手段研究语义修辞话语识解的认知神经机制。主要是从大脑信息加工的角度,通过电生理实验结果验证理论的方法,验证我们从认识论角度研究语言所得出的思辨性结论。认知神经科学和生命科学的发展改变了语言学研究的范式。"新方法的出现,特别是方法学的突破往往是新学科出现的条件"(魏景汉、阎克乐,2008: 4);"几乎在任何领域的所有研究上取得的进步都有赖于不断改进的测量手段"(Kalat, 2008: iii)。因此,将认知科学和大脑神经科学的研究方法用于指导语言科学研究,是语言研究实现突破的重要路径。根据常欣的讨论,在认知神经语言学研究中所使用的核心技术,如正电子辐射断层摄影(PET)、功能性核磁共振成像(fMRI)、事件相关电位(ERPs)、脑电图(EEG)、脑磁描记法(MEG)、眼动技术(eye-tracking)等技术中,眼动技术、ERPs 和 fMRI 属较为常用的语言理解实时研究方法,这些脑研究技术能为心智的探索提供可信的证据(常欣,2009: iv)。在所有这些方法中,ERPs 是目前应用比较广泛、比较成熟稳定的技术,已经成为认知神经语言学使用的最核心的技术之一,"可以解决毫秒内发生事件的时间历程和初步的脑定位问题"(常欣,2009: iv)。运用无创伤性脑功能成像技术,人们可以从脑外对脑内高级功能活动的物质图像进行观察;而且,与语言不同层面研究相关的ERPs 成分也得以发现。ERPs 用于语言运作的认知加工研究有两种途径:从 ERPs 到认知研究,关注并考察某个脑电成分的属性、发生源和心理意义等;从认知研究到 ERPs,关注与某个认知过程有关的脑电差异的研究。ERPs 能够在心理功能正常与功能违例这两种情况下同时开展实时的语言运作即语言生成与语言理解研究(详见第五章第三节)。因此,本书将采用 ERPs 实验对我们的思辨性结论进行验证。

---

① 关于 ERPs 技术及使用方法的相关介绍,详见第五章。

修辞研究回顾

第一节 引 言

从古代起,无论是东方还是西方的语言研究都进行了
大量的描写与分类的探索,其研究重点在于语言的外在表
达形式及其逻辑基础。从 20 世纪中叶开始,西方的语言研
究从描写性转为解释性研究。20 世纪 50 年代出现的转换
生成语言学开始以人的认知能力解释人类语言(Chomsky,
1968;何自然等,2006:18 - 19);而 20 世纪 60 年代出现的
系统功能语言学以对语言运用进行解释为目标,特别关注
语言的社会功能,而且后来还将认知纳入其解释框架中,即
主张"通过意义识解经验"或"基于语言研究认知"(Halliday
& Matthiessen,1999)。20 世纪七八十年代,认知科学经
历了第一代研究范式到第二代研究范式的转向(何自然
等,2006:19 - 20),有力推动了语言的认知研究。认知
语言学最早兴起于美国,很快便从美洲扩展到欧洲,之后
扩展到亚洲,在中国、日本、韩国等亚洲国家成为研究热

点。从 20 世纪 90 年代开始,认知语言学成为强势的语言学流派,并对全世界的语言学研究产生了重大影响(徐盛桓,2011b);现在已经成为最具发展前景的语言学分支学科之一,吸引着越来越多的学者投入其中。

与此相仿,从古代起至 20 世纪中叶以前,国内外的修辞研究也长期关注修辞话语的描写与分类,主要研究修辞的外在表达形式及其逻辑基础。根据时代和研究对象的不同,人们一般把修辞学分为古典修辞学、传统修辞学和现代修辞学(陈汝东,2004:33)。另外,根据研究侧重点的不同,又可以划分出语言修辞学和言语修辞学,前者主要研究修辞手段的结构与功能,而后者主要研究言语体系中的修辞现象。根据具体研究对象之间的差异,人们又区分出了语音修辞学、词汇修辞学、语法修辞学、篇章修辞学、语体修辞学和语境修辞学等(陈汝东,2004:33);根据研究方法、研究对象的交叉属性,还可以区分出许多交叉学科,比如社会修辞学、心理修辞学、社会心理修辞学、认知修辞学、修辞哲学、修辞伦理学、修辞美学以及跨文化修辞学等。从 20 世纪中国修辞学的发展历程可以看出,中国的"修辞观"经历了从传统的"修饰观""技巧观""努力观""美辞观",逐步发展到"过程观""组合观""言语交际行为观""认知行为观"的过程(陈汝东,2004:511)。后来,现代语言学的分支学科如社会语言学、话语语言学和模糊语言学等均从不同侧面有效促进了修辞学的发展。

本章首先将从语言学发展的主要视角出发,把修辞研究放在语言研究的大视野下,结合修辞研究的不同发展时期,对修辞的发展历程进行简要介绍。然后分别从修辞学视域和现代语言学视域对修辞话语特别是语义修辞话语的研究状况进行较为全面的回顾;修辞学视域主要从古典修辞学、传统修辞学、新修辞学等方面展开;现代语言学视域主要从语义学、语用学、认知语言学和认知神经语言学等方面展开。最后将基于研究现状提出本研究的研究目标和试图解决的问题。这里有一点需要作出说明:不同视角的研究,尤其是新修辞学、现代修辞学、语用学、认知语言学等视角的研究,有时很难作出严格的分界,尤其是语用学、认知语言学等所涉及的内容很难截然区分开来,所以我们的讨论可能会存在交叉之处。不过,这不是我们要探讨的重点,我们的重点在于通过下文所做的分类回顾说明本研究的重要性和必要性。

第二节　修辞的定义及分类

一　修辞的定义

关于修辞定义的讨论有很多,而且也存在不少分歧。在此,我们将呈现部分学者给修辞下的定义,以期在他们的基础上得出一个符合本研究需求的权宜性工作定义。

纵观修辞研究史,我们能够对修辞概念有一个较为清晰的把握。对于修辞的定义,不同时代的学者有着各自的看法。

早期的修辞概念主要是指修辞格。"修辞格"这个词来自希腊语,意为"转移",意为对短语的转换抑或是一种说话风格;在昆体良的著作《演说原理》中,修辞格被定义为一种艺术转换,也就是字词或短语的固有意义被转成其他意义(陈汝东,1997)。

在我国,自先秦时期至20世纪初,人们对修辞的认识过程是漫长的,修辞的内涵和外延是不断演变的。陈望道认为,"修辞是利用每一国语文的各种材料、各种手段来表现我们所说的意思,它要讲究美妙,讲究技巧,但不是凌空的浮泛的,是利用语文的各种材料(语言、文字等)来进行的"(陈望道,1997:608)。张弓认为"修辞是为了有效地表达意旨,交流思想而适应现实语境,利用民族语言各因素以美化语言"(张弓,1963:1)。根据张涤华等,修辞是指"依据题旨情境,运用语言的方法、技巧或规律来恰当地表达特定思想内容的一种活动,即指调整语言的活动"(张涤华等,1988:443)。戚雨村等认为,修辞是"指依据题旨情境,运用各种语文材料和表现手法,来恰当地表现写说者所要表达的情意内容的一种活动"(戚雨村等,1993:399)。杨鸿儒在他的《当代中国修辞学》中对陈望道和张弓的观点进行了整合,提出修辞是"通过对语言材料的选择、调整、修饰,使语言美化,更好地交流思想,表情达意"(杨鸿儒,1997:11;参见蓝纯,2010:2)。《辞海》(1979:554)对修辞的解释是"依据题旨情境,运用各种语文材料、各种表现手法,恰当地表现写作者所要表达的内容的一切活动"。《汉英双语现代汉语词典》(2002:416)将修辞解释为"修饰文字词句,运用各种表现方式,使语言表达得准确、鲜明而生动有力"。高名凯将修辞定义为"使我们能够最有效地运用语言,使语言有说服力的一种艺术或规范"(高名凯,1955:80)。吕煦对中国学者关于修辞的界定做了很好的总结,认为"修辞是最有效地运用语言以期更充分、透彻、鲜明地表情达意的一门艺术"(吕煦,2004:4)。王希杰认为修辞格是"为了提高语言的表达效果而有意识地偏离语言和语用常规之后,逐步形成的固定格式、特定模式"(王希杰,2004:11)。也就是说,修辞格是一种格式,有它自己的结构模式,是对语言的和语用的常规的一种偏离,能够增强语言表达效果。

到了 20 世纪下半叶,随着语言本体研究特别是语境研究的深入,人们对修辞运用的认识和论述都更为深入。比如,"修辞就是在运用语言的时候,根据一定的目的精心地选择语言材料这样一个工作过程"(张志公,1994:532);"修辞,……是对语言材料的加工,目的是为了提高语言的表达效果"(倪宝元,1994:2);"修辞现象是言语交际中表达一方力求获得最佳交际效果的一种言语表达现象……修辞手段是言语形式的最佳组合"(刘焕辉,1997:2);等等。以上关于修辞的界定各有其侧重点,有的注重修辞的主观意识性,强调语言材料的选择过程;有的突出提高语言的表达效果;有的则明确了何为言语形式的最佳组合。这反映了人们在不同时期对修辞本质的不同认识,并在一定程度上代表了现代人对修辞的不同看法。同时,修辞观念背后的学理基础也得到了较为充分的体现。比如,"语辞调整说""选择过程说""美化语言说""最佳组合说"等,它们分别侧重于修辞主体的主观性、修辞的过程性、修辞效果的目的性等方面,揭示了修辞各侧面的属性。然而,这些学说却也存在着局限性,因为它们没有从整体上把握修辞的本质属性(陈汝东,2004:6)。

也有学者(徐盛桓,2008d)将修辞看作日常应用的话语,把修辞活动视为一种交际活动。修辞话语可以用来表达思想感情;人们可以通过对语言表达进行选择,以达到最佳表达效果;作为总是具体的、复杂多变的修辞交际活动,会因环境的不同而出现千差万别的情况;但修辞活动又是有规律的,是客观存在的,不以人们的主观意志而改变(徐盛桓,2008d:7),人们不能随意废弃或创新,只能运用修辞。

从修辞的本来意义而言,既然修辞是一种言语活动,那就需要通过提炼语言素材,形成具有特色的、更恰当的、更具交际价值的语言表达方式(徐盛桓,2008c)。从认知角度看,修辞活动需要同人们的认知活动相联系,在对更具特色的言语表达形式进行提炼的时候,特别需要利用多种具体的认知方式和认知策略(徐盛桓,2008c)。根据王希杰(2004:78-80)的观点,修辞活动就是同义手段的选择活动,且同义手段为修辞的选择提供了可能性。有效运用语言的核心问题就是对各种同义手段的选择,这种选择活动是在特定的语境中进行的,也就是说,正是语境制约着对同义手段的选择,只有进入具体语境之后,才能进行选择。

修辞话语和一般话语构成一个连续体。交际话语或简称"话语"就是我们在不同场合的言语交际过程中所使用的言语。就本研究而言,我们将话语简单地分为修辞话语和一般话语。前者是指运用了修辞格的话语;后者是指未运用修辞格进行表达的话语(王希杰,2004)。修辞话语与一般话语一样,都属于话语范畴,具有话语的一般特性。由于修辞话语和一般话语都是话语的组成部分,因此在通常情况下,人们很难把两者完全区分开来。人们平常讲话,也会自觉不自觉地使用各种修辞手段(王希杰,2004:24)。不过,有一点要明确的是,与一般话语相比,修辞话语比较注意语言素材的提炼,所以修辞会有其自身的特色。总之,修辞话语和一般话语既有相统一的本质特征,又有其各自的相对特点。因此,修辞话语和一般话语构成一个连续体。

综上所述,修辞是一个基于同义表达和/或语义变异进行选择以达至就当前语境而言最佳的言语表达。即是说,修辞话语与一般话语一样,都是讲话人根据实现交际意图的需要所作出的表达选择;话语、一般话语和修辞性话语的本质特征及其背后的机理是相通的。因此,在本研究中,我们将修辞定义为:修辞是一定语境下的一种有意识、有目的的言语交际话语。因此,修辞呈现出多重属性,即言语性、动机性、目的性、语境性、社会性、认知性、规律性等。

简单来说,本书所探讨的语义修辞,作为众多修辞格中较为独特的一类,主要指词汇层面通过语义变异构建起来的修辞表达(廖巧云,2018a,2018b)。

二 修辞的分类

由于修辞定义众多,因而人们对修辞的分类方法也有很多,并且存在较大差异。

陈望道在其修辞学的开山之作《修辞学发凡》中将修辞方式分为两个大类:消极修辞和积极修辞。他在论述两大分类的实质时认为,修辞的消极方面意味着"使当时想要表达的表达得极明白,没有丝毫的模糊,也没有丝毫的歧解"(陈望道,2012:35),而其积极方面意味着"要它有力,要它动人"(陈望道,2012:36)。消极修辞一般是抽象的、概念的,可以按照字面解释;而积极修辞则一般是具体的、体验的,不能按照字面解释。修辞手法可以分为内容和形式两方面:内容主要依据经验的融合,特别是情景的适应为主要条项;形式主要利用语感,即人们利用语言文字的一切感性因素(陈望道,2012:57)。

陈望道主要根据"构造",也间或依据"作用",从材料、意境、词语和章句等四个方面将辞格分为4个大类,且每个大类又被分为不同小类。材料上的辞格主要分为九个小类,即比喻、借代、摹状、映衬、引用、仿拟、拈连、双关和移就;意境上的辞格主要分为十个小类,即比拟、示现、讽喻、呼告、夸张、婉转、倒反、避讳、设问和感叹;词语上的辞格主要分为11个小类,即析字、藏词、飞白、镶嵌、复叠、节缩、省略、警策、折绕、转品和回文;章句上的辞格主要分为8个小类,即反复、排比、对偶、层递、顶真、错综、倒装和跳脱。该书还对以上各类辞格进行了详细的讨论(陈望道,2012:57-181)。

近年来,国内不少学者又从词、句法和语法等不同角度对修辞进行了分类。如,吕煦(2004)将美学修辞分为词语、结构、音韵等三类修辞格。倪宝元(1994)把辞格细分为"转义组合而成"的辞格、"反义组合而成"的辞格、"同义组合而成"的辞格、"兼义或变义组合而成"的辞格、"越级组合而成"的辞格五个小类。"转义组合而成"的辞格包括比喻、借代、比拟、婉曲、移就、拈连,这些辞格均是对语言的转义运用。此外,据陈汝东,修辞格可分为两类,即侧重形式的修辞格和侧重语义的修辞格。前者主要指"听觉方面的语音或音响形式"和"以视觉为主的文字形式"相关的修辞格(陈汝东,2004:164),而且这两种形式也包括了与语法结构形式相关的修辞格,常见的形式类修辞格包括对偶、排比、反复、顶真、回环等;而后者,即语义类修辞格,则"侧重深化意义"(陈汝东,2004:165),主要包括比喻、借代、比拟、夸张、双关、移就等六种语义修辞格。

西方学者常将修辞划分为交际修辞和美学修辞,两者的使用范围分别同陈望道(2012)论及的消极修辞和积极修辞有异曲同工之处。Corbett & Connors(1999)将英语中的意义类修辞格定义为在语言使用过程中语义发生变异的修辞格,但他们仅重点讨论了比喻类修辞格,如隐喻、转喻、提喻等。

徐盛桓(2008c)根据其提出的关于语言运用的"常规关系假设",即相邻/相似关系,将常用的语义类英语修辞格分为四类:喻类辞格包括明喻、隐喻、转喻、提喻等;拟类辞格包括拟人、拟植物、仿拟等;转义类辞格包括反语、双关、夸张、委婉等;移置类辞格包括移就、通感、一笔双叙、轭式搭配等。在此基础上,何爱晶(2013)从涉及相邻/相似关系的类型、特点、强度、方向、距离等五项指标出发,演绎出了多种不同的修辞格,形成了一个修辞格的系统;并进一步将英语中常用的语义修辞格按照"相邻""相似""既相邻又相似"三个维度进行分类,即分出了三种主要类别:(1)相邻类:转喻、提喻、反语、夸张等;(2) 相似类:明喻、隐喻、比拟、拟人、拟植物、仿拟、通感、移就等;(3) 既相邻又相似类:委婉、一笔双叙、轭式搭配、双关等。

正如上文第一章所述,本书将词汇层面的语义修辞作为主要研究对象。语义修辞是与强调结构变换(如对偶、排比等)的形式化修辞格相对而言的。也就是指 Corbett & Connors(1999)划分的"形式"(schemes)和"语义"(tropes)两类英语修辞格中的后一种,刘大为(2001)讨论过的"认知性辞格"和陈汝东谈到的"意义化修辞方法"(陈汝东,2004: 195 - 253)。综合以上关于修辞分类的情况,我们初步将以下八类确定为本研究将涉猎的修辞格。也就是说,本研究所涉及的语义修辞格主要包括以下八类:隐喻、转喻/借代、双关、反语/倒反、夸张、比拟、委婉/婉转和移就。这些是英汉语中均较为常见的主要与语义变异相关的修辞格,也将是本研究探讨的主要对象(详见第四章)。本研究借鉴何爱晶(2013)的语义修辞格分类方法,根据常规关系(相似/相邻关系)将语义修辞格分为三大类:体现相似性的隐喻、比拟、移就等,体现相邻性的转喻、反语、夸张等,既体现相似性又体现相邻性的双关、委婉等。本书对语义类修辞格重新进行划分,目的是为了对该类辞格的识解机制进行系统说明,并进而回答"B 是如何被 A 所言的"这一问题。

第三节 修辞学视域下的修辞话语研究

一 古典修辞学的研究

修辞学研究最早发端于古希腊和古罗马,具有悠久的历史。古希腊人很重视修辞的研究,著名哲学家亚里士多德(公元前 384~前 322 年)是其中的典范。他所著的《修辞学》对后世产生了巨大影响。其修辞学主要从哲学出发探索修辞学格式化的问题并作出了巨大贡献(Ricoeur, 1997: 16;汪堂家,2004)。在西方,据传公元前 5 世纪古希腊哲学家和修辞学家高尔吉亚(Gorgias,约公元前 483~前 375 年)最早提出修辞学的思想,此后修辞学逐渐繁荣,在古希腊达到顶峰。[①]

---

① 参见 http://baike. baidu. com/link?url=W94 - 9EKrtLejRCnqpr1kpYqwMc511RDLk1zX_xuxzwCFKZUnFwJ8Vrn9XVh3Wo - N(2014/2/12)。

修辞学在中西方出现的时间基本相同。中国先秦时期就出现了修辞学,主要涉及演说和论辩的技巧,也被称为"修辞术"。当时,修辞学还没有上升到一门学科,只是一门艺术。比如,曾有学者将亚氏的《修辞学》翻译成"修辞术"。这是由当时修辞学的研究对象带来的结果。在中世纪(400~1400年),欧洲的学校把修辞学作为教育中的三大学科即逻辑学、语法学、修辞学等之一(陈汝东,2004:32)。

人们要了解古典修辞,就必须要依靠柏拉图和亚里士多德两位大修辞学家的论述,特别是他们提供的重要概念。诡辩家的时代思想(Zeitgeist)代表着一种自发兴起的、能够促进知识进步的重要文化条件(Swartz,1998:81)。西方古典修辞学,包括现代美国新修辞学研究中的古典部分,主要关注的是论辩手段或演讲技巧。传授演讲劝说艺术的教师们的"活动带有广泛的社会性,使人对教育的感觉耳目一新。他们扮演了文化教育'使者'和流动学校的角色"(克伯雷,1991:71),为希腊人创造了一种演讲的艺术教育,主要培养有关政治经济生活所必需的语言技能。诡辩派的修辞教育所取得的成就是巨大的,特别是在公元前4至5世纪,古希腊的修辞教育取得了辉煌成就。事实上,希腊以修辞教育为基础,构建了完整的教育体系,并由此带来了思想上的大变革,而且对西方国家的教育和政治的影响至今仍然存在(姚喜明等,2009:55)。此外,修辞学和论辩术被放在教育的中心位置,既体现了诡辩家的创新意识,也体现了新兴知识阶层挑战传统的勇气。古希腊时期的修辞学是当时社会条件的产物,离不开当时的政治生活环境。柏拉图和亚里士多德等修辞巨匠便是诞生于这样的大环境。当时诡辩派的修辞主张,甚至包括柏拉图和亚里士多德等的修辞理论,均反映了当时的政治条件,也促动了当时政治状态的变化。对于这些修辞学家而言,权威、利益、权力等与劝说的作用密切相关,因此,他们都试图阐明在解决道德和政治问题方面修辞的作用是巨大的(姚喜明等,2009:73)。

诡辩派的思想对修辞学发展的影响是巨大的。"如果没有诡辩派,我们对发源于希腊的修辞学的了解将是不完整的"(Poulakos,1999:25)。"诡辩派曾试图为古希腊当时的社会政治确立新的生活方式、行为准则、价值观念和道德理想等"(姚喜明等,2009:55),得益于他们的努力,哲学、语言学、教育学等学科得以发展。其修辞活动对古希腊的社会发展和文化教育产生了极大影响,对西方修辞学发展起到了积极的促进作用。

不过,由于诡辩派的修辞学过分强调论辩,逐步脱离真实,失去哲学和逻辑学的支撑,因此,其内容逐渐萎缩,最后成为分类学;与此同时,修辞学由于过分强调论辩并且脱离真实,因而最终沦为诡辩。不但如此,当时的修辞学通过支配语词而支配人,从而还带来了一种可怕的社会权力。诡辩派修辞学也因此被柏拉图指责为谎言的乃至虚伪的世界。到了18世纪末和19世纪,修辞学受到了极大的非议,逐渐走向没落,并在19世纪中叶从大学课程中消失,最后变成了"死学科"(汪堂家,2004;徐盛桓,2008d)。

其实,这时的修辞学鲜有涉及语义修辞的讨论,但却为后来的修辞研究打下了基础。

二 传统修辞学的研究

传统修辞学主要研究修辞格式的运用,重点关注辞格的建立和分类,其研究成果多集中于其构成、分类、语用功能、修辞功能等方面。传统修辞学的主要贡献之一便是对修辞、修辞学等概念进行了较为深入细致的探讨,并下过许多定义(详见本章第二节)。

传统修辞学对修辞的形成进行了较为详细的探讨,认为修辞的形成主要依靠同义手段的选择。根据王希杰的总结,修辞活动是一种同义手段的选择活动,而且各种同义手段的选择则是有效运用语言的核心问题(王希杰,2004:14,78-80)。同义手段多种多样,包括词、短语、句子等。这些同义手段是存在于语言系统之中的,而且相对稳定,对整个语言社团一视同仁,不会因为个人意志而改变,也不受具体语言环境的影响。同义手段提供了选择的可能性。同义手段的选择活动是在特定的语境中进行的,正是语境制约着人们对同义手段的选择。这一选择其实主要是语言各种变体的选择。因此,修辞学的对象主要是同义手段即语言变体的选择(王希杰,2004:10)。

我国的修辞研究主要属于传统修辞学范畴。我国古代,在众多的文论和诗论中有不少关于修辞的论述,但多以雕词琢句为主,而没有现代意义上的修辞学。得益于先秦时期出现的百家争鸣,修辞活动曾十分兴旺,先秦诸子以及曹丕、董仲舒、刘勰、陈骙、陈绎等都曾对修辞言语活动进行过讨论,并涌现出了不少有价值的论述,20世纪头二三十年也出现了一批有影响力的修辞学论著。这正好是西方修辞学由于过度专注于辞格分类而走向死学科的时候。

《修辞学发凡》(第一版)(陈望道,1932)是20世纪前50年中最重要的汉语修辞学著作,产生了广泛的社会影响。它建立起了一个比较合理的修辞学体系,对修辞做了广义和狭义之分;提出了"调整或适用语辞"观和"达意传情适切的努力"观,既兼顾了修辞的用词用句问题,又指明了修辞的目的和功能指向(陈汝东,2004:5)。

传统修辞学对修辞、修辞学等概念曾经下过的许多定义和进行的较为深入细致的探讨为后来的修辞特别是语义修辞研究奠定了基础,为今天的语义修辞探讨作出了重要贡献。其中,特别是其强调在修辞同一手段的选择过程中语境的作用,对后来的语义修辞研究具有重要启示。

三 新修辞学的研究

19 世纪末,西方修辞学迎来了历史上少有的繁荣时期。人文学科领域发生了修辞转向(rhetoric turn)(Simons, 1990),修辞学的发展出现了生机,出现了新修辞学运动;修辞研究阵地逐渐壮大,研究力量得以增强;各种新观念和新方法也不断涌现。随着美国新修辞学的兴起,修辞学的地位不断攀升,并进入科学殿堂。修辞学也被界定为"研究人与人如何运用符号交际的一门学科"(陈汝东,2004:34)。

可以说,现代修辞学是由巴利(Ch. Bally,1865 - 1947)创立的,以其20 世纪初出版的《法语修辞学》为标志。他建立的风格学以表现手段为研究对象,大大开拓了修辞学的疆界。20 世纪 70 年代比利时列日(Liége)大学列日小组推出了"新修辞学"(王希杰,2004:3)。20 世纪下半叶,修辞学研究发生变革,出现了新的修辞研究。从事新修辞研究的学者很多,其中有不少哲学家,如,海德格尔(M. Heidegger)、德里达(J. Derrida)、布莱克(M. Black)等;他们重点关注的是隐喻问题,认为隐喻是哲学与修辞学的共同话题。

有部分新修辞学研究活动同传统的研究比较接近。其中的主要代表有理查兹(I. A. Richards)、穆勒(C. Muller)、托多罗夫(T. Todorov)等。此外,还有比利时列日大学出现的 μ 学派或者列日学派的研究,也与传统研究较为接近。不过,μ 学派的辞格研究,以结构主义语言学为理论框架,将修辞格分为形式和内容两大类,而且他们提出或引进的重要概念,如修辞零度、义位转换、冗余、偏离等(徐盛桓,2008c),为修辞研究带来了一些突破,显出了新意。

新修辞学把人类的一切语言活动都看做是修辞性的。人类是通过语言来认知世界的,而且知识是通过语言构建起来的(常昌富,1998:20)。随着现代语言学把"语言"区分为"语言"和"言语",语言研究领域出现了许多分支学科。其中,语音学、词汇学、语法学、语义学等研究语言结构体系,而语用学和修辞学则研究言语行为及其规律。因此,修辞学成了研究言语交际行为及其规律的科学(陈汝东,2004:33)。

在众多新修辞学的研究者中,理查兹和伯克(Burke)等人的修辞思想占据主导地位。作为新修辞学的领军人物之一,伯克对修辞本质的探讨对当代修辞学的贡献巨大。他认为,修辞不但成了一种交流的工具,而且已经成为人性不可或缺的构成部分;根据伯克的主张,新修辞学的核心内容是认同(identification),修辞的目的是进行沟通、交流与合作,最终达至社会和谐;伯克的修辞思想使修辞学的地位得到了大幅提升,修辞学也因此成为探讨人类本性的哲学(姚喜明等,2009:222)。

作为新修辞学的核心代表之一,理查兹在日趋复杂化和多元化的时代,为修辞学的复兴做出了很大贡献。他还酝酿了一套新的修辞哲学(姚喜明等,2009:235),把修辞学看作哲学探索,并把语言意义的哲学描写作为构建修辞理论的基石,试图通过研究词语在话语中的作用方式来揭示交际失误的原因,因此,其修辞理论被当做新修辞学的开端(姚喜明等,2009:235)。理查兹对修辞学进行了深刻省悟和扩展。他视语言为人类形成、控制和发展自身的工具,普遍存在于思维过程中,认为研究语言是理解人类自身的最佳途径(姚喜明等,2009:237)。因此,在他看来,修辞学应当是研究"词语如何在话语中发生作用的哲学探索"(Richards,1936:8);是一门研究语言作用规律的哲学,而不仅是一门关于劝说的艺术;除了要阐明语词如何展示意义和参与交流外,理查兹提出还要研究交流中的误解及其纠正方式。最后,他给修辞下了两个定义:研究语词如何在话语中发生作用;研究误解及其纠正方式。对这两个问题的回答分别构成了他的意义理论和理解理论(姚喜明等,2009:237)。

自20世纪50年代以来,中国出现了一批修辞学专著,其观点与西方新修辞学的观点较为接近。因此,修辞学脱离了文学批评的藩篱,成了一门独立的学科。《修辞学发凡》(修订版)(陈望道,2012)也强调理解的重要性,而且对理解问题进行了较为详细的探讨,突出论述了言语交际全过程(李金苓、易蒲,2002)。改革开放后,国内的修辞学研究仍然主要属于表达论的研究。虽然有人试图在修辞研究中引入系统论、社会语言学、篇章语言学等理论以及修辞零度、偏离等概念,但当时新的突破并不多。

新修辞学运动大大促进了修辞研究的步伐,具有重要意义,主要体现在以下三个方面:第一,人们的修辞意识得以更新。修辞被看做所有人类交往中的必然存在,关系到人们的思想和行为规范等,因此"人类不可避免的是修辞的动物"(Ehninger,1972:8-9)。第二,新修辞运动提升了修辞学的学科威望。修辞学开始受到许多人文领域学者的关注,从而使修辞学的发展方向日趋多元化(姚喜明等,2009:223)。由此,修辞学成为一种较高形式的理论探索,其学科地位得到显著提升。第三,修辞研究的现实取向得以明晰化。修辞被看做人类通往理解、达至社会和谐的有效途径。由是观之,新修辞学关注的重点从"劝说"转移到"交往",从而使修辞研究的目的也由"说服"转移到"理解"(姚喜明等,2009:224)。也就是说,当代的修辞研究从怎样说发展为研究说什么。

这些修辞观对推进汉语修辞研究起了积极作用,为现代语言学视域下的修辞话语研究作出了贡献。但也存在一些偏颇或局限。新修辞学研究对修辞的界定(见本章第二节)尚未上升到人类言语行为的高度,从中很少能看到修辞主体及其言语行为,它们不同程度地忽视了修辞交际过程中交际双方话语建构和话语理解的互动性。

第四节　现代语言学视域下的修辞话语研究

一　修辞的语义学研究

如果说传统修辞学和新修辞学主要探讨的是修辞的生成,那么现代语言学视野下的修辞研究则更多地重视修辞理解的探讨。接下来从语义学、语用学、认知语言学和认知神经语言学等视角开展的研究的讨论重点也是修辞理解。

最早讨论语义理论的应首推理查兹和奥格登(Richards & Ogden,1923)的《意义之意义》一书,他们提出的语义三角(semiotic triangle)成为阐明很多有关意义的复杂问题的有效工具。利用语义三角,理查兹和奥格登首先回答了语词如何在话语中发生作用,即语词的意义是在语境中对语词进行阐释的(丛莱庭、徐鲁亚,2007:72-73)。他们还进一步区分了所指语言(referential language)和情感语言(emotive language),提出了他的定义理论和隐喻理论,进而发展成为他颇具特色的理解理论。所指语言指所指意义的简单陈述;情感语言指表达和激发情感态度的语言。现实生活中大多数语言都是复合型的或修辞型的,既不是纯粹的所指也不是纯粹的情感语言。理查兹和奥格登还认为普通语言和文学语言两者归根结底都是符号系统,都涉及符号、思想和事物三者之间关系的理解(姚喜明等,2009:238-239)。在《意义之意义》一书中,他指出定义从根本上说应服务于某时某地的特定目的,提醒人们要避免在词语的定义和物体的定义之间产生混淆。我们可以说"bee"这个词和"蜜蜂"这个词所表示的是同一种动物,而不应该说"bee"的意思是"蜜蜂"。定义清楚的所指意义能使交流更加有效。"定义与发现符号的所指对象有关,通过一个或多个更容易理解的符号取代被解释的符号来进行,涉及受众熟知的所指对象的选择及其与被定义的词语之间的联系"(温科学,2006:147)。

理查兹不同意亚里士多德把创造隐喻的能力视为不可传授的天赋,更反对把隐喻当做文体风格的装饰品;他认为"隐喻是思想和意义的基石"(Hauser,1986:153),人类思维从根本上而言就是隐喻的,因为一切思维过程都是在进行分类和比较。隐喻的意义不在符号所指意义本身,而是源自相关语境下所指意义的相互作用和关联,理查兹称之为"话语间的相生相克"(interanimation)。将这一概念置于其隐喻模式中,可以用本体(tenor)和喻体(vehicle)互相限制而又各自扩大自己的意义领域来理解。比如在"兰是花之君子"中,"兰"是本体,"君子"是喻体。把君子的高雅气节赋予兰花,扩展了兰花的意义域,同时忽略了花朵易凋零等特点,因为该隐喻的语境限制了这一特点的出现(姚喜明等,2009:239 - 240)。

理查兹在《思辨工具》中理出了所有阐释者必须了解的一切言语形式的七种活动,包括指向、描述、实现、评价、影响、控制和意图;其中意图占据中心位置,因其与机体的原始动机密切相关(Richards,1955:19 - 21)。阐释过程中的这七个组成部分有助于解释为什么交际常常失败。此外,理查兹还从实践中归纳了妨碍意义理解的十大障碍:感觉宽泛、感官理解、意向直观、记忆失误、反应老套、过分敏感、情感阻力、理论黏合、技术预设和批评成见(Fogarty,1968:47 - 51)。至此,理查兹关于意义和理解的修辞学理论已渐成体系(姚喜明等,2009:240)。

理查兹作为20世纪西方修辞学复兴的先驱,对修辞学发展做出了很大贡献,可以概括为以下三个方面:第一,他拓展了修辞学的研究视野。基于现代心理学和生物学等方面的研究成果,理查兹开始探索语言发生作用的方式,从而使修辞学研究更接近人类事实的问题。第二,他提升了修辞学的学科地位。他从语言哲学入手,基于语言意义的哲学描写来构建修辞理论,从而使修辞学和哲学的关系得到修补。第三,他提出的修辞研究新目的使修辞从劝说的工具变成化解分歧、达成共识的手段。在理查兹的努力下,传统修辞学得到了丰富和发展,已经开始认可并突显"语境"和"体验"在修辞话语理解中的突出作用和价值(姚喜明等,2009:240)。

　　修辞研究的另一个语义学理论是认同说。认同说是伯克在对"共同点"理论和方式进行深入研究的基础上提出来的；该认同说成了其修辞学代表作《动机修辞学》(*A Rhetoric of Motives*, 1950)一书的核心思想(姚喜明等,2009：242),也因此成为伯克修辞学的核心思想。认同说的立论工具是其戏剧主义的语言观,而"戏剧主义是一种象征应用的哲学"(Chesebro, 1996：200),因此,这种修辞哲学能够揭示人类、语言和修辞等三者之间的相互关系。在戏剧主义观看来,人类就是运用象征(如语言)的修辞动物,把认同作为调节人与人之间关系的手段和目的,是真正意义上的修辞哲学(姚喜明等,2009：243)。"认同"就是指修辞话语的讲话人可以像修辞话语的听话人那样言说、思考、感受和实施行为。认同过程包含劝说,目的是使劝说者和被劝说者达至认同；认同还可以是自我认同,因此,认同不是取代劝说,而是对劝说的补充(姚喜明等,2009：245)。

　　20世纪60年代出现的系统功能语言学以语言的社会功能为出发点,以"意义"表达为核心,以解释语言的运用为目标,构建了自己的理论框架。21世纪初出版的《通过意义识解经验：基于语言研究认知》(Halliday & Matthiessen, 1999)一书标志着系统功能语言学将认知纳入自己的语言运用解释框架的倾向；韩礼德等注重从交际的角度研究语言功能,并给予语言功能以独立和突出的地位(徐盛桓,2011b)。这与伯克所讲的认同、佩雷尔曼的共享(communion)以及哈贝马斯的相互理解(mutual understanding)不谋而合。

　　以上从语义视角进行的探讨为语义修辞话语的识解机理研究奠定了基础,也为我们的研究提供了一定的支撑。不过,这些讨论主要是有关修辞生成情况的探讨,所讨论的语境其实是语义表达的环境,考虑的主要是影响语义修辞生成的各种因素,而不是探讨语义修辞话语的理解问题。事实上,理查兹对修辞意义的探讨仍然停留在较为传统的意义概念之上。虽然其中不乏"语境""交流""交往"等概念的讨论,但并没有真正触及语用和认知的层面。关于语义修辞的理解问题则成了语用学和认知语言学的主要使命。

二　修辞的语用学研究

　　语用学是研究语言运用和言语理解的语言学分支学科,主要研究语义修辞话语在语境中的意义,探讨语义修辞话语的理解,关心的是达成交际的充要条件。

　　20世纪中国修辞学发展的显著成就之一是实现了修辞学的历史性转

变,也就是实现了从探索修辞手段到研究修辞主体及其言语行为规律的转向。它不仅肯定了修辞性质的人文性,同时也提出了修辞的社会手段与方法的研究问题。这一变化使汉语修辞学从研究修辞的手段和方法转移到了研究人类修辞交际行为规律本身。这一修辞研究趋势为我国21世纪修辞学的发展奠定了坚实的基础(陈汝东,2004:512)。

语用学与修辞学有着较多相似性,两者都离不开语境的参与且重视言语效果(姚喜明等,2009:226)。语用学的重要理论——言语行为理论所包含的言外行为和言后行为关系到话语的目的、意图及其效果的实现;而合作原则和关联理论能有效解释修辞学上有关修辞效果的"同一"问题和有关修辞操作的"超长搭配"等问题(从莱庭、徐鲁亚,2007:315)。

卡斯顿(Carston)认为,意义的不确定性普遍存在。她认为,语言表达式所表达的内容具有不确定性,这一不确定性说明了表达式的不可预测性和不完备性;也就是说,对于任何思想或命题,我们无法通过句子表达式把它们完全清楚地表达出来,任何句子都不能完完整整地传递想要表达的思想(Carston,1988:29)。思想或所指意义作为符号和所指对象的支点,其本身是在不断变化和丰富的,因此,符号的阐释意义也是不稳定的,受思想或所指意义语境的制约。这里的"语境"既包括与一种思想相关的所有环境和与这种思想有关的事件,又包括能够在大脑分类过程中被用来进行比较的一些相似思想和事件的综合体(Fogarty,1968:35)。

佩雷尔曼等发展起来的受众理论(Perelman & Olbrechts-Tyteca,1969)为修辞话语的理解研究起到了推波助澜的作用。"受众"就是指讲话人为了修辞的目的而使用论辩以期影响的所有人(姚喜明等,2009:249),大大扩展了传统的受众概念。传统的受众概念指任何经历(包括了听、读、看等感知)话语/文本的个人或群体;而佩雷尔曼的定义有两层含义:首先,受众与论辩相互交织,不可分割,即认为所有的论辩均以赢得受众思想为目的,因而论辩的方向和质量取决于受众(Perelman & Olbrechts-Tyteca,1969:14,19,30);其次,所谓的"受众"也可以是言者内心的构想,其试图影响的假想群体,也就是说,受众不一定是现实存在的。再后来,佩雷尔曼在《新修辞学:论论辩》一书中给出了三种类型的受众,即普遍受众、单一受众和自我受众(姚喜明等,2009:249)。这一探讨为修辞的语用学研究奠定了基础。

根据王德春的观点,修辞学和语用学是无法相互替代的两个语言学学科分支,各自都有自己的规律要遵循(王德春,2008:2-3)。修辞学的研究,一方面是语言本身的研究,即研究语言体现本身的语言手段、修辞资源、修辞分化,语言体现里面的语体分化、风格分化,这是修辞学传统的、主要的、不能替代的领域;而语用学是偏向运用本身。修辞学的另一个领域是研究言语、言语活动、建构的话语以及言语机制、认知状态等,这是跟语用学有部分但不完全重叠的领域。

(一) 言语交际行为修辞观

20 世纪 80 年代以后,人们除了关注话语本身,也开始关注语境问题。任何修辞现象都与语境密切相关,修辞话语的组织与理解及其修辞效果须在一定语境中才能达成,即是说语境乃修辞生成和理解的基础。因此,当代修辞学研究的重要任务之一就是探讨修辞理解的语境因素;修辞行为的机制也成为研究的主要话题,特别是与修辞交际相关的各种语境因素与修辞行为之间的关系也成为修辞研究的一大主题(陈汝东,2004:34)。随着语言研究从语言到言语的转向,语言研究也从言语研究转向言语行为研究,而且又特别关注言语主体和主体的社会心理特征之间关系的探讨(陈汝东,2004:512)。

到 20 世纪八九十年代,汉语修辞研究也开始把修辞交际过程当做研究重点,把修辞交际行为的规律作为研究目标,促使其研究领域从语言表达拓展到话语理解。"接受修辞学"(谭学纯等,1992)便是修辞研究开始向完整的修辞交际系统转变的标志之一。20 世纪末,修辞学研究领域被拓展到人类言语交际全过程,包括语言表达和理解,并从静态和动态两种情况开展研究,以揭示修辞交际过程中各种语境因素的运作机理,并从机制、方法、道德原则等方面对话语理解进行了全面研究(陈汝东,2004:513-514)。

言语交际行为修辞观可以被看做修辞语用研究的早期阶段。这种修辞观一方面以语言学理论为基础;另一方面以行为心理学和语言哲学中的言语行为理论为基础,从人类交际行为的宏观视野出发,大大增强了修辞及修辞学的社会功能。该观点认为修辞是一种人类行为。作为一个词语,"修辞"可以区分出修辞行为、修辞现象、修辞效果等;作为一个概念,修辞是人类的一种符号交际行为,以语言为主要媒介(陈汝东,2004:6-7)。更具体地讲,修辞是一定语境下的一种有意识、有目的的言语交际行为。因此,修辞被放置在社会文化背景中进行审视,就呈现出多重属性(详见本章第二节)。这些论断充分体现了修辞表达的语用特征。

作为一种言语交际行为,修辞行为既要包括语言表达,也要包括话语理解或者其他符号的理解。因此出现了理解修辞学或者接受修辞学。如此,把话语理解作为修辞和修辞研究的一个有机组成部分,修辞学就形成了一个完整的系统。也正因为如此,研究话语理解的语用学自然也就会将修辞话语纳入自己的考察范围。

　　哈贝马斯从语用学角度对修辞进行研究的主要贡献之一就是他提出的交际行为理论(姚喜明等,2009:270)。其理论通常被表述为一个四重模式,包括认识论、个体语言应用、交际理论和批判理论等。第一层为他的人类知识观,他认为有三个倾向或兴趣构成人类的活动,即工作、交往和权力。第二个层次是普遍语用学,主要研究语言使用的一般性。他声称一种语言中每个能言者都能够使用三种言语行为,即断言行为、协调行为和声言行为。它们分别承担断言真实性主张(是否有效)、调解者与听者关系(特定语境中的行为模式是否适切)和表达感情、愿望、意图等(声言的情切的有效性)的作用。可以看出,哈贝马斯吸收和借鉴了奥斯汀(John Austin)和塞尔(John Searle)等人发展起来的言语行为理论;其中的协调行为,是哈贝马斯简化了奥斯汀的五种言语行为(判定式、执行式、承诺式、行为式、阐释式)而来的,这说明哈贝马斯对语言在调节人际关系方面作用的重视。第三个层次是交际行为,即言语行为的基本构造模块如何在社会中发挥作用。他提出,三种言语行为中的每一种都对应着展示特点态度的现实域。第四个层次是批评理论。为了评估一个社会中的理性的可能性,他区分了生活世界和体制,前者指由普遍知识、传统、风俗等一代代传下来的日常社会活动的领域。在这个领域内,语言是支配性的媒介。

　　哈贝马斯认为,交际行为是至少两个建立关系的人,试图在他们的行为环境中通过诠释达成对该环境的一致理解,其目的在于一致行动,也就是说,他们必须在如何行动上达成一致(Wells,1996:15)。或者说,他们达成这样一个共识,言语必须以真实性、适切性和诚意性为标准。哈贝马斯对交际的兴趣反映出他对所有自由的、开放性的人类交际的修辞本质的认识(Herrick,2005:237)。

　　尽管这些讨论是针对所有修辞展开的,但更多的还是涉及语义修辞的。言语交际行为观充分意识到人的主导性作用,重视修辞言语活动的多重属性,但未涉及修辞的识解机制研究。

(二) 合作原则与语义修辞分析

　　合作原则(Grice,1975)是语用学的经典理论之一,一直受到学界关注。根据合作原则,在交际过程中,会话双方都必须相互合作才能顺利完成会话,也即是说,会话双方都必须朝着一个特定的目标才能顺畅地交流,谈话的内容和范围都必须有一定的限制。该语用理论十分强调人的因素即理性,而且特别强调意图;也就是说,人的行为特别是言语交际行为都是有意图的(Leech, 1983: xi),都是理性的行为。

日常交际中存在对于表面上违反合作原则准则而深层次上遵守合作原则的情况;也就是说,语言层面(即语言表层)是不合作的,但只要表达符合或基本上符合讲话人的意图,且交际能够正常进行,便可视为交际双方是合作的(廖巧云,2006)。人们在实际交际中,常常因为特定的语用需要,会根据具体语境,有意违反某些合作原则准则,从而更好地适应语境,达至一定的表达效果,如达至幽默、夸张、隐喻等修辞效果。刘建稳(2009)曾运用合作原则对词语修辞格进行过分析阐释,说明词语修辞格违反合作原则准则是为了更好地实现修辞中的隐藏含义,以便发挥其美学作用。研究结果表明,不同修辞可能违反不同准则。如,在违反数量准则的修辞中,明喻是一个典型例子;违反质量准则的修辞格较多,大部分词语修辞格都违反质量准则,如暗喻、拟人、移就、借代、夸张、矛盾修饰法、反语等;违反方式准则的主要涉及双关和委婉语。事实上,在我们看来,不同修辞格违反不同的准则,甚至同一个修辞格可同时违反多条准则。如,夸张就可以同时违反质量准则、数量准则和方式准则。当词语修辞格表面上违反合作原则准则,但却在深层次上遵守合作原则的时候,就会产生修辞表达的会话含义(何兆熊,2000: 163 - 165)。

Grice 曾运用合作原则讨论过修辞表达,他明确指出,反语、隐喻、夸张和弱言法都不同程度地违反了质量准则(Grice, 1975: 312)。人们使用语义修辞格的目的就是希望通过一种含蓄的语言表达来展示更加强烈的语气。以反语为例。"反语"就是指说话人所说的话在字面上与他想要说的恰恰相反(何兆熊,2000: 164)。如果明知听话人的房间很脏,讲话人却说"你的房间真干净",那么讲话人明显违反了质量准则,即"不说自己认为是不真实的话"。如果要让听话人理解说话人所用的反语,那就需要依赖交际双方的共有知识。夸张修辞也同样违反了"说真话"这一质量准则。夸张法和弱言法是分别从两个相反的方向违反同一条准则。也就是说,夸张法把话说得比较过头,属言过其实,甚至可到荒谬的程度;弱言法却刚好相反,把话说得不足一些。在 Grice 所讨论过的由于违反会话准则而产生的修辞格中,最令人感兴趣的是隐喻。如,"他是只狐狸",即把人说成狐狸,显然是不合情理的,甚至是荒谬的。Grice 认为,隐喻可以被看做是一种较为特殊的会话含义,是违反质量准则而达成的。合作原则及其准则对会话含义的解释和研究,为语义修辞的研究开辟了新的途径。

与传统的反语修辞观相比,合作原则对语义修辞产生的条件作出了规定(即违反合作原则的质准则),并指出,语义修辞的含义是需根据条件进行推理的。但是,仅仅依靠违反合作原则准则对语义修辞格进行解释是不够的,把问题过分简单化了。首先,合作原则仅仅是提供了辨认语义修辞格的标准,而无法揭示语义修辞格的实质。据何兆熊,合作原则对隐喻的解释力尤其欠缺。即便作为辨认隐喻的标准,合作原则也只能够辨别出部分隐喻(何兆熊,2000:164-165)。有些隐喻表达,仅从其字面就能看出是荒谬的,听话人很容易就能辨认出来;但有些隐喻则不是这样,既可以做字面的理解也可以看作隐喻来理解。例如,"我们都是小学生"既可以表达我们是小学生的事实,又可以表达我们在某些方面的知识很贫乏。对于这样的隐喻,Grice 的标准则不能很好地起作用。其次,仅依靠是否违反合作原则准则也无法完全将语义修辞区分开来。隐喻、反语、夸张等语义修辞格均可违反质量准则,但各自的特征却并不清楚(何兆熊,2000:165)。也就是说,仅仅依赖合作原则及其准则来解释语义修辞格,至多能够从一定程度上辨认语义修辞格,而无法对各类语义修辞进行区分,更重要的是这样的解释并不能揭示各种语义修辞格的生成和识解机理。再次,由于 Grice 提出的会话合作原则等语用理论仍然把字面意义假设作为认知基础,因而其理论不具有彻底的革命性。总之,合作原则无法充分解释语义修辞的几个关键问题,即是说,语义修辞含义的推导、使用语义修辞的心理动因、反语字面意义到修辞义的过渡、构成语义修辞的语义条件等问题均有待进一步探索。

(三) 关联理论与语义修辞分析

真正从语用学角度对语义修辞进行的阐释主要体现在关联理论的应用方面。Sperber 和 Wilson 他们自己也运用关联理论对语义修辞,特别是对隐喻和反语进行了细致分析。

关联理论认为,语句的命题式对事态的表征方式可以分为描述性用法和解释性用法两种(Sperber & Wilson,1995/2001:224-231)。关联理论认为,任何语句都是解释性用法或解释性表达,因为对讲话人而言,语句是自己思想的解释性表达,而对听话人而言,语句理解是对讲话人心理表征的解释性理解。

关联理论可以用于语义修辞研究,能为语义修辞研究提供一种理论框架(蒋严,2009)。关联理论是研究交际行为的,主要关注言语交际成功的充要条件,试图回答人为何能够在交际中通过言语传达言外之意,以达成信息传递和相互理解。从这个意义上讲,语义修辞也是一种含义表达,因此关联理论也可以用于解释语义修辞现象。从关联理论的认知角度出发,讲话人一般选取正确的遣词造句并且清楚反映讲话人的意图,这样听话人就能做出最佳关联的解释;但一般而言,修辞话语往往是不恰当的措辞,是词不达意的,因此,交际过程中语义修辞话语的使用可传达额外信息而导致听话人作出错误推理,从而导致交际的失误甚至失败。例如,含有隐喻的命题表达的一般是不合逻辑的非真值条件义,要理解隐喻命题就需要把分属于两个语义域的本体和喻体两个概念联系起来(蒋严,2009)。对隐喻式命题的理解是一个最佳关联的解读过程。在解读隐喻式命题的最佳关联的过程中,我们会发现强寓义和一系列弱寓义。弱寓义往往是讲话人故意追求精确化表达的结果,也是讲话人只能借用隐喻才能传达想要表达的内容。虽然隐喻会带有讲话人不一定希望表达的内容,但他确信听话人可以根据百科知识和现场语境分辨出哪些解释是关联的。

关联理论把不同语义修辞看作多种多样的随意言谈(loose talk)(Sperber & Wilson, 1995/2001: F33),并对其进行了分析。为了找到所期待的关联,就需要得到足够的启示;为了得到足够的启示,听话人会对词语的意义进行拓展,而不是直接按照严格的字面义去理解。如,

(1) John is saint.

(2) Susan is a butterfly.

(3) a. He is cunning.

     b. He is a fox.

(Sperber & Wilson, 1995/2001)

例(1)的"John"与"圣人"从字面意义上看是不合逻辑的,但John可以具有"圣人"所具有的某些特征,从而使话语获得最佳关联。例(2)的"Susan"与"蝴蝶"从字面意义上看是不合逻辑的,但Susan可以具有"蝴蝶"所具有的某些特征,从而使话语获得最佳关联。再如例(3)中,(3a)与(3b)的差别在于前者是直陈表达,而后者是语义修辞表达(隐喻);(3b)的修辞效果在于激发听话人的联想。然而,需要解释的是:说话人为何要选择这样的表达方式?听话人又是如何展开联想的?根据关联理论,说话人选择这样的表达方式实质上是一种明示方式,用来示证除(3a)

之外他/她还有别的意思。听话人在处理(3b)时就会付出比处理(3a)更多的心力。额外的处理心力需要由额外的语境效果来补偿,表现为各种弱暗含。这种弱暗含,用 Sperber 和 Wilson 的话说,就是诗学效果(poetic effects),而这正是话语表达具备修辞色彩的根本来源。

此外,关联理论也对反语作出了较为新颖的解释。根据关联理论,在反语应用中,说话人通过重复回应对方的话语,即借用别人的话来陈述自己的不同看法(Sperber & Wilson, 1981;Sperber, 1984; Wilson & Sperber, 1992)。例(4b)中讲话人 Mary 就是借用了小品词"huh"来表达了自己的观点,而且自己的观点与对方的观点是相反的。

(4) a. Peter: I'm only trying to help you.
    b. Mary: You're only trying to help me, huh!

20 世纪 80 年代出现的反语提述论(mention theory of irony)和反语伪装论(pretense theory of irony)(Sperber & Wilson, 1981; Clark & Gerrig, 1984)就是两个基于关联理论提出来的有关反语的重要理论。反语提述论认为,一句话要成为反语,就必须具备一个认知语义条件,即该命题必须是对先前某种意义的回声式提述;反语伪装论则认为,反语的认知语义基础在于该命题是一种伪装,说话人伪装使用或陈述一个命题。提述论也认为,反语是一种回声式提述,即说话人故意对说过的话语意义进行提述,并表达某种贬抑性态度;而伪装论认为,反语是一种伪装陈述,讲话人试图让听话人意识到这是伪装,并且认识到伪装所隐含的态度和话语交际意图。总之,反语意图表达的是讲话人对所讲话语所持的态度(曾衍桃,2001:411)。反语提述论是以关联理论将语言表征区分为描述性使用和解释性使用两个范畴为基础而形成的,两种表征的命题形式之间具有某种相似性。比如,反语表现的是说话人的思想与其他人的思想之间的一种解释性关系。也就是说,一句话如果要成为反语,那么该话语必须是解释性表征里的提述性用法,而且还要是回声式还原(Sperber, 1984; Sperber & Wilson, 1981)。回声式话语其实就是被用来解释他人话语的话语;此类话语也能表达不同意图,也可实现不同的语用功能。比如,回声式话语可用于表敬佩,也可以表惊讶或不满,还可以表反讽、调侃、挖苦等。Sperber 和 Wilson 认为,反语就是一种含蓄的意义还原,用以表达对被还原意义的贬抑性态度,说明反语还原的命题是荒谬的。

反语还原论,与传统的语义理论相比,具有更强的解释力。然而,该理论仍然存在缺陷,主要表现在:(1)认为反语是对意义进行的一种含蓄的回声式还原,但关于如何判断却没有提出任何标准;(2)认为回声式话语或多或少具有反讽的特征(Sperber & Wilson, 1981),从而认定反语一概都是回声式话语,但是,自然语言中有些话语尽管是回声式,在既定语境中却不具有反讽色彩。

综上所述,迄今为止,人们从语用学视角进行的语义修辞研究显示,语义修辞研究对象已经从"修辞手段"逐步转到修辞主体及其言语行为。这不仅体现了语义修辞的人文性,开始关注修辞行为的自身价值,也使得修辞观念行为化、社会化(陈汝东,2004:512)。但是,从语用视角对语义修辞进行的研究存在许多有待解决的问题,如,合作原则准则的违反问题,本是不言而喻的,所谓的解释也仅是对语义修辞现象的特性进行一些说明,也就是说,是否违反准则并不能对语义修辞话语的理解带来实质性的突破;关联理论强调的理解是寻求关联(最佳关联)的过程,然而,"关联"究竟意味着什么并不十分清楚,主观随意性太大,获得语义修辞话语含义的过程不够具体。因此,语义修辞的理解机制研究尚待进一步深化。

三 修辞的认知语言学研究

20世纪七八十年代,认知科学从第一代研究范式向第二代研究范式的转向,有效推动了认知语言学的产生和发展,而且认知语言学很快从美国西海岸扩展到欧洲以及亚洲的中国、日本和韩国。90年代以来,认知语言学成了主流的语言学流派,影响逐步扩大(徐盛桓,2011b)。众多认知语言学理论涉猎了语义修辞话语分析,在此仅涉及几个主要理论用于语义修辞分析的讨论。

(一)概念隐喻理论与语义修辞分析

从认知语言学视角进行的语义修辞研究中,雷可夫和约翰逊提出的概念隐喻理论(Lakoff & Johnson, 1980)具有重要影响。该理论认为,语言都是隐喻性的,并将隐喻、转喻等看作认知过程。后来,雷可夫和特纳(Lakoff & Turner, 1989)又对隐喻和转喻的定义予以补充,将隐喻、转喻作为概念映射,并将映射看作两个概念认知域之间的对应。隐喻涉及的是不同的认知域;转喻映射则是域内的。人类对自身和事物的了解离不开语言这一媒介,语言将人类经验范畴化和概念化。人的一生是短暂的,因此人能接触到的现实世界是有限的,但语言则因其具有时空置换性而使人不受此局限。在语言所建构的虚拟世界被当做我们生存其中的第一现实时,它会比物理世界更直接地影响人类本身。

依据概念隐喻理论,"惯用的隐喻表达不仅仅是语言现象,而且是两个语义域的概念映射"(Croft & Cruse, 2004：198);对隐喻进行研究就需要"揭示两个域之间的映射是如何进行的以及这些映射是如何引导人们进行推理和实施行为的"(Croft & Cruse, 2004：194);而映射是"支配概念构成系统的注意系统的因素之一,支配着一部分的注意模式映射到话语所描写的情景的方式"(Evans, 2007：130);映射被看做人类心智的特征,具有普遍性和能产性。隐喻表达就是将源域概念映射到目标域概念达成的。概念隐喻理论发掘了隐喻思维的运作机制,使表面上不具备相似性的两事物 A 和 B 能发生隐喻关系。这是过去的理论如替代论、比较论和互动论等均未揭示的隐喻运作机制。雷可夫和约翰逊认为,理想的隐喻表达应该是"Her anger boiled over."这样的表达(Croft & Cruse, 2004：194);此类隐喻揭示了事物之间的概念化关系。这既是隐喻研究的重要发现,也是关于人类思维机制的重要发现(徐盛桓,2008c)。因此,隐喻理论研究在揭示思维机制方面取得了重要突破,解释了"抽象概念大多数是隐喻性的"(Lakoff & Johnson, 1999：3)这一论断。

概念隐喻理论虽主要对隐喻进行说明,但它对整个语义修辞研究具有启示意义:语义修辞话语也是概念化过程的产物。但该理论未进一步细化"概念化关系""映射"等概念,从而导致理论的可操作性不够强。

(二) 概念整合理论与语义修辞分析

从认知视角出发进行语义修辞研究的一个典型范例就是人们运用概念整合理论(Conceptual Blending Theory, CBT)(Fauconnier & Turner, 1998)对语义修辞的分析。该理论认为,属性的一个子集和源域与目标域之间的关系结构被注入一个合成空间,在合成空间里,它们可以利用背景知识信息进行整合和增补。这些混合模式能够有效解释共享表征功能在源域和目标域之间的作用方式的差异,以及由隐喻表达引发的突显特征。

陈雅(2007)运用概念整合理论和关联理论来分析双关。她首先提出语境心理空间,与斯波伯和威尔逊提出的心理建构体类似,包括参与者、场合、历史背景和社会文化背景等。与概念整合理论中的心理空间不同,语境心理空间和双关输入空间并不完全对等。对说者而言,语境心理空间抑制双关输入空间;对听者而言,双关输入空间唤起语境心理空间的相关成分。

徐盛桓(2008c)曾将概念整合理论用于分析移就修辞话语。通过分析移就(移情),他得出如下结论:移就发生于主体感情的映射,例如"快乐的周末",就是将表达人的心情的"快乐"用于修饰本不具有"心情"的事物"周末";"快乐的周末"的实际意义是"使人感到快乐的周末";"过周末的人"感受到快乐了,就把"快乐的心情"映射到"周末",这样才有了"快乐的周末"的表达。也就是说,形容词"快乐的"所具有的属性是"人"这一隐性角色的突显属性,而"周末"所表示的则是突显角色即显性角色,当突显属性和突显角色在合成空间中被整合时,两个输入空间便可形成图式映射关系,进而使有关的事物"周末""映射"了人的心情。

林元龙、赵海云等也运用概念整合理论和关联理论对双关进行了研究。林元龙(2009)综合运用层级突显假设和关联理论,研究了英语双关的理解过程,认为双关理解过程分为语义初始加工和意义整合两个阶段,语义初始加工阶段由突显原则主导,意义的突显程度决定双关语词意义被激活的程度;关联原则制约意义整合,意义的关联性制约双关意义的确定。赵海云(2010)则认为,汉语双关和英语双关并不完全一样。汉语双关是单个句子中由单独一个词语构成的;英语双关则是由一个词语和两个某种程度上相似的词语构成的双关。这两类双关实现的心理机制是不同的,因此赵海云在概念整合理论和关联理论的基础上提出了两种认知模型分别用来解释这两类双关。他认为双关的理解不仅是心理空间之间的概念整合,还涉及了关联和推理两种思维模式。

概念整合理论虽论及了"映射",但对于"映射"是如何产生的却未提及,也就是说,该理论未能对"映射"的内涵给予具体的说明。另外,还有一个问题未能解决,即含义是怎么来的。如,从上文关于移就的分析,我们可以看出,如果把移就归因于"人"这一主体的感情的"迁移",那么"事物"自身的作用则未能得到体现,而且所谓"映射"也只是给"移"变换了一个说法,却并没有真正涉及移就的机理。再如下例(5),

(5) The surgeon is a butcher.

例(5)的含意是嘲弄大夫不称职。根据概念整合理论,"不称职"来自话语主体对合成空间的精细加工,即想象一位"屠夫"用杀猪的技术给病人动手术,而据常识,屠夫要给病人做一项外科手术是"不合格的"或者"不称职的",从而进一步推导出这一隐喻具有"嘲弄大夫不称职"的含意(Croft & Cruse, 2004: 208 - 209;徐盛桓、廖巧云,2013)。但是,究竟"不称职"这样的含意是怎么来的,实际上仍然是不清楚的。因此,概念整合理论用于分析语义修辞话语仍存在局限性,即未能清楚解释两个语义域之间关系的构建问题。

(三)"基于模型的语用推理"理论与语义修辞分析

徐盛桓提出的基于模型的语用推理理论(徐盛桓,2007b,2007c)的假设下辖话语生成和识解框架,后来又提出了内涵外延传承说(徐盛桓,2008a,2009),作为原有理论的补充。根据徐盛桓(2011a)的观点,从认知角度看修辞,修辞话语是一种认知方式、认知策略,修辞研究包含四个方面的内涵:修辞被看做一种言语活动;言语活动与认知方式和认知策略存在互动关系;研究的主要目的是揭示言语活动背后的认知机理;复杂的修辞现象的认知机理可能做出统一的说明。

不少学者从认知语用角度对语义修辞进行过探讨。徐盛桓等(徐盛桓,2008d;雷卿,2008;廖巧云,2008a;黄缅,2008)发表的一组论文对语义修辞研究提出一种新进路,从认知角度探讨了语义修辞话语的生成机理。如,他们分别就隐喻、夸张、反语的生成机制进行了较为详细的探讨。三个修辞格均需要依靠相邻/相似关系将语义修辞表述式即显性表述和目的表述即隐性表述联系起来,属隐性表述均不出现的替代型,并只涉及词语,但其体现不同的关系:隐喻是相似关系;夸张是同向相邻关系;反语是反向相邻关系。这些研究是在同样的理论框架里展开的,但又各有特点,分别研究各个辞格较少涉猎但又很重要的问题:隐喻为何可能、"夸张"到底夸张了什么、"反语"里的"倒反义"从何而来等。这些分析为修辞研究带来了一些新意。

黄缅进一步对反语的运作机理即反语话语的生成和识解机理进行了研究。该研究将汉语反语定义为"说话人在特定语境中想要表达的交际意义与其字面意义呈程度不尽相同的反向关系"(黄缅,2009:1)。该研究还进一步构建了一个分析研究反语认知过程的语用—认知模型,对反语的内在工作机制进行了解释。在该模型中,起关键作用的是相邻关系;反语所涉及的两个反向意义,即字面意义和含义即说话人意义,需要依靠相邻关系才能被相互联系起来。从说话人的意向态度来看,反语可以分为表达积极态度的反语和表达消极态度的反语两种(黄缅,2009:1-2)。前者指用消极措辞来表达说话人的正面态度,而后者则指用积极措辞来表达说话人反面的态度,也就是人们常说的"反话正说"及"正话反说"。该研究得出结论认为:反语是在两个反向的次认知域之间发生映射的结果;在反语使用中,依赖常规关系即相邻关系进行的心理联想引起了意义的反向转移。听话人在语境的作用下,建立一个具有相邻关系的正负两极的意义连续统。此连续统包含无数相邻值,这些相邻值为反语的意义加工提供选择,使其能够选择与语境最相符的取值。同样的,在意向态度的制约下,说话人也依靠相邻关系构建一个语义连续统,并从该连续统中选择与语境最相符合的话语(黄缅,2009)。反语运作机理的研究把生成和识解机理放在一起研究,对其他修辞研究具有启发意义。

徐盛桓(2008d)运用内涵外延传承理论研究了隐喻的生成机制。他认为,隐喻/转喻的运用与可能世界逻辑有关,其中所涉及的两个概念域之间具有内涵外延传承关系(黄缅,2009)。Kripke 于 1957 年正式提出了可能世界语义学(Possible World Semantics),"其语义规则是:依据可能世界中的情况来确定每一句法规则所生成的句子及各成分的语义值,通过语义值与可能世界中情况是否相符来判断语句是真是假"(王寅,2014:245)。隐喻/转喻能够为人所理解,这与人们可以借助可能世界的逻辑有着很大关系。如,当听到"他喜欢喝龙井"这个句子时,一般而言,听者都能够根据可能世界的逻辑来识解出此处的"龙井"指的是"龙井茶"。因此隐喻/转喻的运用同可能世界的逻辑是密切相关的。

廖巧云和涂志成(2009)从内涵外延传承角度对双关进行了研究。他们指出,双关的显著特征就是用同一发音或语形来表达两层意思。他们也对双关的生成和识解机制进行了阐释,具体如下:首先分析拟表双关语词的内涵与外延及其类层级结构,然后根据具体语境,对拟关涉的同层类属单体进行选择,再通过联想,将一类属单体的主要属性"传"给另一个具体的类属单体,后者"承"接前者内涵属性,从而使后者既具有自身的内涵属性又同时具有另一类属单体的内涵属性,至此,双关话语得以生成。双关话语的识解过程如下:听话人首先需要对双关语词的内涵和外延进行类层级分析,以便得到该双关语词的类层级结构,再根据语境选择出相关的类属单体,以致最后达到对双关话语的完备理解。内涵外延传承说对语义修辞运作机理的研究具有较强的解释力。

综上所述,基于模型的语用推理理论下辖的三个分析框架用于语义修辞话语分析,显示了强大的解释力。但是,迄今为止,该理论主要被用于语义修辞话语生成机制的研究,而用于语义修辞话语识解机制的分析不多;同时,关于如何确定两种不同事物"共享"的内涵外延特征问题的阐释需要进一步厘清。

（四）范畴理论与语义修辞分析

有学者（刘腊梅，2008）从范畴理论角度对英语语义修辞进行了研究，认为人们对具体事物的认识是直接的，而对抽象事物的认识一般只能采取间接方式，因此语义修辞的作用得以突显。一般情况下，人们对一个事物所属范畴的分辨是快速的。范畴一般指的是事物在认知中的归类（Rosch，1973），如 apple，banana，pear 等是属于 fruit 范畴的，而同时也可以说 apple，banana，pear 等是 fruit 范畴的成员。根据古典范畴理论，范畴是客观事物在大脑中的反映，具有明确的分界；范畴成员具有其固有的共同特性，一个物体总要归入一个特定范畴（赵艳芳，2001：21）。一个范畴的所有成员总是享有部分共同属性，因此便形成了家族相似性（赵艳芳，2001：61）。"认知是人们通过心智活动对客观世界的经验进行组织，并将其范畴化和概念化的过程"（Jackendoff，1983：20）。也就是说，语言直接传递的并不是真实世界中的信息，而是头脑对真实世界的反映。基本范畴是认知最基本的要素之一，因为基本范畴是人与外界发生作用时直接被理解的，如桌、椅、板凳等是直接被认知的，而除基本范畴以外的其他范畴可通过隐喻/转喻认知模式间接得到认识，这类范畴表达也就成了修辞语言。

就语义分析而言，语义修辞可以说是将词句的语义从一个空间转移到另外一个空间，形成另一复杂的事物或抽象概念。如，在范畴理论看来，"山脚"就是将人们对身体的认知投射到对"山"的认知的结果。范畴移位主要有跨越式移位和线性移位两种方式。跨越式移位是将一个概念从一个范畴移至另一个范畴；此类修辞手法主要包括通感、移就、比喻、拟人、拟物、借代、换称、委婉等。线性移位一般是在表事物两个相反特性的词中，用其中的一个词表达另一个词的意义；有时也可能是在这两极之间左右移动，而且难以确定偏向哪一方；此类语义修辞手法主要包括夸张、矛盾修饰、替代、间接否定等（刘腊梅，2008）。

从范畴理论角度提出的修辞是"语义在两个空间的移动"（刘腊梅，2008）这一看法，对语义修辞识解机制研究有一定的启示作用。但究竟如何移动、为何能移动等则尚未有人进行过探讨。

四 修辞的认知神经语言学研究

（一）汉语的认知神经语言学研究概览

1. 认知神经语言学界的汉语研究

认知神经语言学一般指运用病理观测或脑成像技术对语言认知的性

质和规律进行研究的学科,主要有演绎型研究和实证型研究两种研究路径。演绎型研究路径是基于哲学、心理学、神经科学等的假设构建语言理论体系,如兰姆（Sydney Lamb）构建的语言关系网络模型（程琪龙,2004）、费尔德曼（Feldman, 2006）和雷可夫（Lakoff, 2008）为基于涉身哲学的语言认知理论寻找神经科学证据的研究等。实证型研究路径是通过观测失语症患者或者运用事件相关电位（event-related potentials, ERPs）、功能性核磁共振成像（functional magnetic resonance imaging, fMRI）等技术手段研究各种语言现象的神经实现,以使相关语言理论得到验证、修正和精细化。如,杨亦鸣（杨亦鸣、曹明,2000）对中文大脑词库进行的研究、梁丹丹（梁丹丹、韩笑,2010）就动名分离现象的探讨、周统权等（2010）对动词复杂性的探讨以及杨波、张辉（2007）对通感的脑神经基础的研究等都不同程度地对传统相关语言理论进行了相应的完善、补充、确证或修正。

事实上,以汉语为语料的认知神经语言学研究是在20世纪90年代中叶以后才开始出现的（梁丹丹,2004）。最初,此类研究主要涉及中文大脑词库和当代句法理论等两个方面的研究。

中国的神经语言学研究与国外的神经语言学研究相比存在较大差距。在国外,因为涉及语言学的各个分支的神经语言学研究出现得很早,所以语用学、认知语言学等的一些理论得到了及时的检验;国内神经语言学研究虽然关涉字、词、句等多个层面的研究,但直到20世纪末,才有极少量的研究涉及当代语言学理论。不论从研究对象还是从研究方法上看,国内研究均存在不足。如,目前观察失语症患者的方法用得较为广泛,而对正常人或其他病症患者进行的研究则较少,因此,以正常人为被试、使用脑成像技术等的研究工作还需要进一步加强（梁丹丹,2004）。

根据梁丹丹（2004）的总结,中国神经语言学研究可以从神经心理学和语言学两个领域来审视。这两个领域的研究有不少相互交叉和值得相互借鉴的地方,但是两者不可相互替代。

首先,神经心理学界对脑与语言关系的研究成果主要集中在汉语的字词识别和失语症两个方面。

汉语字词识别研究主要涉及字形属性或语音、语义等在汉字识别中的作用等;重点探讨了两个焦点问题,即汉字识别的复脑效应和由形到义的语音中介问题。关于复脑效应问题,目前有两种主要观点:汉字认知主要是左半球起作用;汉字认知是大脑左右半球起作用的复脑文字。但是,近年来神经电生理技术（如,ERPs技术）被用于汉字词识别研究,以便直接观察其大脑加工过程。魏景汉等(魏景汉、匡培梓,1995;罗跃嘉、魏景汉,1997,1998)通过一系列全视野和半视野实验,对汉字形、音、义的关系进行了研究,结果发现:在汉字认知加工过程中,大脑两半球的关系十分复杂,很难支持优势半球说。关于语音中介问题,存在两种主要观点,即强语音作用观(Tan, Hoosain & Peng, 1995)和强字形作用观(周晓林,1997;周晓林等,1998)。前者认为,在汉语字词的视觉加工中,语音是字形到字义的中介;后者认为,在汉语字词加工中,主要由字形—语义之间的直接激活。但是,罗跃嘉、魏景汉(1997, 1998)运用 ERPs 技术对全视野和半视野状态下汉字词义联想的研究显示出,音、形、义之间的关系错综复杂。因此,汉字音、形、义加工均是一个加工与再加工的反复过程,三者之间的关系不能简单归结为是否通过音而达义的问题。

关于失语症研究,高素荣主编的《失语症》(1993)一书贡献最大。其中涉及汉语失语检查法的研究关注到了汉语特点;该研究还对汉语失语症进行了分类,并基于此构建了适合汉语失语症研究的基本框架(高素荣等,1993)。该领域的研究重点涉及失读症、失写症、传导性失语等三个方面。失语症研究中的一个热点就是通过失读症和失写症患者来研究汉字形、音、义存储的神经机制(梁丹丹,2004)。研究显示,形、音联系最弱,最易受损,而形、义联系最强(高素荣,1993:150-151;胡超群,1989)。失语症研究已经成为神经语言学研究的一个重要组成部分,而且未来的神经语言学研究也会主要依赖对脑损伤患者的调查(高素荣,1993:150-151;胡超群,1989)。

神经心理学界在语言与大脑关系的研究方面,采用了较多的语言材料,但主要还是关于字词识别的问题,而未能充分利用语言学的已有研究成果。而且,心理学界的最终研究目的大多不在于探索语言本身的规律。

其次,语言学界神经语言学研究主要集中在中文大脑词库研究和句法理论的研究。

第一个方面是有关中文大脑词库的研究。大脑词库,是大脑中有关词汇信息的内存(杨亦鸣、曹明,2000)。中文大脑词库研究主要是关于汉语词汇的辨认、储存、提取等问题。其中,杨亦鸣和曹明有关中文大脑词库音、形、义之间关系的神经语言学分析(杨亦鸣、曹明,1998)、基于神经语言学的中文大脑词库研究(杨亦鸣、曹明,2000)、汉语名动分类的神经语言学研究(刘涛等,2008)等,得出了一些有关中文大脑词库的研究结论。比如,有关中文大脑词库的语义联系的研究显示,词与词之间的并列关系最为密切,上下位关系较为密切,而搭配关系不太密切;声母、韵母或声调等相同的词语之间联系较为密切;形体相近的词语之间联系较为密切;等等。这些较为系统的结论,将相关研究向前推进了一大步(梁丹丹,2004)。其他学者,如崔刚(1994,2002)等用了语言学的理论框架对失语症的语言障碍进行了描写和分析,补充了句法障碍和语用障碍两部分的内容。针对名动分离主要由名、动两类词的不同语义特征(Petersen, et al., 1988)和不同语法特征(Lapointe, 1985; Shapiro, et al., 1987)决定两种观点的争论,杨亦鸣等(2002)进行了关于汉语名动分类的神经语言学研究。他们从语法角度设计实验,研究结果发现,语法特征可被当做名动划界的依据;还发现,语义特征可以为词的划分提供依据。

第二个方面是基于句法理论的神经语言学研究。杨亦鸣、曹明(1997)基于汉语皮质下失语患者对主动和被动句式的生成与理解进行了比较研究,调查分析结果显示,在大脑结构中主动和被动结构是一种平行式储取机制,既相对独立又互相联系。杨亦鸣等从实验中获得的反应时数据,验证了通过乔姆斯基最简方案理论推演出来的主动句、被字句和把字句等三类句子的生成过程所需步骤,两者的结果完全对应:就生成步骤而言,主动句最多,把字句次之,而被字句最少。这一结果体现了神经语言学与理论语言学之间的互证关系。不论实验数据与理论是否一致,都有助于促进两者不断走向完善(杨亦鸣、曹明,1998;杨亦鸣,2002)。从以上认知神经语言学界的汉语研究看出,已有研究很少真正触及话语的识解机制研究。

2. 认知心理学界的汉语研究

认知心理学一般运用失语症观测和脑成像技术研究语言认知加工的神经机制。如,彭聃龄(2004)等运用 fMRI 技术对单字词的自动语音激活进行了研究,周晓林等(2004)对有关汉语听觉词汇加工过程中声调信息对语义激活的制约作用进行了探讨,韩在柱、毕彦超(2009)对阅读理解的脑机制进行了研究,杨洁、舒华(2010)对习语理解的大脑半球机制进行了相关研究等。所有这些研究都试图通过观察语言的加工过程探讨大脑的认知机制,对汉语的认知神经语言学研究进行了有益尝试。

综上所述,如果能将神经语言学和理论语言学的研究有机结合起来,必将有助于推进语言学研究的科学进程。认知神经语言学可以检验理论语言学的基本原则和研究结论,特别是检验我们已从认知语言学视角研究语言的生成和识解机制所得出的理论假设和研究结论,以有效促进理论不断走向完善,从而将推进整个语言学的科学进程。这些研究对我们研究修辞理解的认知神经机制是有启示意义的,也能够有效拓展语言研究的领域和空间。

（二）语义修辞的认知神经语言学研究

这里需要说明的是,本小节仅对认知神经语言学视角的语义修辞研究情况进行粗略的介绍,而第六章将对隐喻、反语、双关等不同类语义修辞的实验研究进行更详细的回顾。

认知神经语言学视野下语义修辞理解的研究致力于了解实时状态下语义修辞理解的认知神经机制,主旨在于揭示作为动态的、实时的、实体的语义修辞话语的认知神经机制,并且说明修辞言语系统与非修辞言语系统的知识之间是如何进行交互作用,进而赋予或产生意义的。

关于语义修辞理解的认知神经机制研究,国内外的研究情况差距很大(关于隐喻、反语和夸张修辞的认知神经机制研究的文献综述,详见第六章)。国外从神经语言学角度对语义修辞进行了较为深入的研究;国内对语义修辞的神经语言学研究文献还不多。关于从认知神经语言学视角进行的语义修辞研究主要包括以下几个方面。

1. 对语义修辞理解的相关研究

Tartter 等(2002)对新异修辞语言理解进行了事件相关电位实验研究。主要研究了新异隐喻修辞理解中的一个中心问题,即,新异隐喻修辞是立刻进行了修辞性的解读呢,还是只有在字面解读失败之后才进行修辞性解读的? 实验结果认为,隐喻元素的低频率和异常语言的低完型可能主要反映在早期阶段;而异常结尾言语的不一致和零完型可能单独产生了 N400 效应。在早期窗口,从隐喻结尾言语中推出的结构或者分裂(the structure or parse)对异常语言进行了初步的解读;而在后期窗口中的语义分析弥补了合理的修辞解释(plausible figurative interpretation)。Lai & Curran(2013)运用 ERPs 对常规隐喻和新异隐喻的理解进行了研究。ERPs 实验结果显示,理解新异隐喻和异常语句时出现 N400 波幅的时间窗为 320~440 ms,而理解常规隐喻与字面义句时出现 N400 波幅的时间窗为 440~560 ms。研究表明新异隐喻类似于异常语句的理解,一般较难;而常规隐喻与字面义句易于理解,且差异较小;同时,该实验结果与隐喻投射模型相契合。Ibanez 等人(2010)运用 ERPs 实验对非母语说者理解其外语修辞言语时肢体语言的作用进行了研究。实验表明肢体语言在 300~500 ms 窗口中没有引起 ERPs 调变,在 500~700 ms 窗口中有适量影响。来自高级德语学习者的 N400 不仅在一致的肢体语言和不一致的肢体语言之间有差异,而且在字面语句与隐喻语句之间都有不同,这与对母语言说者的研究结果相一致。

Bonnaud 等人(2002)使用 ERPs 实验对隐喻语义连接和非隐喻语义连接进行了研究。实验结果表明,隐喻语义连接条件和非隐喻语义连接条件之间没有明显区别。反应时分析表明,年轻人和年长者对隐喻语义连接耗费的时间要比非隐喻语义连接长。这些实验数据表明理解隐喻语义连接要求词汇控制加工,并且隐喻在语义记忆中有特殊地位。

Gold 等人(2010)利用 ERPs 实验验证了亚斯伯格症(Asperger Syndrome)病人由于语言信息加工的不同导致了隐喻理解的困难。

以上回顾显示,语义修辞理解的认知神经科学研究均缺乏一个统一的理论框架的指导。

2. 关于大脑不同区域在语义修辞理解中的作用研究

在语言加工的脑机制研究中,人们关于左右脑功能的研究所得结论存在差异。Eviatar & Just(2006)运用 fMRI 实验对隐喻及反讽理解进行了实验研究。研究发现,隐喻话语在左额下回及双边下颞叶皮层较之反讽话语和字面话语更活跃。而在右颞上回颞叶及右颞中回颞叶区域反讽话语活动最强,隐喻话语次之,字面话语最弱。研究结果表明,大脑不同区域对隐喻修辞的敏感度具有差异性;不同的半球敏感度与语言理解的大脑功能皮层模型相关。Arzouan 等人(2007b)运用 ERPs 实验对新异隐喻理解的研究表明,新异隐喻的理解趋于右脑半球,在新异隐喻的理解过程中,有几个阶段右脑半球参与了理解;同时,该研究表明,右脑机制(RH mechanisms)是有必要的,但是对于隐喻表述的理解是不充分的。而另一些学者(如 Kacinik & Chiarello, 2005)运用 ERPs 实验反驳了右脑半球对隐喻理解具有特殊作用的假设,证明 ERPs 隐喻性影响对左右脑半球作用相似,两个半球在理解字面语言和修辞性语言时,以一种复杂动态的模式协同工作。Coulson & Severens(2007)运用 ERPs 实验对双关理解的左右脑差异进行了研究,结果表明,在开始阶段,双关的两种不同意义在左脑都是活跃的,但是只有高度相关的意义才在右脑活跃;而在 500 ms 时,不同含义在左右脑都活跃。

综而观之,关于大脑不同区域在语义修辞理解中的作用仍然没有定论。这些争议和不同观点的出现,可能是由于在不同研究中刺激和任务不同导致的,也可能是因为基于不同的理论或是语言类型的差异造成的。

3. 关于语义修辞认知神经机制的研究

国内运用 ERPs 技术研究修辞言语当首推王小潞(2009),她集中研究了隐喻修辞话语的认知神经机制。她首先结合 Searle 的"两步加工模型"

以及 Lakoff 和 Johnson 的一步加工模型,提出了过渡模型,即隐喻是从新隐喻向死隐喻演化的过程;其次提出了联想是隐喻映射机制的假说;再次强调了认知主体对隐喻理解的制约作用。其研究结论验证了当前隐喻认知理论和隐喻大脑加工过程(详见第六章)。王小潞虽然对隐喻进行了深入研究,但是她未能对"联想"的具体内涵进行探讨,究竟如何联想、通过什么方式联想等问题还需要进一步探讨。

张辉(2016)运用 ERPs 技术对不同类型熟语的表征和加工的时间进程及神经机制进行了探讨,使人们对熟语在大脑中加工的认识得以丰富。

近年来运用 ERPs 技术研究隐喻认知的成果主要有三个方面:隐喻认知标准模式和并行加工模式相关电生理证据得以发现;发现了字面表述、常规隐喻、新异隐喻诱发的 N400 波幅呈逐级递增趋势;较多研究证明右脑在隐喻认知中起重要作用,但是并未得到一致认可(疏德明、刘电芝,2009)。

综上所述,国内外关于语义修辞的认知神经机制的已有研究资料较为丰富,不过其研究主要是对某一类修辞(如隐喻、双关等)的涉猎;国内的同类研究是近几年才出现的,还处于起步阶段;探索语义修辞话语识解的认知神经机制在我国尚未得到应有的重视。迄今为止,还没有学者试图将语义修辞放在一个统一的语言学理论框架中进行探讨,更没有用 ERPs 实验进行论证。这意味着认知神经语言学研究,特别是 ERPs 研究具有广阔的前景。

第五节 小 结

表面上看,修辞研究显得有些杂乱无章,这主要是因为修辞是一个庞大的特殊话语系统;但通过认真梳理便可发现,修辞发展及其研究有其内在的连续性,修辞研究史与语言研究的各个阶段密切相关,反映了语言研究各个阶段的面貌。当代修辞研究,因其与哲学、语言学、心理学、认知科学、社会学以及人类学等学科之间的密切关系,具有跨学科性。"修辞所探讨的基本问题,使得批评实践有可能涉足整个认识领域"(Bender & Wellbery,1990:viii)。因此,修辞的学科特色恰恰就在于其多元性和混杂性。

在现当代修辞学的发展中,心理学、社会学、社会心理学、认知心理学等学科起到了很大作用。一方面,修辞学借鉴和吸收了上述学科的相关理论,比如社会行为理论、社会交往理论、社会角色理论以及社会心理理论等,探讨修辞运作过程中的语境因素及其网络,建构修辞交际活动的社会心理或认知模型,以研究社会、心理、社会心理等方面因素及其认知与修辞交际活动的共变关系。另一方面,上述学科理论也使修辞学交叉学科得以形成,比如心理修辞学、认知修辞学、社会心理修辞学等。所有这些都大大丰富了修辞学理论(陈汝东,2004:46)。作为一种语言交际活动,修辞本身具有社会、心理、社会心理及认知等方面的属性;修辞的行为主体是社会的人,而且修辞交际活动都发生在一定的社会环境当中,其目的是解决社会问题;修辞行为及其功能,与修辞交际双方的心理因素、认知能力、社会心理因素等有密切关系(陈汝东,2004:47)。因此,修辞学与心理学、社会学、认知心理学、社会心理学等,其研究对象存在交叉,而且在理论、方法上能够相互借鉴。

从修辞学视角对修辞的研究,很少体现修辞主体及其言语行为,且不同程度地忽视了修辞交际过程中交际双方话语建构和话语理解的互动性。从语用学视角如合作原则、关联理论等进行的语义修辞研究显示,语义修辞的理解机制研究尚有待进一步深化,获得语义修辞话语含义的过程主观随意性太大、不够具体,比如"关联"概念就难以把握。认知语言学视角的研究涉及概念隐喻理论、概念整合理论、范畴理论、基于模型的语用推理理论等被用于语义修辞识解机理的分析研究,对整个语义修辞研究具有启示意义。但是,这些理论就如何构建两个语义域之间关系的问题,如如何"映射"、如何使两种不同事物"共享"某一(些)内涵外延特征、如何实现"语义在两个空间的移动"等问题需要进一步厘清。

国内外关于语义修辞的认知神经机制的研究资料较为丰富,取得了较多成果。不过,目前认知神经语言学视角的语义修辞研究是存在局限的。由于认知神经科学视角下的研究的特殊性,如很难将一类语言现象统一纳入一个实验中进行探讨,因此一般是将不同语义修辞进行单个探讨,一次只能解决一个问题,甚至只能是一个极小的问题。这当然也是此类研究的局限。根据王小潞(2009:200)的研究,我们目前只能根据自己已经了解的大脑加工信息的方式参与人们经验认知修辞话语的知识,构建修辞认知模型。两步加工模型、一步加工模型或过渡模型都较为粗略,所以,我们需要更精细的模型设计来指导我们从神经语言学和神经心理学的角度更进一步探究隐喻认知。语义修辞话语识解的认知神经语言学研究更多的是在关注隐喻(详见第六章),主题较为分散,对机制研究的涉猎不太多。

从上述回顾中可以看到,语言研究越来越重视人的因素。人的大脑功能和认知状态对于语言运用具有重要影响,心智与语言关系的解说受到更多关注,我们需要说明意义构建基于心脑关系之上的方式方法。这一趋势促使认知语言学家不但要关注认知心理学的进展,还要关注形而上的心脑关系的研究。因此,修辞研究的进一步拓展需要进行跨学科研究,因而认知神经语言学的学科地位得到突显。据黄家裕(2016),迄今为止,认知科学未能解决以下两个问题:一是感觉知觉如何转换成为形式逻辑中的语言表达式;二是语言表达式如何进入感觉知觉。认知语言学的根基是认知科学,因此,认知科学未能解决的问题认知语言学也无法解决。本研究以此为契机,研究修辞的认知神经机制。本研究试图回答如下问题:

(1)从认知语言学的定性研究角度看,语义修辞话语的识解机制是什么?

(2)从脑神经科学的实验研究角度看,语义修辞话语的识解机制是否具有心理现实性?

第二章

语义修辞识解
机制分析框架

第二章

第一节 引 言

　　本书第二章的讨论说明,修辞话语,特别是语义修辞话语研究还有很多问题需要解决,需要建立一个修辞话语的识解机制研究框架,用于探讨不同语义修辞话语的识解机制。这是本章要解决的主要问题。

　　本章将首先对本研究的理论基础进行较为详细的讨论,主要涉及语言研究的后现代哲学背景、认知科学、生成整体论、心智哲学、认知语用学、认知语言学等相关理论;进而基于这些理论提出修补的内涵外延传承框架,即用基于模型的语用推理理论下辖的内涵外延传承说对整体性认知语用模型下辖的话语识解框架进行修补,提出意向性视域下的内涵外延关联—传承模型,以对与词汇层语义相关的修辞格的识解机制做出统一解释;最后将对框架进行描述,并对框架进行论证。这将为后面进行认知神经语言学的实证研究奠定理论基础。

第二节　研究框架的理论基础

一　语言研究的后现代哲学背景：后现代语言哲学①

（一）后现代主义思潮概览

后现代主义思潮是关于西方哲学发展历程中的一次深刻的理论反省，也是西方哲学试图跳出传统哲学藩篱的一次大胆尝试，充分显示了当代西方哲学发展过程中的一种新转向。如第一章第三节所述，利奥塔（Lyotard，1984：60）认为，后现代科学理论表现为非连续的、多变的和矛盾的状态。后现代主义作为对现代主义思维方式的反叛，追求多样性、非连续性、差异性、零散性、非一致性、不完满性、特殊性、多元性和不确定性等。后现代主义打破了许多旧的思维定势，使人类的思维领域得以扩展，主张用多样性取代统一性（于鑫，2004）。

迄今为止，虽然后现代主义自身并未能形成完整的理论体系，但是其强调的去中心性、创造性和多元性等，在众多研究领域里所产生的影响是深远的。特别是当代文学艺术、社会文化和语言学等领域均受到了巨大影响。现代性与后现代性的差别主要体现在三个方面，即"游戏规则的改变"、采用"后现代知识的法则"和"对现代性的特征进行重写"等（Lyotard，1984）。这种重写意味着改变科学、文学、艺术以及社会规范等一系列同社会与文化境遇相关的游戏规则；认识被看成一个意义不断发现的过程，即认为真理与意义具有可解释性和多元性，可从社会、历史、文化等角度来解释理性和主体等（彭艳虹，2007）。

（二）后现代哲学的内涵

在后现代主义思潮影响下，后现代哲学涌现出了不同的理论取向。根据王寅的看法，后现代哲学主要分为三个时期，即"人本性与批判性"后现代哲学、"破坏性与解构性"后现代哲学和"建设性与体认性"后现代哲学（王寅，2012）；而"体验哲学"（Lakoff & Johnson，1980，1999）、中国学者有关语言体验性的论证（王寅，2008，2010）以及"中国后语言哲学"（PPLC）（钱冠连，2008）均属于建设性后现代哲学。另外，受到建设性后

---

① 本部分根据廖巧云（2013）的部分内容改写而成。

现代哲学思潮影响的语言研究表现出以下三个主要特征。

首先,注重语言研究的多元性和多维性。钱冠连基于西方后现代哲学提出的"中国后语哲"立场,采用"节外生新枝"的方法开展后语哲研究(钱冠连,2008);主张将语言研究同外部世界、人类行为及社会生活相联系;呼吁哲学、语言学、逻辑学、心理学、人工智能学等领域的学者携手合作,发挥各自所长,为后语哲研究做出新的贡献。后现代哲学十分注重从语言实际运用的场景中探讨语言同世界的互动整体性关系(邬焜,2011)。如,维特根斯坦后期的语言哲学转向了从人的行为以及现实活动中去理解与把握语言同世界的关系,而且把人类行为和现实活动看作人的主观世界同客观世界相互沟通的路径。维特根斯坦的"语言游戏说"(维特根斯坦,2001)以及"生活形式说"(Hunter, 1968)十分重视语言使用和生活现实的场景。通过相互沟通,人的意识和语言获得了现实运作的内容及其基础。维特根斯坦的理论思想更接近于物质世界与精神世界相互作用过程的真实情景;他也认识到了行为先于语言的本质,认为"行为方式是先于语言的"(Hunter, 1968),即把语言建立在人的行为这一现实活动之基础上。在后现代语言哲学时代,语言研究具有更多跨学科、超学科的性质,谋求与其他学科的合作甚至"融合",打破了原有的学科划分。比如,近年来以话语为中心的语言研究蓬勃发展,对语言及其使用的研究成为许多学科共同关注的领域,从而使其成为一个跨学科、超学科领域,也就为人们从哲学、交际、心理、社会、历史、经济、文化、文学、政治、意识形态等多个维度进行探索提供了新的思路。这一方面为人们提供了对社会及社会人的新的洞察,而且深化了人们对语言使用同社会环境相互联系和相互作用的认识,从而影响了人们的观念、态度和行为;另一方面则打破了原有的学科界限,使研究者的视野得以拓展,从而促进了语言学与其他相关学科之间的相互渗透、交叉和融合(许力生,2008)。

其次,强调"体验人本观"与"意义体认观"(王寅,2010)。后现代哲学思潮的主要特征之一是处处将科学问题、哲学问题同人的身体联系起来。即是说,人们对"物质"的东西的认识需要经由人类"身体"的感官及大脑神经作用于人的"心理",成为人类精神的东西,因此,这样的哲学思想被称为"体验哲学",而且人们获得的经验被概括为"体验"(Lakoff & Johnson, 1999),也就是说,心智是涉身的。从这个视角开展的后现代哲学研究不再是脱离了人的身体及其生存的抽象理论概念系统,而是与人的一切相关因素紧密相连,即与人的身体构造和生理特征从而进一步与人的身体活动、心理活动紧密相连。根据语言研究的涉身观念,语言知识来自身体—大脑—世界的互动,因此,涉身观念把两个世界即物质世界和精神世界沟通了起来。基于"体验哲学"的三项基本原则,即心智的体验性、认知的无意识性及思维的隐喻性等建立起来的认知语言学,主张从"感知体验""认知加工"的角度探索语言的成因和运用(Lakoff & Johnson, 1980, 1999)。其中的"体验人本观""建构互动论""家族相似性""识解多元化""语言差异性""语义模糊性""新创性结构""隐喻认知论""整合性原则"等全面充分地展示了后现代哲学的主要立场和观点(王寅,2012)。基于上述理论,王寅建构了"SOS 理解模型",阐述了"体验人本观"及"意义体认观"(王寅,2010),认为人类的认知、思维、概念以及语言既有客观性也有主观性。该理论一方面坚持物质决定精神,即人类的思想和认识依赖客观世界,另一方面也认为人具有主观能动性;前者主要来源于"感知体验",后者主要出自"人本认知",这既注重人类的身体经验性,又强调人的主观认知性;两者相辅相成,不可偏废。如,功能语言学和认知语言学是后现代哲学的产物。两者均主张语言的体验观、人本观、象似观和社会观,接受"原型范畴理论""体验人本观""建构互动论"等一系列理论主张,成为后现代思潮中语言研究的焦点。在后现代哲学思潮影响下,意义被视为认知主体主动建构的结果,因而"意义观"得以重新确立。

再次,强调语言具有人类独有性和主体性。主张语言是人类独有的,语言是"人类特有的一种符号系统"(许国璋,1997:17);语言是人的本质体现,是人类独特的活动方式,是人之所以为人的一个本质属性。也就是说,只有人类才具备一套完整的发音器官与专门化的肌肉系统,以及主宰发音器官快速且有机地协同动作的神经中枢这样一种神经生理基础;人的言语行为可以适应复杂的人类社会关系,因而成为人类行为的一个重要组成部分;语言被人类用来进行抽象思维和传承人类文化。所以,"语言是一种通过意志力而产生的符号来交流思想、感情和愿望的、完全属于人类的、非本能的方法"(Sapir, 1921)。语言的人类独有性说明,实际上,语言就是一种人学语言,对语言进行研究也就是对人性进行研究。认知语言学所强调的语言的体验性和认知性,即合称为"体认观",便充分突显了身体的特殊性、人类的主体性、体认的基础性。因此,可以说语言是人类活动中最能表达人性特点的,人们可从中透视出人本精神。根据认知语言学的观点,言语的生成和理解均是认知主体主动进行的信息加工过程;意义既不能从世界中,也不能从语言系统中去寻找;意义是一种认知心理现象,若要理解一个语言表达形式的意义,那就必须依靠其他认知领域中的相关认知结构(于鑫,2004)。总之,认知语言学是要研究语言背后的人本要素和人性特点,挖掘语言是如何通过体验和认知来形成的,分析语言表达的认知机制,找出人类认识世界的基本方法,因此,人类在体验认知过程中具有主体性作用(王寅,2012)。

综上所述,后现代哲学思潮影响下的语言研究使一切与语言使用相关的东西都进入了研究者的视野,需要研究者具有更为广阔的视野和更加多元的视角,更需要他们具有跨学科或超学科的眼光。后现代语言哲学为本研究确定了方向。

二 认知科学

认知科学是20世纪70年代兴起的新兴学科。自诞生以来,认知科学直接影响着许多学科的发展方向和进程(何自然等,2006:15)。作为20世纪的前沿学科,认知科学所要研究的主要涉及认知的秘密,人类心智的本质、起源和运作的策略,大脑和神经系统的信息加工等。这些方面,在21世纪还需要继续努力探索(徐盛桓,2011b)。

人们对认知科学的研究对象有过不少论述。如,认知科学是一门能够将哲学、人类学、语言学、心理学、脑神经科学、计算机科学等有机联系起来的学科(Rose, 1985);认知科学是集哲学、人类学、心理学、计算机科学、语言学等研究优势于一体的对心智进行研究的学科(Lakoff, 1987:xi);认知科学的研究对象是包括感知、行为、语言、推理等在内的各种形式的人类智能学科(Osherson, 1995:xi);认知科学是运用认知心理学、计算机科学、语言学等研究智能的一门边缘性学科(Saeed, 1997:43);等等。总之,认知科学是一门跨学科的科学,其研究对象包括感觉、知觉、行为、注意、记忆、意识等。认知科学有效推动了人类对自身进行研究的进程,特别是使有关人的精神世界和心理世界的研究以及对人脑和智力关系的研究得到了较大发展(徐盛桓,2011b)。

认知科学的发展迄今为止主要经历了两个重要阶段,即第一代和第二代认知科学,而且有学者认为第三代认知科学已经出现。

第一代认知科学开始于1956年,以世界首次认知科学大会为标志。第一代认知科学家认为,心智是大脑的功能,能够体现输入—输出的因果关系(徐盛桓,2011b)。第一代认知科学认为,心智和语言是天赋的、语法是自治的,并存在普遍语法,坚持客观主义、二元论等观点。因此,人们说第一代认知科学研究范式关注的是物理主义符号主义。

第二代认知科学主张体验论、互动论,其研究范式关注涉身经验、重视意义的生成,认为语言是基于体验和认知的,否认存在普遍语法,心智必然受到社会文化等因素的影响,意义是一种体验性心理现象,必须在体验、认知、互动、文化因素、百科知识等条件下才能加以描述(何自然等,2006:27)。另外,第二代认知科学强调认知决定于环境,即认知发生于个体与环境的交互过程中。也就是说,人的认知是一种"涉身的活动",心智来自身体的经验即体验。"概念是通过身体、大脑和对世界的体验而形成,并且只有通过它们才能被理解"(Gigerenzer,2007:216)。如上所述,认知科学所关注的重点在于心智的体验性、认知的无意识性及思维的隐喻性。这样一种特别强调体验认知研究的具身化观点,业已成为认知科学理论的新进路(霍涌泉、段海军,2008)。

因此,前两代认知科学都以心智和认知为研究对象,都认为人的大脑里存在语言和认知。如上所述,两者关于心智来源、表征方法、研究内容等方面存在根本分歧。

第三代认知科学出现于 20 世纪 90 年代中叶,其主要特征在于采用了脑成像技术或者计算机神经模拟技术等,目的是阐释人类的认知活动和心脑关系(霍涌泉、段海军,2008)。其贡献在于对意识或无意识神经机制的研究。无意识与脑结构和神经网络之间关系的研究已经成为近年来认知神经科学研究关注的焦点(Leeuwen,2007)。在邱恰兰德看来,意识活动同个人的内在经验有关,而且意识活动主要体现在注意机制方面(齐振海、彭聃龄,2007)。意识包括无意识和意识两种状态,意识的开启是指从无意识到意识的转化过程。对无意识的实证研究,已经成为当前认知科学研究令人瞩目的成果之一。还有研究发现,人们的日常活动,如内隐认知、自我认知以及内隐社会活动等,大多数都是无意识性质的(唐孝威等,2008:317)。国内有学者从内隐记忆和内隐学习的角度对意识与无意识进行了对比研究(杨治良等,2003),结果表明,无意识的内隐学习具有高选择力、高潜力和高效性等特性。一般而言,在校学生多采用无意识的内隐学习方式。这一发现充分显示了人类对无意识的初步了解,其意义十分深远(霍涌泉、段海军,2008)。总而言之,当代认知科学研究扩展到人的意识的生成机理、大脑对主客观世界解释的理论模型、意识的体验性、心理语言与神经语言的转换等重要的前沿问题。无论"第三代认知科学"这一说法是否得到普遍认可,现今出现的研究范式的确已经存在。

认知科学其实是一个学科群,认知语言学作为认知科学的主要支撑学科之一,主要是从语言方面支撑认知科学(李恒威,2011:前言)。从大脑和神经系统产生心智的过程称为认知过程,认知语言学可以简单定义为"从心智过程来说明语言知识的本质",或"主要关注的是心理表征和认知过程"(Croft & Cruse,2004:329)。因此,认知语言学"为语言以外的认知理论作出贡献",很可能是指认知语言学对认知科学可能作出的贡献(徐盛桓,2011b)。认知科学,作为一门前沿交叉学科,不仅对心理科学产生了极大的推动作用,也为当代哲学、生命科学、计算科学、社会科学等领域的研究提供了思想先导与重要的技术支撑。

上述关于认知科学的讨论为我们从认知神经语言学视角研究修辞提供了理论支撑。认知科学的发展为本研究提供了方法论指导。

三 生成整体论①

廖巧云(2011:57-60)曾对生成整体论的产生背景、基本内容及其对语言研究的影响进行过详细介绍和讨论,这里只对其进行概括性介绍。

生成整体论的概念源于系统科学,是复杂动力系统理论(Thelen & Bates,2003)的一个重要思想。系统科学是从整体出发探索事物规律,结果显示,自然界的进化其实是一种生成过程,也是事物发生与生长的超循环过程,此过程最终必定会形成复杂的非线性网络(李曙华,2006)。系统是一个整体,在系统中,只有大整体与小整体、大世界与小世界的区别(李曙华,2006)。

生成整体论的前提是先有整体,后有部分,没有整体就没有部分。生成整体论认为,世界"只有整体没有部分,只有过程没有静止";"不存在静止不变的、孤立的事物,不存在既成的、先定的部分"(李曙华,2006)。

生成整体论对语言学研究的影响可以通过语义整体论思想得到体现(Jackman,1999:1-11)。语义整体论认为,一个句子的意义或信念内容由与其相关的句子意义和信念内容决定。也就是说,一个话语需置于具体语境中才能有具体的含意,即只有在整体确定的情况下,部分才会有意义。

生成整体论对修辞研究具有指导意义。修辞作为一个整体系统,其生成与演化也必定会具有生成整体论所强调的基本特征。修辞整体一旦生成,与修辞相关的所有小整体便会合乎逻辑地体现修辞整体,而且会把修辞整体的存在反映到信息选择和匹配的过程中,并充当整体的组成成分,以体现其自身的意义;各小整体在修辞系统内相互作用,通过信息选择、匹配和创生等过程,生成整体的修辞意义。也就是说,修辞意义大于

---

① 详见廖巧云(2011:57-60)。

修辞中各构成要素(如各词项)意义之和。

因此,生成整体论为本研究的语义修辞话语分析框架的构建提供了认识论和方法论指导。

四 心智哲学

(一)心智哲学概览

自古希腊时期起,人类就开始了对心智(mind)的探索,不过,近半个世纪以来,心智哲学发展很快,从"非主流状态"研究逐步变为 21 世纪的"第一哲学"(Searle,1999)。心智哲学的发展得益于 Searle 的贡献,他在其《心智》一书中提出了 12 个当代心智哲学需要进行深入研究的基本问题,如身心问题、他心问题、自由意志问题、自我与人格的同一性问题、意向性问题、无意识问题、心理和社会的解释问题等(邱惠丽,2006)。很显然,当代心智哲学要求我们不但要关注"身心问题",而且还要特别关注与心智有关的意识、知觉、意向性和思维的本质等一系列问题,很有启发意义。有学者(邱惠丽,2006;于爽,2009)认为,哲学转向心智的研究主要有三个原因:许多哲学问题的理解需要依赖对心智过程的理解;知识的增长使实质性的建设性哲学受到更多关注;认知科学的崛起使哲学的研究领域得到全面拓展。

20 世纪中叶以后,语言哲学开始关注自然语言,尤其是日常语言。语言如何成为主客体的中介也因此成为人们所关注的核心问题。很自然地,语言运用中人的因素和身心关系开始受到关注。因为语言表达的往往是人的感受和认识,而语言哲学则要涉及身心问题,所以语言哲学也就必然涉及心智哲学研究的论题(徐盛桓,2011b)。同时,认知科学对大脑的探索不断深入,回答了有关如何看待身心关系的哲学问题。这进一步推动了心智哲学的研究。

现代的心智哲学研究吸收了现当代科学技术成果并以此为基础对心智问题进行思辨及实证的综合性哲学研究。心智哲学发展脉络可以概括如下:从功能主义到心智的表征理论,从关注命题态度转向探讨意向性立场,从关注实体转向关注属性,强调意识在心智哲学中的中心地位(徐盛桓,2011b)。这些不同程度地展示了当代心智哲学的新发展。

(二)基本概念

心智哲学涉及众多概念。意识(consciousness)、意向性(intentionality)、感受质、心—物随附性等概念是本小节讨论的重点。

1. 意识

第二代认知科学的一个显著特点是直接将意识纳入自己的研究范畴;对心智意识问题的再研究,已经成为认知科学探讨的新焦点(霍涌泉、段海军,2008)。

在意识所涉及的知觉、注意、思维等高级认知过程中,核心认知过程是"觉知",觉知性是意识最基本的特征;研究证明,无意识与情绪有关,而意识与认识有关(霍涌泉、段海军,2008)。

意识是心智哲学所研究的核心问题之一。意识问题直接关系到如何解释完全由物质构成的大脑能够产生出意识体验。意识是自我感觉和对外部感觉的综合(江怡,2009)。意识是集体无意识基础上的自我的意识(徐盛桓,2011b)。生命体或者智能体能够通过自身大脑的感知系统感知自我的存在,并从自我的感知中进一步对对于自身产生影响的外界环境作出反应;意识就表现为智能体对感知自我以及对感知同我有关的外界环境的水平、能力、范围、敏感度、灵活度、选择度、趋向度等。一般认为,意识表现为知、意、情三种状态的统一。其中,"知"指认知;"意"指意志;"情"指情感。这三种状态存在着为自我的倾向(徐盛桓、廖巧云,2013)。

如要讨论语言与意识的关系,就需要对原初意识与反思意识这两个概念进行区分。原初意识是指人们通过自己的眼、耳、鼻、舌、身等感官感知外界事物的种种物理信息,是主体对信息感知后的产物,是一种原来状态的初级体验。反思意识则是指主体在原初意识基础上进行思维,即在感知基础上进行反思,获得感受;这种感受一般是超越客观对象的,因而这种意识只是客观存在的主观映像;由于此种意识是基于原初意识进行的扩展和反思,因此被称为反思意识(徐盛桓,2011b)。因此,反思意识也就是意识对于意识自身的意识。人可以站到意识之外来观看自己的意识,也可以像聆听别人的话语那样聆听自己的意识(刘大为,2001:256)。有了反思意识就有了思维:思维是以语言符号为载体进行的、具有反思性质的意识活动。

2. 意向性

意向性是心智哲学研究的一个十分重要的概念。第二代和第三代的认知科学家们强调意识的意向性特质,提出意识的本质就是对某物的意识的观点。意向性和意识两者之间既有联系又相区别。"意识和意向性有一种本质的联系:我们只有通过意识才能理解意向性"(李恒威、黄华新,2006)。意识是指认识主体对外界事物的"关涉""意旨"或"拥有"(Husserl, 1969)。意向性是意识的本质属性。

每个人的思维都会表现出某种意向,即某种倾向、取向或意图,若将其抽象为意识的一种性质,就是意向性(徐盛桓,2011b)。塞尔曾把意向性表述为"导向"(Gallagher,2006:140)。在意向性作用下,心智可以指向一个具体对象,并对其表示某种相信、喜欢、依赖、憎恶、期望、赞扬等多种情感。

意向性是指人的意向性,而本质上并没有意向性的语言则是被心智赋予了意向性,即是说,"心智将意向性施加于那些本质上并没有意向性的实体之上,方法是将表达心理状态的满足条件有意地赋予该外部物理实体"(Searle,1983:27)。因此,意向性可以分为"原生意向性"和"寄生意向性";前者指的是主体人的意向性,而后者是指语言被心智赋予的意向性,即是人的意向性寄生于其间的意向性(Searle,1983:250;徐盛桓,2011b)。

根据徐盛桓(2011b)的观点,意向性由意向内容和意向态度来体现。意向内容是主体所要关指的内容,也就是在语言运用中主体想要表达的内容;意向态度指主体对意向内容抱有什么态度,也就是在语言运用中以什么态度来表述意向内容。意向态度可以细分为心理估量、心理状态、心理取向等三个次范畴(徐盛桓、廖巧云,2013)。

对于任何言语行为而言,意向性既是话语表达的起点,也是话语表达的终点。也就是说,意向性贯穿语言运用的始终。

3. 感受质

感受质可表述为,"以一种能使无法经验那些经验的人理解的方式描述(至少部分地描述)经验的主观性"(江怡,2009)。感受质只是为了解释人类的行为而作出的理论构造,完全是私人的。也就是说,感受质就是通过客观的东西来理解主观的东西。

感受感受质是一个智能体拥有意识的核心条件(李恒威等,2008)。感知主体可以通过各种感觉器官获取对事物的意识感知,其中包括对感受质的感知,这是主体对意识对象所具有的独特的"像什么"的主观感受(李恒威等,2008)。据刘易斯(Lewis,1929),事物的某些可辨识的特质一般具有某种普遍性,也就是说,可在不同的经验中被重复体验,因此被称为"感受质"。也就是说,感受质是人们能辨析和感受的事物自身的一些"特质",既具有某种普遍性,又必须同事物自身的物理生化属性区分开来,即不能与事物自身的物理性质混淆(徐盛桓,2011b)。感受质主要体现在身体感觉上,但也可能体现在概念经验上;这种感知和经验上的主观感受,是一种对事物的现象性质的感受,这样的现象质是非物质的,不能还原为事物的物理的基本实在,例如看到天上的蓝色,人们会有某种(如,心旷神怡、宁静、伤心等)普遍性的感受。

语言运用中与感受质相似的现象,就是话语中存在的"感受义"(quale-sense),也就是据感受质生发出来的。感受质和感受义两者存在着密切关系,既相同又相异。它们两者是同源的,都是认知主体对一种现象性性质的感受;所谓现象性的性质,就是说这些性质是非物质的,但随附于事物的物理性质之上。与此同时,两者又有区别,主要是对象不同,感受质是指对事物现象质的感受,而感受义则是对语言信号系统所表征事物的现象质的感受。换句话说,感受质主要与身体感觉有关,而感受义则一般同概念经验有关;感受质仅仅涉及心理现象,而感受义则除了涉及心理现象还要涉及语言现象(Lewis,1929;徐盛桓,2011b)。因此,感受义不同于句子字面义和含意,语言还应蕴含有感受义。也就是说,我们可以认为,语言可能存在意义三分的情况:句子字面义、含义和感受义。例如,话语里本身看不到"血"或"花",但"地上有血"和"后院有很多花"这样的表达却能引发"血"或"花"这样的心理现象,即感受义(徐盛桓,2011b)。根据经验,我们认为修辞话语的意义更多地属于感受义,这是因为修辞表达大多是外在于话语所陈述的事态本身的。

4. 心—物随附性

事物的物理属性是事物自身拥有的,是可观察到的,并可以还原的一种特性;而事物的心理属性则是指事物具有的性状特征作用于感知主体时所引发的感受、愿望、感情、信念等基本心理感受,心理属性是无法还原为事物自身的(徐盛桓,2011b)。

根据耶旺·金(Kim,1978,1979,1990)的观点,随附性可以表述为心理属性随附相伴于物理属性。也就是说,心理属性以某种方式依赖于或植根于物理属性,这不仅指具有心理属性的每一实体也刚好具有物理属性,而且指实体具有的心理属性依赖于它的物理属性得以实现。根据徐盛桓和陈香兰(2010)的观点,心智活动对于物理事件是既依赖又自主的关系,这就是心理事件对物理事件的随附性。也就是说,心智会受到物理事件的影响,但并不完全由其决定。

据戴维森的观点,心—物关系无法按严格的确定性法则进行预测和解释(Davidson,1970:85-89),心理事件对于物理事件既依赖又自主,这就是"心—物随附性"的特性(陈晓平,2010:71)。意向性归根到底是因为人的心智具有自主意旨(free-will),而自主意旨是在心—物随附性的框架内表现出来的:"心"指的是心理世界,"物"指的是物理世界,心—物随附性则意味着"心"是随附于"物"的,不过,"心"可以在此前提条件下发挥主体的自主意旨。在语义修辞的建构过程中,语义变异就是在心—物随附性作用下得以实现的。

(三)心智哲学同语言研究的关系

根据徐盛桓(2010,2011a,2011b,2012)的观点,作为语言研究者,我们研究的最终目的是揭示语言的实质,因此,应该"从语言进入,从语言出来",也就是说,借用心智哲学的学术资源,从中得到启发,对语言进行有关的思辨性研究。

当代心智哲学认为,心智与人的身体息息相关。这是目前"涉身心智""涉身经验"和"涉身哲学"的核心观点。就心智哲学与语言研究的关系而言,对语言问题的理解依赖于人们对心智过程的理解。"语言对现实的表征依赖于大脑对现实的表征"(邱惠丽,2006),因此,心智能力的研究有助于对语言问题进行更深入的研究。

意向性在语言理解中具有重要作用。根据徐盛桓(2011b)的观点,对语言运用而言,"人的思维活动是从表达某个意向性的意义开始的",语义的表达也是从心智的意向性开始的。就意向性对语言研究的启示而言,任何表征事物的词语可拥有两类意义,即本体意义和识解意义。本体意义是指事物在类层级结构中不同位置所呈现的意义,也就是某个概念的外延和内涵(徐盛桓,2009);识解意义是指本体意义在具体语境中被"识解"的意义,是人们有意向性的识解(徐盛桓,2011b)。例如,句子"The pen writes smoothly."中,被施动者、行为状态、时体等都是受意向性操控的选择。

从心智哲学看,语言是心智的镜子,是心智的重要外在表征,因此,一方面从多角度、多方面来研究语言,试图揭示心智的秘密;而另一方面从心智活动切入,以便揭示语言自身的特点和规律。徐盛桓基于心智哲学提出了有关语言研究的三个假设,即语言是基于心智的、有感觉信息需要表达是语言运用的基础、语言所表征的是心理表征(徐盛桓,2011b)。也就是说,语言运用是一个心智过程,而该心智过程中与语言运用关系最为密切的是意识过程;主导意识过程的则是主体的意向性;意向性归根到底则是因为心智具有自主意旨,而这一自主意旨是在心—物随附性作用下表现出来的:主体的自主意旨的发挥是以"心"随附于"物"为前提的。语言运用是以语言主体的感觉为基础,所以语言表达的是主体的感觉和感受。

　　语言运用是开始于主体的心智对事件的感觉。首先形成原初意识，之后在心—物随附性作用下，并在主体意向性的主导下，形成反思意识。所谓"反思"，就是在意向性主导下，以记忆为基础，通过对原初意识进行格式塔转换，从而获得感受，并在大脑里以意象的形式呈现出来（徐盛桓，2011b）。例如，主体看到老师站在讲台上，就会产生感觉；以记忆为基础对感觉进行映射，并进行格式塔转换，便可联想或想象老师悦耳的讲课声，这便成为主体的感受。

　　心智哲学也十分关注心智同语言相关的认知现象。心智哲学把认知科学作为其支撑科学之一，而认知科学则将语言的认知研究作为其研究手段，因此，心智哲学和认知科学都将语言当做观察心智的"窗口"，这样，心智哲学、认知科学和认知语言学这三者便在"语言"这一问题上找到了交汇点（徐盛桓，2011b）。因为心智哲学把心智活动作为主要研究对象，而心智活动可以通过语言活动得到反映，所以，心智哲学对语言活动的认知就需要深入到语言表层后面而且与语言知识有关的心智活动。这样的心智过程或"内部语言"过程，就是这样的一种认知活动（徐盛桓，2011b）。要研究这样的心智活动，就是要谋求"从未见中获得"。总而言之，我们进行语义修辞的认知神经语言学研究能够反映当前语言研究发展的需要。

　　综上所述，本小节关于理论基础的讨论说明，认知和心智两者的研究是一种互为因果的关系。众所周知，心智活动是人类认知活动的核心，认知过程就是指从人的大脑神经系统产生心智的过程（蔡曙山，2009：27；徐盛桓，2010）。如上所述，认知科学是基于多个学科对心智进行的研究，也就是来自多个学科的研究者的合作成果；心智哲学研究人的心智、意识等及其同大脑之间的关系，把语言活动所反映的心智活动作为自己直接面对的研究对象。基于这样的理论大背景，认知神经语言学研究是当代语言研究的大趋势。

　　当今认知科学的发展为心智哲学研究带来了广阔的发展前景。要深入到大脑的研究，即心智活动状态的研究，就走向了认知神经活动状态的研究，也即对语言认知过程中脑神经活动的研究，也就必然涉及语言，也就必然走向认知神经语言学。语言学研究者需要汲取心智哲学研究的积极成果，用于指导语言研究，从而使语言研究进一步向纵深发展。

　　总之，后现代哲学为本研究提供了背景支撑，使本研究符合当今语言研究发展的大趋势；认知科学的发展为本研究提供了方法论指导和必要的技术支持；生成整体论为本研究提供了修辞研究的基本思路；心智哲学为本研究的理论框架构建提供了理论支撑。

第三节　研究框架的相关理论

一　整体性认知语用模型下辖的话语识解机制分析框架

整体性认知语用模型是在分析讨论已有理论及其在解释构式运作机理方面的优劣之基础上,在生成整体论指导下,采取优势互补的方法,对已有理论进行整合,即将具有重要影响的认知语言学和认知语用学的相关理论用来修补"基于模型的语用推理理论",从而提出的话语运作机理分析框架(廖巧云、孟利君,2011;廖巧云,2011:88)。该模型图示如下:

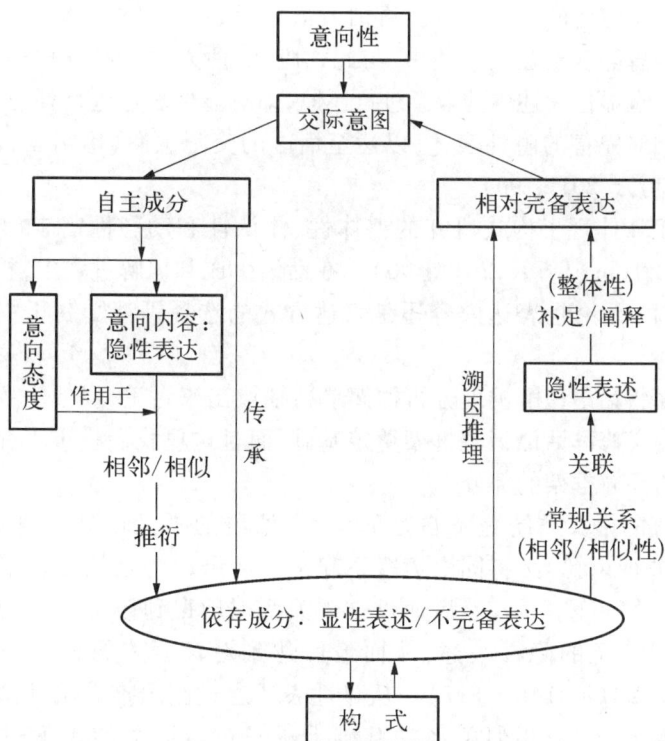

图 3.1　整体性认知语用模型(HCPM)(廖巧云、孟利君,2011;廖巧云,2011:88)

HCPM 在被用于分析构式运作机理即其生成和识解机理过程中,意向性既是起点也是终点,也就是说,意向性主导全过程。在具体的表达中,在意向性的制约下,讲话人有要表达的交际意图,而且该交际意图制约着构式运作的全过程。HCPM 可以描述为:

HCPM 模型：

在意向性操控下,构式的生成和识解过程从交际意图开始并最终回归到交际意图。构式生成：自主成分在交际意向性制约下和相邻/相似关系作用下推衍出依存成分的传承过程；构式识解：构式的识解是在整体性框架内,依靠相邻/相似性寻求最佳关联,推导出隐性表述,再通过整体性补足/阐释,以获得其相对完备表达,并根据具体语境推断讲话人的交际意图的过程。

(廖巧云,2011：89)

话语的识解是一个溯因推理过程。话语显性表述的命题意义对交际意图而言都是不完备的；也就是说,讲话人依靠相邻/相似关系已把交际所需的大量信息隐含至显性表述中；与此相应,听话人可以通过相邻/相似关系对隐藏在显性表述中的含意进行还原,即对显性表述进行补充和阐释,以获得相对完备的隐性表述,以达至话语的交际意图(廖巧云、孟利君,2011；廖巧云,2011：90)。

HCPM 体现了构式研究的整体性、体认性和动态性需求(廖巧云、孟利君,2011；廖巧云,2011：90)。在话语生成和识解过程中,核心因素是意向性,无论是表达内容还是表达方式的选择等都受制于主体的意向性。

下面将话语识解机理分析框架单独抽取出来讨论,以便为我们下一步构建语义修辞话语识解框架奠定基础,而且这里我们将重点介绍作为一般话语识解框架的部分。

语言的语义系统是不自足的,一个话语的语义也是不自足的,所以对其进行识解,必将同语境联系起来。话语识解是从结合语境与话语这一显性表述开始,然后通过常规关系推理得到该不完备的显性表述的相对完备的隐性表述,从而最后达到对该表述的相对完备识解(廖巧云,2011：146-147)。从显性表述通过溯因推导出其隐性表述的过程是在相邻/相似关系的基础上进行的。话语的识解过程图示如下：

根据廖巧云等的讨论,话语识解的推理过程可以简单概括如下：听

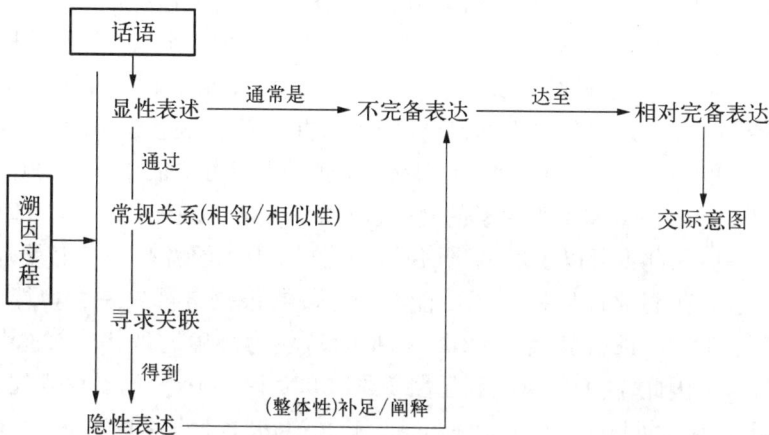

图 3.2　话语识解机理分析框架(廖巧云、孟利君,2011;
廖巧云,2011:147)

话人针对话语这一显性表述,利用心理结构的知识集,反复进行"如果 x
则 y"的推导,不断获得新认识,以获得对某一话语的恰当理解(廖巧云、
孟利君,2011;廖巧云,2011:147-148)。话语的识解实际上是一个整
体性识解过程。语用推理也是一个整体性过程。话语理解中,低层次上
的话语相互作用,达至在下向因果作用下生成的话语的解释。所谓"下
向因果关系"是指局部的、低层次上的过程受全局的、高层次规则的
支配。

廖巧云(2011:155-160)提出了"整体性关联"的概念,也就是说,关
联是整体性意义上的关联,没有整体意识,就不可能有最佳关联。关联的
语境依赖性可以充分说明整体性的操控作用。"整体性关联"概念具有丰
富的内涵,至少包含"语境"和"整体性"等。任何修辞话语必须置于整体
性关联中,才能真正体现目的性/意向性。语用推理依赖心理模型,其实
就是创建与操作模型的认知过程。

在 HCPM 框架下辖的话语识解机理分析框架,能够对一般话语的识
解做出较为合理的解释。如果将该框架用于语义修辞话语识解过程的分
析,其解释力又如何呢? 下面我们以例(1)的分析来说明。

(1) (*It is so difficult to change Mark's mind although most colleagues
do not agree with him. So I should say that*) Mark is an ox.

例(1)中的话语,即隐喻修辞话语的识解过程可以做如下分析:

1) 有一个显性表述,即隐喻修辞话语"Mark is an ox."需要构建 "Mark"与"ox"之间的关系。2) 在人们的心理结构的知识集中,说 "Mark"是"ox"是无法成立的,这样的关系并不符合事理逻辑。3) 假定 "Mark"和"ox"构成一个整体,在具体语境中,我们可以依靠相邻/相似关系,即在"因为 Mark 不听大家的劝告,所以我说他很倔强"和"ox 有时不受人控制,因此也可以表现出'倔强'的特性",因此两者在这点上具有相似性,这为我们的推理提供了可能。4) 这样,根据常规关系替换律,将 "ox"与"倔强"进行替换;"Mark is an ox."较为准确地理解为"Mark is stubborn."因此,我们便可找到显性表述"Mark is an ox."的隐性表述,即 "Mark is so stubborn, so I want to say that Mark is as stubborn as an ox. So, I say 'Mark is an ox.'" 5) 隐性表述一旦确定,讲话人的"意图"就清楚了,即讲话人试图通过隐喻这种间接方式表达对 Mark 的看法。

从以上例(1)的分析可以看出,该识解框架用于语义修辞话语隐喻的分析时,对于分属于两个不同语义域的 Mark(人)与 ox(牛)之间关系的构建过程,其实是不清楚的。也就是说,例(1)中的"人"和"牛"之间的关系究竟是如何构建起来的,属于两个域的概念或概念的某一(些)特征的变化或变异又是如何发生的、又何以能够被接受等问题,还需要进一步深入探讨。因此,如果话语识解框架要用于语义修辞话语的分析,特别是用于牵涉两个域的关系问题的语义修辞话语的分析,那么识解框架需要进行必要的修补。

二 内涵外延传承说

(一) 概述①

内涵外延传承说是徐盛桓在总结认知语言学和语用学相关研究的基础上提出来的基于模型的语用推理理论(徐盛桓,2007a,2007b,2007c)的拓展。根据基于模型的语用推理理论,语言运用涉及三项基本假设,即意向性假设、两个表述(隐性表述和显性表述)假设和常规关系(相邻/相似关系)假设。

基于模型的语用推理理论(徐盛桓,2006a,2006b,2007a,2007b,2007c)涉及话语的生成和话语的理解两个基本方面,包括两个分析框架:用以说明话语生成过程的自主—依存分析框架和用以说明话语理解过程

---

① 参见廖巧云(2011: 77)。

的显性表述—隐性表述分析框架。内涵外延传承分析框架是这两个框架的拓展,是与两个框架密切相关的;实际上,内涵外延传承说是指话语生成和识解过程中涉及概念理解时,需要理解概念的内涵和/或外延。鉴于自主—依存分析框架和显性表述—隐性表述分析框架在廖巧云(2011)提出的 HCPM 中已经有过详细讨论,因此,本小节主要介绍内涵外延传承说的类层级结构概念和内涵外延传承分析框架。

(二) 类层级结构[①]

类层级结构是人类进行知识储存的一种重要形式,它将凡是具有某种关系的所有单体进行分类和罗列,以构建"相邻/相似"空间,该结构中的每一个单体都会因具有其上位类的某一或某些共同特征被归入同一类(Barrière & Popowich, 2000)。类层级结构是人们对事物进行分类的基础,类层级结构中事物间的常规关系可以抽象为相邻和相似两个维度,也就是[相邻±][相似±](徐盛桓,2007b,2007c,2007d)。

据徐盛桓(2007d),类层级结构是试图就人类对事物的认识作出说明的一种假设。如下图所示,假设事物 E_{1a} 处于世界事物系统中的一个类层级 TyH(E)中的一个范畴 E_1 内,单体 E_{1b}、E_{1c}、E_{1d}……E_{1n} 同 E_{1a} 的属性、功能、特征等方面存在或多或少的相似,在认识上被概括为范畴 E_1。同样的,单体 E_{2b}、E_{2c}、E_{2d}……E_{2n} 可概括为范畴 E_2;单体 E_{3b}、E_{3c}、E_{3d}……E_{3n} 可概括为范畴 E_3;依此类推。最终由 E_1、E_2、E_3、E_4……E_n 形成类层级结构 TyH(E);在此类层级结构中,单体越处于下位,其具体性越强,而单体越处于上位,其抽象性越强(徐盛桓,2007d)。

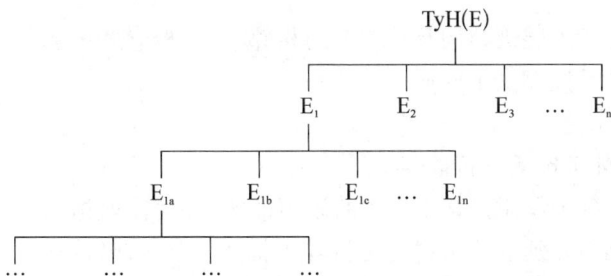

图 3.3　类层级结构图(徐盛恒,2007d)

---

① 参见廖巧云(2011: 81 - 83)。

徐盛桓将类层级结构分为两类,即分类结构和整体—部分结构。分类结构是同类事物的集合,假如上位层级是"花",那么其直接的下位层级便可由玫瑰、水仙、月季、郁金香等构成,而且与其相应地,玫瑰、水仙、月季、郁金香等分别是"花"这一上位层级的一类或一例,可体现"花"多方面的特性,也就是说它们之间具有相似性(徐盛桓,2007d)。整体—部分结构是某一类事物的组成部分的集合,假如上位层级范畴为"房子",则由其直接下位层级的单体客厅、卧室、厨房等构成;而且客厅、卧室、厨房等构成相邻关系。由此可以看出,范畴间和范畴内从横向和纵向均可以构成相邻/相似关系,即是说,范畴之间以及范畴的上下位层级均可构成一定的相邻/相似关系。

据此可以看出,在分类类层级结构中,某一层级的单体或类所拥有的属性和特征由其下位类所继承,也就是说,下一层级的"类"要呈现上一层级的相应"类"所具有的关键性原特征(安军、郭贵春,2007:101)。内涵是一(类)事物的"本质属性的总和"(《汉英双语现代汉语词典》,2002);本质属性是从事物的一般属性或者说事物的全部内外特性抽象概括出来的。例如,"人"的内涵包括"人"的结构、属性、功能、特征等。其中的每一项均可包括若干分项,这些分项便构成"人"的结构或属性等的外延(徐盛桓,2008b)。总之,内涵外延的分析是相互关联的。

上述关于类层级结构的分析说明:人类认识事物,就是要认识其内涵和外延,也就是把事物作为某一类层级结构中某个类的某一单体来认识的;将单体或类联系起来的是程度不同的相邻/相似关系。知识的习得、储存和表征都需要用到人脑中的类层级结构。因此,可以说语言的生成和理解过程也就是从类层级结构中提取相关信息的过程。

上述关于类层级结构及其相关的相邻/相似概念和内涵外延概念,为内涵外延传承说提供了依据。

(三)内涵外延传承分析框架

内涵外延传承说是基于模型的语用推理理论(徐盛桓,2007b)的重要补充。内涵与外延的传承过程可做如下描述:第一,以常规关系即相邻/相似关系确定 X 和 Y 两类在类层级结构中的类属;第二,提取 Y 中的某一特征 β,并将 β(如音或形特征)传递给 X,以此激活 X 此前蒙蔽的 β 属性,并构建以 β 为特征的新类 W;第三,x 和 y 分别发生分类类层级结构或整体—部分类层级结构的格式塔转移,并被归入新类 W,且继承了新类

W 的属性(徐盛桓,2008b)。该框架可图示如下:

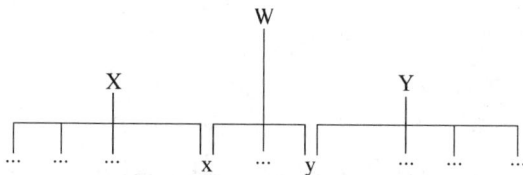

图 3.4　内涵外延传承分析框架(徐盛恒,2008b)

　　在该类层级结构图中,下位层级的单体属于其上位层级的类的外延,下位层级的单体将继承上位层级的单体或类的属性/特征,这样,上下两个相邻层级的类或单体之间就形成了内涵与外延的传承关系(徐盛恒,2008b)。

　　内涵外延传承说是以人们用到的概念的内涵外延为主要依托,目的是要说明语义修辞话语以一物替代或转指另一物的中介,即内涵外延传承。将内涵外延用于揭示语义修辞运作机制,不但有助于揭示语义修辞的逻辑属性,而且有助于揭示语义修辞的实质。内涵外延传承分析框架对于语义修辞的分析具有较大优势,有利于我们清晰地构建"两个域"的事物之间的关系。

　　尽管如此,内涵外延传承分析框架,还有不够完善的地方。第一,虽说内涵外延传承说是"基于模型的语用推理"理论的一部分,但似乎游离于该理论的话语识解框架。第二,在已有的研究中,内涵外延传承框架主要用于探讨话语的生成过程(徐盛桓,2007d;廖巧云、涂志成,2009;廖巧云、邱晋,2009),而较少用于话语识解过程的分析。第三,内涵外延传承说主要依靠分类意识,这还不够,还需要在分类意识的基础上,从概念的内涵外延中寻求可能因素的传承。第四,该理论未提及整体性、关联性、语境性、体验性等,而传承必须依赖这些因素方能达至理解,这使得理论不够完整。第五,内涵外延传承说并未将抽象的基于心—物随附性构建起来的"不可能特征"(刘大为,2001:220)之间的关系涵盖进去。我们认为,必须放入话语的大框架下,内涵外延传承框架方能有效用于语义修辞分析;同时,话语识解分析框架如要有效用于分析修辞话语,特别是语义修辞话语,有内涵外延传承框架的加入才能突显语义修辞话语的内在本质特征。

　　总之,从内涵外延传承说进行语义修辞研究的工作还是初步的,至少还有以下三个问题需要深入探讨:(一)为什么在语义修辞表达中可说成

"x 是 y"？（二）y 是如何选定某一属性（β）同 x 发生传承关系的？
（三）"y 是 x"的修辞关系模式具体来说是怎样的？这些问题将在第四节
第四部分的"框架描述"中一一解答。

第四节　意向性解释视域下的"内涵外延关联—传承模型"①

一　构建分析框架的必要性

从第二章的研究回顾和本章关于理论基础的讨论以及已有研究框架
的讨论,我们可以看出,语义修辞的识解机制研究框架有待进一步探索,
有必要构建更适合于语义修辞话语的识解机制分析框架。其必要性可以
体现在以下两个主要方面。

首先,传统认知语言学研究的局限性使得我们需要继续进行新探索。
根据传统认知语言学的观点,"语言不是一个自主的认知系统,语法是概
念化的"(Croft & Cruse,2004:1),其重点在于研究大脑内部的语言信息
加工过程,并认为只需要研究发生在大脑中的个人认知就能揭示语言的
认知机制。这种传统认知观较少关注社会认知,也就是说,其较少关注人
的身体活动及其所处的社会环境。但"体验的社会认知"则要求我们将研
究范围扩展至认知的有机承载物"身体"以及将个体以外的社会环境等因
素都纳入语言的认知研究中来。这是个"能促进同种个体间行为应答的
信息加工过程,是有益于复杂多变的社会行为的高级认知过程"
(Adolphs,1999)。有关此类认知过程的研究不仅需要同身体和具身经验
相联系,还要对个人外部的生物系统进行考察。因此,对语义修辞进行识
解,我们需要从心智哲学出发,充分考虑社会的作用,也就是说,认知机制
的研究需要考虑社会认知。

其次,正如本章第三节所述,已有研究框架对于语义修辞研究而言均
存在不足或可操作性不够强的问题。第一,基于模型的语用推理理论提
出的分析话语生成和识解的两个框架以及内涵外延传承分析框架,是迄
今为止研究话语生成和识解的最为全面、解释力和可操作性最强的理论

---

① 本节根据廖巧云(2018a)改写而成。

框架。但是,无论是话语生成分析框架还是话语识解分析框架,对"推衍"和"推导"的讨论不够具体,分析过程还需要进一步细化;"传承"概念需要进一步明晰;语义修辞话语涉及的两事物之间关系的构建基础,即"不可能特征"如何变为"可能性特征"的问题需进一步厘清。在内涵外延关联——传承识解框架中,内涵外延特征还应包括基于心—物随附性构建起来的"不可能特征"。第二,虽说内涵外延传承说是基于模型的语用推理理论的一部分,但似乎游离于该理论的话语识解框架之外;另外,在已有的研究中,内涵外延传承框架主要用于探讨话语的生成过程,而较少用于话语识解过程的分析;内涵外延概念主要依靠分类意识,将其置于逻辑语义框架下进行考察,这是不够的;内涵外延传承说似乎并未提及整体性、关联性、语境性、体验性等的作用,而"传承"必须在这些因素的控制下方能达成。第三,廖巧云等(廖巧云、孟利君,2011;廖巧云,2011)在完善徐盛桓提出的基于模型的语用推理理论之基础上提出的 HCPM 对于语义修辞话语识解机制的分析而言,还有待改进。该框架下辖的话语识解机理分析框架较好地解决了话语识解的分析问题,能够对一般话语的识解做出较为合理的解释。但是该框架用于分析语义修辞话语的时候,仍然存在"不够具体、可操作性不强"的问题,特别是因为语义修辞的分析牵涉两个域的关系问题。因此,分析框架还需要进一步修补和完善,而我们希望基于心智哲学理论,运用内涵外延传承说来弥补这一不足。

我们认为,识解过程只有在语义修辞话语所处的整体系统中才能正常进行。也就是说,必须放入话语的大框架下,内涵外延传承框架方能有效用于分析语义修辞;同时,话语识解分析框架要有效用于分析语义修辞话语,有内涵外延传承框架的加入才能突显语义修辞话语的内在本质特征。因此,我们的研究目的之一就是要将话语识解框架与内涵外延框架联通起来,至少使其关系更为清楚,使话语识解框架在分析语义修辞话语时更具可操作性。

再次,当今各大学科的发展,特别是心智哲学、认知科学、后现代语言哲学等的发展,要求我们对语言研究进行新的思考,提出新的框架,拟解决新问题。

二 内涵外延关联——传承研究框架可行性论证

首先,心智哲学为深化语言研究,也为语义修辞的认知神经机制研究提供了理论支撑。认知科学的进一步发展为语言跨学科研究带来了新的机遇(邱惠丽,2006)。认知科学涵盖了哲学、神经科学、语言学、心理学、计算机科学、人类学等众多学科,具有明显的跨学科性。认知科学家们通过协作与整合多学科理论及实验,有效促进了人类对心智本质的研究。心智哲学研究也因认知科学的推动而获得了突破性的进展,已经发展成为当今西方哲学领域最具活力的研究领域之一,也因此为语言研究带来了新的突破。

感受性是语义修辞运用的意识基础,是语义修辞识解的有力支撑。感受性是人们对于感觉对象的感觉经验中最为微妙的部分;感受性是主观的,是个体感受和生发意义的最初起源,人们在研究中通常强调的是个人一时一地的感受性,强调个体自身体验到的为了"自我"的感受性;感受性又具有一定的普遍性,这使我们能够在语言运用中恰当地运用感受性,达成相互交流、相互沟通。语义修辞的建构或识解反映了人们对有关事件的感受性。就语义修辞生成而言,主体所形成的某一语义修辞表达是主体在感知外部世界事件之基础上形成的感受;该感受是主体基于事件的物理属性所获得的心理属性(徐盛恒,2011c)。这也是一个意识过程,即从原初意识转变成反思意识的过程,主体便通过反思意识构建起具体修辞表达。与此相对,就修辞识解而言,感受性是我们运用修辞的意识基础。因为世世代代普遍感受性积淀而成的语义修辞已经成为一种集体的无意识,已经成为不言而喻的存在,因而这一语义修辞所指涉的场景在我们的意识中就有了定向,也就能使其识解过程更容易被听话人把握。

"可能性特征"的获取是在事物的心—物随附性作用下涌现出来的。人类的语言活动是通过感知、感受、意识、意志等一系列心理活动对客观信息进行处理并创造新信息的过程。该过程涉及语言世界、外部世界及心理世界等三个"世界";其关系为:语言世界表征心理世界并进一步表征外部世界;也就是说,语言世界所表征的是心理表征,是心理世界面对外部世界产生的主观心理映像,是主客体的统一(徐盛恒,2011c)。因此,一个语义修辞话语不是直接表征外界发生的事件;语义修辞话语的内容是经过人们"反思"处理而得到的概念化的事件。

正如上文所说,语言是用以表征心理的,所以在形成具体的语义修辞表达之前,其实在心理世界里已经形成了这样的语义修辞表达的心理表征。因此,在语义修辞识解过程中,我们需要依靠心—物随附性推导出讲话人的主观心理映像,即对外部世界的心理表征,进而确定语义修辞所涉及的两事物之间的关系;而且两事物之间的关系要通过一事物本不具备但在具体语境中能够被接受的可能性特征来建立,这也就是内涵外延关联—传承的过程。

其次,认知语言学的发展为本研究的理论框架奠定了理论基础。认知语言学直接把语言作为研究对象,即从语言现象出发,研究语言现象背后的机制,旨在对语言作出整体性解释。认知语言学"核心关注的是心理表征和认知过程"(Croft & Cruse,2004:329)。这是认知语言学与其他一些语言学理论所不同之处。认知语言学的"涉身认知观"以"涉身性"作为其哲学基础。"涉身性"强调"身体图式"和"身体意象"在认知过程中的核心作用,强调"体知合一"(徐盛桓,2011b)。涉身认知观认为,认知不仅是个体的、涉身的,而且还是情景的、社会的。所有这些均充分体现了语言体验认知特性、整体性和动态性的要求。

再次,认知语用学发展所带来的已有框架为本研究框架提供了借鉴。如上所述,已有的认知语用学分析框架,如隐性表述—显性表述框架、HCPM 模型、内涵外延传承框架等可以通过"优势互补"的方法得以修补完善,以用于语义修辞话语的识解机制分析。我们基于已有认知语用学的话语识解机理的分析框架建构起来的内涵外延关联—传承模型将能够从很大程度上解决已有分析框架用于语义修辞话语分析存在的问题,将能够在一定程度上解决已有理论框架的不足,能更好地分析语义修辞话语的识解机制。

三 框架的提出

在对心智哲学和认知语用学的实践进行反思之基础上,以心智哲学和生成整体论为理论指导,构建语义修辞研究的识解机制分析框架,探索语义修辞的识解机制,阐释其根本原则和策略。语义修辞话语尽管与一般话语相同,其识解过程相类似,但语义修辞话语的复杂性又为识解过程增加了复杂性,因此语义修辞话语的识解需要考虑更多细节;不仅仅对应客观世界,还要对应两个事物/概念的关系。鉴于现存理论及分析框架在解释语义修辞话语的识解机制方面存在的优劣,我们采取"优势互补"的方法,在心智哲学和生成整体论的指导下,从认知语用学角度用基于模型的语用推理理论下辖的内涵外延传承分析框架对 HCPM 下辖的话语识解机制分析框架进行修补,并运用心智哲学理论对框架进行拓展,从而提出意向性解释视域下的内涵外延关联—传承模型(Annotation-Denotation Relevance-Inheritance Model,ADRIM)。该模型图示如下:

语义修辞的认知神经机制研究

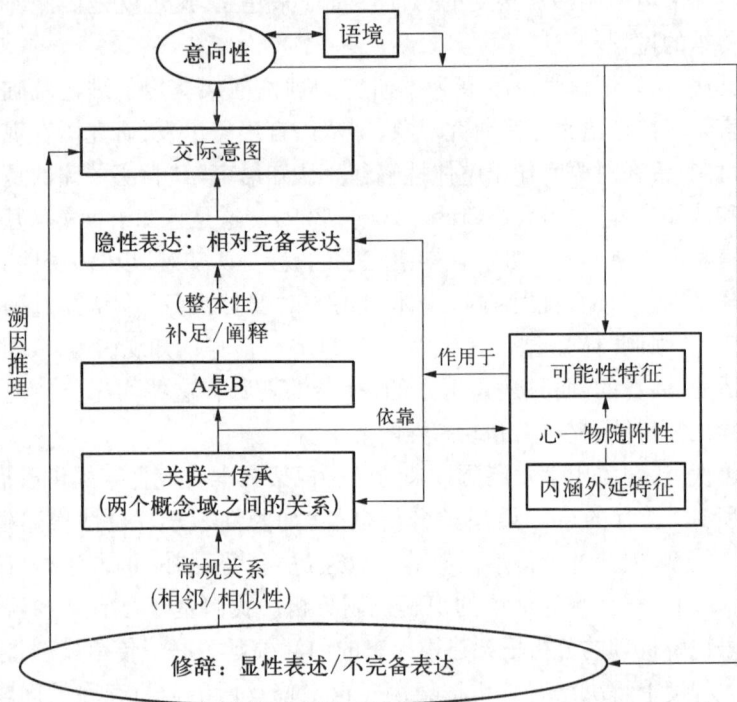

图 3.5　内涵外延关联—传承模型（ADRIM）

四　框架描述

ADRIM 是基于心智哲学理论和内涵外延传承说对话语识解框架进行修补而提出的语义修辞话语识解框架。该识解框架可以简述为：

语义修辞话语的识解过程是在特定语境中，在意向性主导下，在整体性框架内，依靠相邻/相似性，在心—物随附性作用下，从显性表述溯因推导出隐性表述并推导出交际意图的过程。更具体地讲，依靠相邻/相似性，通过关联—传承手段寻求事物间的内涵外延关系，并依靠在心—物随附性的作用下形成的能够体现 A 与 B 两事物之间关系的可能性特征，即发现一事物从逻辑语义角度本不具备的特征即可能性特征，以构建体现两事物之间关系的"A 是 B"表达式；并依据话语所在的整体性语境推导出两事物之间能够构成修辞关系的相关特征，以获得相对完备的表达，最后推导出讲话人交际意图的过程。

语义修辞话语的这一识解过程涉及较多重要概念,下面我们将一一予以说明。

(一) 意向性主导下的语义修辞话语识解过程

意向性解释来自人的意向性。如上文所述,"意向性"是关于人类意识的核心内容之一,贯穿于整个意识活动过程。意向性可体现为意识观照事物、事件、事态时的取舍倾向,而且是一种"利己"的倾向。要解释某事件,就必须要涉及认识主体的信念及其对事件的理解。"人类心智的进化过程将人类设计为有理性的:人类相信他们所应当相信的,也希望他们所应当希望的"(Dennett,1987:33)。在语义修辞的意向性解释中,说话人的"意向性"可以被设想为"顶层",体现为"意向内容"和"意向态度"(徐盛桓、廖巧云,2013),即用修辞方式表达某个特定意义。意向性作为人的意识的一项核心内容,是一个修辞表达的意识活动的发端,并贯穿于这一活动的整个过程。也就是说,意向性作用于语义修辞话语识解的全过程。对于一个语义修辞话语表达,其识解首先需要推导出能这样说的理由,并进一步推导出讲话人的意向态度,再进一步推导出讲话人选择修辞表达的意图;受到意向性这一"顶层"的操控,面对一个语义修辞话语,通过溯因推理,寻找出讲话人的交际意图(如表达话语主体的幽默、不满、调侃等),并最终回到意向性。这个过程的每一个环节均受到意向性的制约。也就是说,语义修辞话语识解的全过程是由意向性主导的。其中,意向性与交际意图的关系可以简单概括为抽象与具体的关系,前者倾向于抽象,而后者较为具体。当表达主体感觉到了对象 A 时,便会产生一种既不像 A 却又在某个方面有 A 的感受,如果这种感受被用于"解释"A,那就会成为关于 A 的语义修辞体现了主体意向性的解释(徐盛桓、廖巧云,2013)。如,讲话人选择隐喻"她媳妇真是一条毒蛇","她媳妇"和"毒蛇"之间存在一种能将两者联系起来的"可能因素","她媳妇"身上具有"毒蛇"的某种特质;而讲话人之所以选择这样的隐喻修辞表达,是希望间接地表达其对"她媳妇"的讨厌情感。

(二) 语义修辞话语中语义变异关系的构建

1. 相邻/相似关系为中介

话语总是不完备的,因此,为了达成交际,我们需要根据话语提供的"常规关系"即相邻/相似关系对显性表述进行补足(徐盛桓,2007b),以获得相对完备的表达,最后达至话语的理解。

语义修辞话语背后的机制集中到一点,便是灵活地运用常规关系即相邻/相似关系。修辞基本上都是以一种不常见/非常规的表达方式代替另一种可能更直接、更通俗易懂的表达方式,这两种方式之间必须建立一种联系,这种联系实际上就是常规关系,具体为相邻/相似关系,再具体为概念的内涵外延关系。也就是说,修辞话语是通过某种"关系"构建起来的,同时每一种修辞话语都能体现某种关系。如,比喻的基础是相似关系,转喻的基础是相邻关系,反语也是基于相邻关系即反向相邻关系构建的(徐盛桓,2008d;雷卿,2008;廖巧云,2008a;黄缅,2008)。"那人像小鸟一样飞了"里的比喻就建立在人和鸟的异同上;用"裙钗"代替妇女,就是以典型特征来代替事物,即利用"穿衣妇女身上的裙钗"代替妇女。这些都体现了一种特定的常规关系。在修辞话语识解过程中,人们需要依靠内涵外延的相邻/相似关系寻求关联。

2. 关联—传承为手段

语义修辞话语识解需要基于语言表达即显性表述,通过补足/阐释方法得以达成;需要依靠事物的内涵外延构建起两个域的事物之间的关系,也就需要依靠"关联—传承"手段。内涵外延关联—传承过程即是指,追溯事物之间内涵外延特征的传承关系,找出被传承的特征 β,以确认两事物 A 和 B 之间的关系。

认知语用学的体验性能够在本框架得到体现。修辞运用的主体不仅能用感官对外部世界进行感觉、用心智对外部世界进行反思,而且也参与塑造人类的现实环境,因此会自觉不自觉地参与修辞建构过程。主体能有效通过自身的体验和由此内化的社会生活经验,从而对修辞话语进行识解。把修辞研究的认知层次从个体认知深入到社会认知,就会感受到修辞是人体感官的延伸,我们的眼、耳、鼻、舌、身延伸到社会的角落,我们的思想也就延伸了,我们似乎是用我们的神经去触摸社会。这些充分体现了(符合)语言体验性的要求,也是心—物随附性作用的具体体现。

"关联—传承"中的"关联"是整体性意义上的关联(廖巧云,2011:155 - 160),即在给定语境制约下的整体性框架内的关联。语义修辞话语必须置于整体性关联中,有整体意识,才可能有最佳关联(Sperber & Wilson, 1995/2001),也才能真正体现目的性/意向性;"传承"具有选择性,是内涵外延特征的选择性传承。关联的语境依赖性可以充分说明整体性的操控作用。"整体性关联"概念具有丰富的内涵,至少包含"语境"和"整体性"等。如本章第二节所述,徐盛桓提出的基于模型的语用推理理论和廖巧云提出的 HCPM 在话语生成机理分析框架里引入了"传承"

概念,但不论在徐盛桓的显性表述—隐性表述框架里还是在廖巧云提出的因果构式识解机理分析框架里,均未提及"传承"概念。因此,将该概念引入语义修辞话语的识解分析框架是本研究框架与以往研究的不同之处。同时,这里的修辞话语识解框架中的"传承"概念与话语生成框架所使用的"传承"概念有一定的区别,主要不同在于识解过程中注重两个事物/概念在其自身所在的整体性系统里各自内涵外延特征中相关联的部分,构建起新的概念,而这一概念需要与原来的两个事物有传承关系。人们需要依靠修辞话语这样的传承过程,方能建构起修辞表达赖以存在的基础,也才能够真正理解修辞表达本身。传承具有选择性,是内涵外延特征的选择性传承。通过构建物与物的内涵外延之间的关系,以此识别修辞话语中 A 与 B 之间的关系,达成修辞话语的识解。

由于修辞话语特别是语义修辞话语需要通过内涵外延关系构建,我们提出概念的内涵外延关联—传承是所有修辞的识解机制的假说,认为所有修辞表达都显性/隐性地包含着"A 是 B"或"B 是 A"的句法表征,或者说所有修辞手段(如隐喻、双关、隐语等)的识解受制于一个变量,归结为"替代",其理解的认知机制为概念的内涵外延传承。更具体地讲,内涵外延关联—传承过程即是指,追溯事物之间内涵外延特征的传承关系,找出被传承的特征 β,以确认两事物 A 和 B 之间的关系。

内涵外延关联—传承机制体现了语言的整体性特征,内涵外延关联—传承过程使修辞识解过程具有较强的可操作性。修辞在本质上有转喻的属性也反映出人类的感受性的普遍性与自我性。我们可以设想,修辞的显性表述不完备的地方,可以通过内涵外延的关联—传承机制将其连通起来并予以补足。修辞表达的一个事件,无论是在动作思维阶段、意象思维阶段还是意义思维阶段,都需要通过一些场景把整个事件连成一体。就像一台晚会、一支游行队伍、一篇课文,当中的若干场景可以把整台晚会、整个游行队伍等连成一体;回想起这些场景就可能激活整体。这体现了"部分和整体之间通过内涵外延相互关联"的机制。

修辞内涵外延关联—传承过程可概括如下:

在语义修辞的共有构式"A 是 B"里,

1)据常规关系确定 A、B 各自在分类类层级结构中的类属;

2)从 B 中提取某一特性 β,建立更为抽象的联系,构建以 β 为一个特性的新类;

3)在心—物随附性作用下,A 和 B 分别发生类层级结构之间的格式

塔转移,并继承新类的属性;

4) 最后确立"B 是 A"的修辞关系,并归纳为若干模式,认定 B 对于 A 来说可以是比例关系、比较关系、比照关系、配对关系、支配关系等,以达至理解。(徐盛桓、廖巧云,2013)

这里的 β 特性是一种可能性特征,β 特征之所以能成为搭建 A 与 B 两事物之间关系的可能性特征,是心—物随附性作用的结果。简单来说,A 与 B 的关系依靠"可能性特征"得以构建,而"可能性特征"是基于 A 的内涵外延特征依据当下语境在心—物随附性作用下提取出来的原本不属于 B 的特征。也就是说,依据整体性关联,A 的特征被传承给了 B。

徐盛桓提出"内涵外延传承"说的主要目的是解决转喻指代为何可能的问题(徐盛桓,2007c)。他认为,转喻的指代是依靠两个域即源域和目的域的概念所指事物的内涵外延之间的传承来实现的。语义修辞话语的识解,就是指在类层级结构中的下位范畴即外延"传承"了上位范畴即内涵的基本特点,发生了概念置换,也就是说上位范畴₁被置换成与其具有相邻/相似关系的上位范畴₂,然后上位范畴₂又被置换成上位范畴₁的某个下位范畴,并在此基础上,在心—物随附性作用下提取能够将 A 和 B 两事物联系起来的可能性特征,从而达至修辞话语的理解。

在语义修辞话语识解的推理过程中,A 只要在 B 的特征中具有若干个甚至只具有一个,推理就能进行(刘大为,2001:260-261)。认知结构中要求 A 和 B 分别以重合的方式共享某些/某个内涵外延特征,或者说是在认知结构中 A 对 B 介体特征(A 的不可能特征)的接受,以使 B 的特征可以被 A 所拥有,即传承。

3. 可能性特征提取为目的:语义变异关系构建的关键环节

A. 内涵外延特征

通常被我们认为是整体领会的词义,其实是由一些可以区分、互相离散的特征组成的。根据现代语义学中的语义特征分析法,即义素分析法,人们将一个词的意义分析为一组区别性的语义特征。也就是说,某个词的词义就是该词的所指对象相对于其他对象的最低区分度,它表现为一组区别性的语义特征。根据刘大为(2001:4-5)的看法,概念的内涵指一组"区别性特征",是词所指的所有对象的"必有"特征;概念的外延指词所指对象的集合内每一个具体对象所具有的"独有"特征。内涵特征只能构成一个抽象物体,需加上无穷个外延特征才能形成我们实际观察到的具体事物。内涵特征可分为范畴特征与经验特征(刘大为,2001:59)。范畴特征(词内特征)指的是词义规定的、我们对任何有待认知的现象进行观察时所应取的观察角度。世界的基本范畴,包括实体、过程、性质和状态等就是最基本的认知范畴,对任何现象的认知首先都必须把它纳入一定的基本范畴;基本范畴是人类认知组织经验的基础,人们只有把世界组织进这些基本范畴,才可能使其呈现出有序的状态。经验特征指的是我们在一定角度下应观察到的具体内容。也就是说,它规定了在一个具体对象上必须发现那些特征,才能用相应的词去指示它。如,在"杯子"的内涵特征中,"+实体""+具体""+无生命"属范畴特征;而"+固体""+容器""+圆柱体""+盛放液体""+饮用器具"属经验特征。外延特征是指基本范畴的派生范畴,只有在具体话语中才能进行选择的特征(刘大为,2001:61)。内涵指一个词项的概念所指向事物的各种属性的总和;外延是指这个词项的概念所指向对象的范围,也就是组成这一事物的各大小类(廖巧云、涂志成,2014)。

B. "A 是 B"概念结构的内涵外延双重解读①

语义修辞总是显性或隐性地包含着概念层表达式"A 是 B";其中,A 和 B 分属两个不同范畴。表达式"A 是 B"成为语义修辞概念层表达式有两个主要理据:(1)谓词"是"能够进行内涵—外延双重逻辑解读,可以保证表达式"A 是 B"不但可在表面上使用 B 的外延对 A 进行述说,而且还可利用 B 的内涵对 A 进行述说;(2)其识解依赖人类常规关系认知范式,这种常规关系或知识结合语境限制因素解决了"A 是 B"中喻体 B 部分属性的提取问题。

也就是说,语义修辞表达式"A 是 B"违反了经典逻辑同一律原则,即将分属两个不同范畴的事物等同起来,从而将 B 的词义转移给 A,最终达成修辞效果。

"A 是 B"若要成为修辞表达式,虽然 A 与 B 必须不属于同一范畴,但同时 A 与 B 间必须在具体语境中具有某方面的联系。内涵外延双重逻辑解读是对语义修辞表达式"A 是 B"进行有效解读的一个必要条件。"是"所构成的语句既可以进行外延性解读,同时又可以进行内涵性解读。由"是"构成的语义修辞话语不能只进行单纯的外延性或者内涵性解读,而是进行内涵—外延双重逻辑解读。"A 是 B"能够成为语义修辞话语的概念层表达式,主要原因是"是"具有双重逻辑解读功能。用"是"构成概念层表达式,既保证了从外延角度进行解读的合理性,又保证了从内涵视角

---

① 本部分根据廖巧云、涂志成(2014)修改而成。

进行解读的正确性。从表面上看,是利用 B 对 A 进行定义,即进行外延性解读,但实际上则是用 B 被突显的内涵属性对 A 进行描述,即进行内涵性解读。无论忽略哪一个方面,作为语义修辞的概念层表达式"A 是 B"的解读都只会遭遇失败。

关于如何在内涵—外延双重逻辑解读之基础上提取部分突显属性的问题,需要依靠相邻/相似性、心—物随附性等的参与。

"A 是 B"中的 B 具有多种不同的属性,这是因为世上的任意一个实体都具有其多种不同的属性,甚至连一堆最不起眼的泥土都有不止一种属性,例如湿度、颜色、质地等都是泥土的属性。那么在一个实体的多种属性中究竟提取哪一(些)属性呢?

对 B 与其属性的替换必须在常规关系的框架里进行;同时,虽然一个实体可以有多种属性,但并非每一个属性都能与该实体建立起常规关系。在具体的修辞表达中,要解决关于使用哪一(些)突显属性的问题,需要引入语境限制因素。常规关系是认知加工的过程中人类与世界在互动的身体体验过程中形成的。人类在认知客观世界中的某一实体时,必定将从其属性的体验入手认知该实体。人类在认知世界的过程中,会自然地将某一实体的突显属性与此实体联系起来,因而形成常规关系。常规关系或者常规知识是人们在长期的身体体验过程中抽象概括出来的相对固定的关系或知识。此类固定的关系或知识结合相关的语境限制因素就能解决"A 是 B"在其语义修辞逻辑基础上进行的内涵—外延双重逻辑解读时无法解决的问题,即提取 B 的部分属性的问题。

综上所述,我们认为,"A 是 B"之所以能够成为语义修辞的概念层表达式,主要因为以下两个理据:第一,"A 是 B"结构中的关键词"是"内在地具有内涵—外延双重逻辑解读功能;第二,基于常规关系的认知解读范式用于解读语义修辞概念结构"A 是 B",确保了其语义修辞的解读常规。这两个理据确保了语义修辞的概念层表达式"A 是 B"的合理性和正确性。如,

(2) Tom is a pig.

例(2)是一个隐喻句。在隐喻逻辑中的隐喻逻辑真值一定为真。从外延方面看,Tom 在某一语境中的确就是一头猪,即例(2)此时是一个真命题。这样,例(2)作为真命题,其中的 Tom 就拥有了"猪"的所有属性,即是说可同时进行内涵性解读。然后,我们再把 TOM 当做一个上位概念,并将

其分类成 Tom$_1$、Tom$_2$…… Tom$_{n+1}$，便可发现，客观存在的 Tom 与某一具体语境中的 Tom 都是 TOM。如同正常的 Tom 与疯狂的 Tom，或者发怒的 Tom 等，都是同一个所指，即 TOM。虽然正常的 Tom 和疯狂的 Tom 拥有不同的突显属性，但是他们指称的却是同一个 TOM，那么这个上位概念 TOM 就应该具有了正常与疯狂甚至更多状态下的属性。这说明，例（2）不仅从外延上看属于真命题，而且从内涵上看 Tom 也成功获得了"猪"的所有属性。

C. 可能性特征提取

可能性特征提取需要满足以下两个条件。第一，可能性特征须基于内涵—外延特征方能被提取。通常被我们认为是整体领会的词义，其实是由一些可以区分、互相离散的特征组成的。根据刘大为（2001：4-5），概念的内涵指一组"区别性特征"，是词所指的所有对象的"必有"特征；概念的外延指词所指对象的集合内每一个具体对象所具有的"独有"特征。内涵特征只能构成一个抽象物体，需加上无穷个外延特征才能形成我们实际观察到的具体事物。正如本节上文所述，内涵特征可分为范畴特征与经验特征（刘大为，2001：59）。刘大为（2001：6-7）进一步提出了"不可能特征"这一概念。顾名思义，不可能特征指某个类别的对象不可能具有的特征，即是指一个词不能通过句法组合接受的语义特征。他还将"不可能特征"分为两类，即"性质上不可能特征"和"程度上不可能特征"。内涵外延特征是提取不可能特征的基础。不可能特征的存在也为修辞话语奠定了物质基础。这种不可能特征在"修辞表达"上却能成为"可能"，因此，本文将刘大为的"不可能特征"改称为"可能性特征"。

第二，可能性特征是在事物的心—物随附过程中涌现出来的。在心—物随附性作用下提取能够将 A 和 B 两事物联系起来的可能性特征，从而达至语义修辞话语的理解。心理属性引发我们关于某事件的一些感受和认识，这些感受和认识经过一定的删选和调整后最终涌现为一种具有新颖特质的语言表达（何爱晶，2011）。追溯引发这样一个修辞表达的心理感受，并进一步挖掘引发这一心理感受的根源，以构建起 A 与 B 两个不同域/事物之间的关系，寻找出修辞话语之所以合理的原因，最后达至话语交际意图。也就是说，这里的"可能性特征"是由逻辑语义特征诱发的心理反应，即心—物随附性特征，可能性特征可借助"心"随附于"物"而产生。刘大为（2001：260-261）把认知性辞格本质属性确定为接纳不可能特征，而不可能特征能被接纳本身就意味着对已有认知空间的突破，意味着把常规思维中不相干的事物联系了起来，甚至意味着新的概念的诞生。"感觉信息的表达是语言运用的基础"(徐盛桓,2011b)。修辞话语就是表达主体感觉了对象 A 之后所产生的那种既不像 A 又在某方面有点像 A 的感受(记为可能性特征);用这种感受来"解释"A,就成为主体意向性的解释(徐盛桓、廖巧云,2013)。如,讲话人选择隐喻"Mark is an ox.",就意味着"Mark"(人)和"ox"(牛)之间存在一种能将两者联系起来的"可能因素","人"身上具有"牛"的某种特质;而讲话人之所以选择这样的隐喻修辞表达,是希望间接地表达其对"Mark"的不满情绪。"倔强"成为"人"能变异为"牛"的可能性特征。相对于人而言,牛的力量巨大,而且听不懂人话,或者除非采取强制手段,不会自愿听从人的安排,这样的表现可能给人一种"无能为力"的感受,这种感受用语言表达出来,可以是"倔强";这正好与人们对"无法让 Mark 改变想法/主意"的这种"无力感"契合。因此,心—物随附性的主特征得以提取,也就找到了之所以可以说"人"是"牛"的缘由。

也就是说,语义变异关系的建立是依靠常规关系通过内涵外延的关联—传承手段在心—物随附性作用下提取可能性特征而达成的。

(三) 语义修辞话语识解的溯因推理过程[①]

溯因推理是从观察到的语言表达反溯其成因。其推理过程大致如下:以某一已知的结果为出发点,根据常识可以排除掉不可能因素,由此推导出导致该结果的最可能原因,也就是说"从已知的某个结果出发,试图确定与其相关的解释"(蒋严,2002)。溯因推理也就是寻求最佳关联解释的推理(Josephson & Josephson, 1994;廖巧云,2011: 7)。其推理步骤如下:

D 是一个数据集(包含事实、观察到的现象及给定的事物或情形)
H 是 D 的一个合理解释(如果选择 H,那么就能够解释 D)
没有假设能像 H 那么好地解释 D
因此,H 可能为真。

(Josephson & Josephson, 1994)

除了对可靠性判断的考虑,推导出来的结论的可接受度还需要考虑实用性和可能性两个语用因素。

---

① 详见廖巧云(2011: 151–160)。

溯因推理有反溯性、择优性、或然性等特点。回溯、优选、检验是运用修辞表达式时溯因推理的全过程。通过回溯、优选、检验等环节,设法降低其或然性,使得有关表述尽可能满足语言运用的实际需要。修辞表达的选择不是随意的,而是讲话人带有主观意图的选择。具体选择哪一种修辞格式受到交际意图的制约,是讲话人基于自己想要实现的主观意图进行的整体性关联选择,也就是说话人将某一实据同特定语境相结合,并从事理集中进行筛选后所得出的结果。

就语义修辞话语识解的推理而言,最关键的是构建起两事物 A 与 B 之间的关系,以使 B 的特征可以被 A 所拥有,即传承。这种推理过程是一个溯因推理过程。在辞格运作的推理过程中,A 只要能够具有 B 的一个以上特征,推理就能进行(刘大为,2001:260 - 261)。A 与 B 之间的关系是通过两事物的内涵外延特征构筑起来的。认知结构中要求 A 和 B 分别以重合的方式共享某些/某个内涵外延特征,或者说是在认知结构中 A 对 B 介体特征(A 的不可能特征)的接受。

推理过程除了依靠相似性还可依靠相邻性的方式共有某些特征。本体就是介体,虽然在不同的辞格这一推断的力度有所差异。此种推理反映的,是因为认知关系的变化而使得 A 同一于 B 之后 A 才具有的特征,因而这特征对原先的 A 而言一定是不可能特征(刘大为,2001:263)。刘大为提出了"认知辞格"的概念,其实他讨论的认知辞格与本研究中所涉及的语义修辞格基本相同。

修辞话语的溯因推理是一种类比推理,而且其创造性力度一般比通常意义上的类比推理更强(刘大为,2001:263)。这是因为溯因推理通常会突破人的一般认知,并总是试图发现事物在异常的认知关系中可能具备的性质。根据梯级推理构想(廖巧云、蒋勇,2013),一个对象与其他对象发生关系时受到的限制越大,能与之发生关系的对象就越少,限制到最大限度就是完全按现有概念体系的规定来确定每一个对象的关系范围。

修辞话语识解是一个溯因推理的过程。话语意义的派生性决定了我们不可能从话语的字面意义进行分析,然后还原为内在于说话者大脑深处的意向。这种"不合逻辑"的推理方式正是因为对条件的严格要求的退让而滋生了蓬勃的不确定性。推理中每一种条件的忽略都能使原先不相干的一大批事物发生关系,看到了"我们所没有看到的",也就是这些事物接受了不可能特征后的状态。语言系统中任何词语之间都有可能发生关系,任何一个辞格格式都能改变现有的语言表达方式,从而改变人对世界的认知。当然,充满着选择的不确定性也会带来更多的创造机会,而且,

第三章 语义修辞识解机制分析框架

我们已有的概念体系能够确保我们有效应对世界的最佳选择。因为整体性的操控,人们的理解能够趋同。

如,说"人"是"牛"就突破了人的一般认知。这种"不合逻辑"的推理方式正是因为对条件的严格要求的退让而滋生了蓬勃的不确定性,即"人"可能具有"牛"的内涵外延特征中的任何一个,语义变异便可发生。推理中每一种条件的忽略都能使原先不相干的一大批事物发生关系,看到了"我们所没有看到的",也就是这些事物接受了可能性特征后的状态。

综上所述,对于修辞话语识解而言,"可能性特征"提取成为最核心的环节;可能性特征在心—物随附性作用下提取的过程中,语境和常规关系的参与是关键。

第五节 小 结

本章构建了语义修辞话语识解机制分析框架。首先,对本研究的理论基础进行了较为详细的讨论,主要涉及语言研究的后现代哲学背景、认知科学、生成整体论、心智哲学、认知语用学、认知语言学等相关理论。我们认为,后现代哲学为本研究提供了背景支撑,使本研究符合当今语言研究发展的大趋势;认知科学的发展为本研究提供了方法论指导和必要的技术支持;生成整体论为本研究提供了语义修辞研究的基本思路;心智哲学为本研究的理论框架构建提供了理论支撑。其次,对 HCPM 下辖的话语识解框架和"基于模型的语用推理"理论下辖的内涵外延传承说在分析语义修辞话语识解机制方面存在的局限进行了剖析,发现两者在修辞话语识解过程中牵涉构建两个域之间关系的问题上具有互补性,特别是后者对前者具有修补作用。第三,运用"基于模型的语用推理"理论下辖的内涵外延传承说对 HCPM 下辖的话语识解框架进行修补,并运用心智哲学理论对框架进行拓展,提出了意向性视域下的内涵外延关联—传承模型(ADRIM)。该识解框架可以简述为:语义修辞话语的识解过程是在意向性主导下,在整体性框架内,从显性表述溯因推导出隐性表述并推导出交际意图的过程。更具体地讲,依靠相邻/相似性,通过关联—传承手段寻求事物间的内涵外延关系,并依靠在心—物随附性作用下形成的能够体现 A 与 B 两事物之间关系的可能性特征,即发现一事物从逻辑语义角度本不具备的特征即可能性特征，以构建体现两事物之间关系的"A 是B"表达式；并依据话语所在的整体性语境推导出两事物之间能够构成语义修辞关系的相关特征，以获得相对完备的表达，最后推导出讲话人交际意图的过程。在该识解过程中，我们采取的是溯因推理，即可能性或不确定性推导过程。也就是说，我们的结论并不是一成不变的，而是可能因为语境抑或是心理感受的变化而发生变化；推理中每一种条件的忽略都能使原先不相干的一大批事物发生关系。这种"不合逻辑"的推理方式正是因为对条件的严格要求的退让而滋生了蓬勃的不确定性；看到了"我们所没有看到的"，也就是这些事物接受了可能性特征后的状态。其中，在心—物随附性作用下提取可能性特征是关键，也是语义修辞话语识解区别于一般话语的焦点。在心—物随附性作用下提取可能性特征的过程中，语境和常规关系的参与是关键。理论框架 ADRIM 能够对词汇层语义相关的修辞格的识解机制做出统一解释；重点解决了"格式塔转移"和"可能性特征提取"等与心智相关的问题。

本书将在第四章至第六章从两个层面对理论框架 ADRIM 的可操作性问题进行分析论证。第一个层面是将 ADRIM 模型用于分析不同的语义修辞话语，主要用范例分析来验证分析框架的合理性和可操作性；第二个层面是关于不同语义修辞识解机制假设的实证性研究，主要通过 ERPs 电生理技术实验来验证心—物随附性作用下可能性特征提取的心理现实性。

第四章

ADRIM的应用：
语义修辞范例分析

第一节 引 言

　　本章旨在通过汉语语义修辞话语的实例分析初步论证
ADRIM框架的可行性和可操作性。我们将第二章第二节
论及的八种修辞话语，即隐喻、转喻、比拟、反语、夸张、移
就、委婉、双关分为三类，对其进行逐一分析，以此说明本研
究所构建的 ADRIM 的可操作性及其对修辞识解机制的解
释力。

第二节 基于相似性的语义修辞范例分析

　　基于相似性的语义修辞话语主要包括隐喻、比拟、移就
等。本节将对这三类语义修辞进行范例分析。

一 隐喻范例分析

（一）隐喻定义

"隐喻"作为学术术语的研究起源于西方。最早对隐喻进行系统研究的亚里士多德指出，"隐喻就是把彼事物的名称用于此事物"（Aristotle，1954[1457b]：69）。雅可布森认为，隐喻体现本体和喻体之间的相似关系（similarity）（雅可布森，1989：68）；Mountford（1990）认为隐喻就是"在熟悉的和全新的情景之间，通过比较来传递那些表层和深层的相似性"。

人们一般认为，隐喻是依靠两个事物之间的相似性构建起来的。陈望道将比喻定义为"思想的对象同另外的事物有了类似点，文章上就用那另外的事物来比拟这思想的对象"（陈望道，2012：59）。隐喻便是其中的一类，该定义强调了表达对象和另一事物之间的相似性。王松亭（1996）认为，隐喻是语言使用过程中出现的一种语义转化现象。谢之君认为，隐喻指"由于两个事物的特征上所存在的某一类似之处，而用指一个事物的词来指另一个事物"（谢之君，2000）。该定义强调隐喻是由于其特征相似而被用来指向其他事物的。胡世雄（1999）也认为"隐喻是一种词语转义使用现象"，隐喻是建立在两事物的相似特征基础上的。

综上所述，本书将隐喻定义为：把某事物比拟成和它有相似关系的另一个事物。即是说，隐喻体现 A 和 B 两事物之间的相似关系，看似无所指的本体（A），与喻体（B）之间至少在一个方面具有相似性，将 A 的特征移植给 B，从而发生语义变异而形成的语义修辞话语。

（二）隐喻识解机制分析

本小节将第三章构建的 ADRIM 运用于分析基于"相似性"构建的隐喻范例，以说明该语义修辞话语识解机制分析框架的可操作性。

（1）Mark is an ox.

根据常识，人们可以判断例（1）为一个隐喻表达，因为 Mark 是人，ox 是牛，两者之间关系的表达不合常理。因此，为了使"Mark is an ox."这一显性表述得以阐释/补足为完备的表达，需要依赖隐喻涉及的常规关系和语境。也就是说，要理解"Mark is an ox."这个话语，我们需要构建"Mark"与"ox"之间的关系。众所周知，牛的主要特征是体型大、偶蹄兽、洞角、反刍等；但，同时，我们会在心—物随附性作用下提取牛的一系列显著的可能性特征,即"strong/强壮""hard-working/勤劳""stubborn/倔强"等。这些特征提供了阐释/补足显性表述达至隐性表述(含意)的基础。因此,在心—物随附性作用下,使"Mark is an ox."成立的可能性特征得以提取。在该识解过程中,我们采取的是溯因推理,即"可能性"推导过程。也就是说,我们的结论并不是一成不变的,而是可能因为"语境"的变化而发生变化,不同的语境将决定我们提取不同的"可能性特征"。下面,我们把例(1)放入例(2)的语境中。

(2)(*It is so difficult to change Mark's mind although most colleagues do not agree with him. So I should say that*)Mark is an ox.

例(2)的识解过程如下:

1)显性表述辨认:针对"Mark is an ox."这样一个显性表述,我们根据常识对比"Mark"与"ox"相关的内涵外延特征,将发现,说"Mark"是"ox"是无法成立的。这促使我们去考虑讲话人是否使用了特殊表达方式,是否有特殊意图要表达。我们可以根据已有知识确定这是一个隐喻表达,发生了语义变异的语义修辞话语。

2)可能性特征提取:隐喻体现本体和喻体之间的相似关系(雅可布森,1989:68),因此,我们将依据常规关系(相邻/相似关系),寻求能体现"Mark"与"ox"两者之间关系的"可能性特征"。在寻求"可能性特征"的过程中,我们将在"心—物随附性"作用下,通过关联—传承手段,提取"Mark"与"ox"之间可能相同的特征,并赋予"Mark"某一(些)可能性特征。如,本是"人"的Mark和"ox"能够相通,两者在心—物随附性的作用下,能够具有相似性特征,如"strong/强壮""hard-working/勤劳""stubborn/倔强"等。

3)隐性表述构建:在找到"可能性特征"后,根据例(2)提供的语境限制,讲话人需要表达一种不好的心理感受,即结合语境限制就能够锁定在"倔强"这一突显属性上;并根据常规关系替换律,将"ox"同"倔强"进行替换;从而使听话人将"Mark is an ox."较为准确地理解为"Mark is stubborn."因此,我们便可找到显性表述"Mark is an ox."的隐性表述,即"Mark is so stubborn, so I want to say that Mark is as stubborn as an ox. So I say 'Mark is an ox.'"

4)意图确定:隐性表述一旦确定,讲话人的"意图"就清楚了,即讲话人试图通过隐喻这种间接方式表达对Mark的看法或评价,即表达讲话人对 Mark 有一种不太好的心理感受,同时也体现了讲话人用一种间接方式表达对人的评价这样一种意向性。

因此,该特定语境中的隐喻修辞话语的识解也就达成了。

(3) 琳琳是条蛇。

根据常识,可以判断例(3)为一个隐喻表达。因为此处"琳琳"是人,"蛇"是一类两栖动物,两者之间关系的表达不合常理。因此,为了使"琳琳是条蛇"这一显性表述得以阐释/补足为完备的表达,需要依赖隐喻涉及的常规关系和语境。也就是说,要理解"琳琳是条蛇"这个话语,我们需要构建"琳琳"与"蛇"之间的关系。众所周知,蛇的主要特征是体型细长、冬眠、两栖等;但与此同时,我们会在心—物随附性作用下提取蛇的一系列显著的可能性特征,即"行动敏捷""躯干灵活""冷酷无情""攻击性强"等。这些特征提供了阐释/补足显性表述达至隐性表述(含意)的基础。因此,在心—物随附性作用下,使"琳琳是条蛇"成立的可能性特征得以提取。在该识解过程中,我们采取的是溯因推理,即"可能性"推导过程。也就是说,该句所隐含的意义并不是固定的,而是可能因为"语境"的变化而发生变化,即在不同的语境下所突显的"可能性特征"是不同的,听话人根据语境提取最显著的"可能性特征",从而使句子和语境形成语义上的通达。

下面,我们把例(3)放入例(4)的语境中加以详细说明。

(4) (谁也没想到琳琳竟然把自己的养父母害死了。在大家眼里,)
琳琳是条蛇。

例(4)的识解过程如下:

1) 显性表述辨认:针对"琳琳是条蛇"这样一个显性表述,我们根据常识对"琳琳"与"蛇"相关的内涵外延特征进行对比后发现,把"琳琳"和"蛇"对等起来是无法成立的。这促使我们去考虑讲话人是否使用了特殊表达方式,是否有特殊意图要表达。我们可以根据已有知识确定这是一个隐喻表达,发生了语义变异的语义修辞话语。

2) 可能性特征提取:隐喻体现本体和喻体之间的相似关系,因此,我们将依据常规关系(相邻/相似关系),寻求能体现"琳琳"与"蛇"两者之间关系的"可能性特征"。在寻求"可能性特征"的过程中,我们将在

"心—物随附性"作用下,通过关联—传承手段,提取"琳琳"与"蛇"之间可能相同的特征,并赋予"琳琳"某一(些)可能性特征。比如,作为人类的"琳琳"和"蛇"能够相通,两者在心—物随附性的作用下,具有某些相似性特征,如"行动敏捷""躯干灵活""冷酷无情""攻击性强"等。

3)隐性表述构建:在找到"可能性特征"后,根据例(4)提供的语境限制,讲话人需要表达一种贬义的负面情绪,即说话人意在指出"琳琳"是一个残酷冷血的人,她害死了自己的养父母。听话人通过该语境信息,结合心—物随附性,拟提取与该语境相匹配的最显著"可能性特征"——冷血无情;根据常规关系替换律,将"蛇"与"冷血无情"进行替换;"琳琳是条蛇"可以较为准确地理解为"琳琳是个冷血无情的人"。因此,我们便可找到显性表述"琳琳是条蛇"的隐性表述,"琳琳是个冷血无情的人,而蛇同样是一种冷血无情的动物,因此可以说琳琳是条蛇"。

4)意图确定:隐性表述一旦确定,讲话人的"意图"就清楚了,即讲话人试图通过隐喻这种间接方式表达对琳琳的看法或评价,即以此表达讲话人对琳琳有一种谴责的心理感受。也体现了讲话人用一种间接方式表达对人的评价这样一种意向性。

因此,该特定语境中的隐喻修辞话语的识解也就达成了。

综上所述,隐喻修辞话语的识解过程是在意向性主导下,在整体性框架内,从显性表述溯因推导出隐性表述并推导出交际意图的过程。更具体地讲,依靠"相似性",通过关联—传承手段寻求事物间的内涵外延关系,并依靠在心—物随附性作用下形成的能够体现本体 A 与喻体 B 之间关系的可能性特征,即发现一事物从逻辑语义角度本不具备的特征即可能性特征,以构建体现两事物之间关系的"A 是 B"表达式;并依据隐喻话语所在的整体性语境推导出两事物之间能够构成隐喻修辞关系的相关特征,以获得相对完备的表达,最后推导出讲话人交际意图的过程。其中,在心—物随附性作用下提取可能性特征是关键,也是隐喻修辞话语识解区别于一般话语的焦点。

二 比拟范例分析

(一) 比拟定义

比拟是一种古老却又常见的修辞手法,曾在很长一段时间被当做比喻的一种。陈望道认为,"将人拟物(就是以物比人)和将物拟人(就是以人比人)都是比拟"(陈望道,2012:96)。黄民裕将比拟定义为"根据感情的需要,故意把物当做人,把人当做物,或把甲物当做乙物,或把抽象概念当做人或物来描绘,这种人物交融的修辞方式叫比拟"(黄民裕,1984:58)。据王希杰,"比拟,就是利用心理联想机制,把甲事物当做乙事物来描写"(王希杰,2004:397)。陈汝东认为,"比拟就是改变词语的习惯性适用对象和语境,把通常用于描写人的语词用于描写物,或用通常描写物的语词来描写人,实行人、物适用语词互换或物物适用语词互换的修辞方法"(陈汝东,2004:225)。前者是拟人,而后者是拟物。周达生认为:"比拟是把甲当做乙,将本来适用于乙的词语用于甲,从而使乙的某种属性特征移植给甲的修辞方法。"(周达生,1988)他进一步指出,比拟中体现了本体与拟词的非正常搭配关系;他还提出了比拟产生需要的三要素,即本体、拟体、拟词。如,比拟修辞话语"小星星缩着头"中,"小星星"是本体,"人"是拟体,"缩着头"是拟词。

综上所述,本研究将比拟定义为:把物比作人或把人比作物的修辞话语。也就是说,比拟体现 A(本体)和 B(拟体)之间的相似关系,将 A 的特征移植给 B,从而发生语义变异而形成的语义修辞话语。

(二)比拟识解机制分析

本小节将第三章构建的 ADRIM 运用于分析基于"相似性"构建的比拟范例,以说明该语义修辞话语识解机制分析框架的可操作性。

(5)满天疏疏落落的小星星,都缩着头,冷得直打哆嗦。

(杨朔《三千里江山》)

根据常识,人们判断出例(5)为一个比拟修辞表达(拟人),因为本体"小星星"是由物质组成,是没有生物学意义上的生命存在的,因此它不可能"缩着头"或"冷得直打哆嗦",本体和拟词之间的搭配是不合常理的。因此,为了使"小星星缩着头""小星星冷得打哆嗦"这一显性表述得以阐释/补足为完备的表达,需要建构本体和拟体之间的关系。众所周知,"缩头""冷得打哆嗦"主要是人的体感特征反应,因此,比拟表达句中的本体"小星星"被赋予了人的动作特征,而"人"就是此比拟表达中的拟体,这是一个典型的拟人表达。那么,为什么用拟体的属性特征来表达本体是可能的呢? 这是因为在心—物随附性的作用下,本体和拟体之间具有相似性:几颗"疏疏落落的小星星"零散于茫茫苍穹,赋予人的心理属性就是"清冷";而在此比拟句中,作者提取了拟体"人"的"寒冷反应"和本体"小星星""清冷"这一共同和本质属性,并通过词语的移用,将拟体"人"的这种

"寒冷反应"特征——缩头、打哆嗦转移给了本体。这就为此拟人修辞表达"小星星缩着头,冷得打哆嗦"找到了说得通的理由。在该识解过程中,我们采取的是溯因推理,即"可能性"推导过程。

我们对例(5)的识解过程可进一步描述为:

1) 显性表述辨认:针对"满天疏疏落落的小星星,都缩着头,冷得直打哆嗦"这样一个显性表述,我们根据常识去寻求"小星星"的内涵外延特征时发现,"小星星"是不可能"缩着头"或"冷得直打哆嗦"的,这种表达是无法立足的。这促使我们去思考作者是否使用了特殊表达方式,是否有特殊意图要表达。我们可以根据已有知识确定这是一个比拟表达,发生了语义变异的语义修辞话语。

2) 可能性特征提取:比拟体现本体和拟体之间的相似关系。因此,我们将依据常规关系(相邻/相似关系),寻求能将两者联系起来的"可能性特征"。在寻求"可能性特征"的过程中,我们将在"心—物随附性"作用下,通过关联—传承手段,提取"小星星"与"人"之间可能相同的特征,并通过词语的移用,将"人"的某种属性转移给"小星星"。具体而言,就是将"人"对寒冷的体感反应特征——缩头、打哆嗦等转移给了"小星星",使本身无法做出此类动作的"小星星"获得了拟体"人"的这些可能性特征,即人对小星星的心理感受的反映。

3) 隐性表述构建:在找到"可能性特征"后,我们便可找到显性表述"满天疏疏落落的小星星,都缩着头,冷得直打哆嗦"的隐性表述:浩瀚苍穹中点缀着的几颗疏疏落落的小星星,冷得像人一样都缩着头,直打哆嗦。

4) 意图确定:隐性表述一旦确定,作者的"意图"就基本清楚了,即作者试图通过比拟这种间接方式表达几颗小星星缀在天空中的清冷感受。

因此,该特定语境中的比拟修辞话语的识解也就达成了。

(6) "……接着便飞出了八岁的侄儿宏儿。"

(鲁迅《故乡》)

根据常识,人们判断出例(6)为一个比拟修辞表达,本体是"八岁的侄儿宏儿"。从该话语中我们找不到"拟体",但是我们可以通过拟词"飞"推断出,拟体应该是"鸟"之类能飞的动物,而人类本身是不具备飞翔能力的,因此本体"侄儿宏儿"和拟词"飞"之间的搭配是不合常理的。为了使"飞出了八岁的侄儿宏儿"这一显性表述得以阐释/补足为完备的表达,需要建构本体和拟体之间的关系。众所周知,"飞"是鸟类最突显的能力,其体现了鸟儿体态轻盈、行动疾速的属性特征。在心—物随附性的作用下,作者将拟体"鸟"的这一本质属性,通过词语的移用,赋予本体"八岁的侄儿宏儿",从而完成了这一拟物修辞话语的构建。那么,为什么用拟体的属性特征来表达本体是可能的呢? 这是因为在心—物随附性的作用下,本体和拟体之间具有相似性:"侄儿宏儿"由于年龄小、个头不高、身形轻盈,具备"飞"的可能;同时又由于"思我心切",他从屋里飞奔而出,动作迅速,这正是"飞"的另一属性体现。有鉴于此,这就为拟物修辞表达"八岁侄儿宏儿飞出来"找到了说得通的理由。在该识解过程中,我们采取的是溯因推理,即"可能性"推导过程。

我们对例(6)的识解过程可进一步描述为:

1) 显性表述辨认:针对"……接着便飞出了八岁的侄儿宏儿"这样一个显性表述,我们根据常识可以判断,"侄儿宏儿"是不可能"飞"的,这种表达是无法立足的。这促使我们去思考作者是否使用了特殊表达方式,是否有特殊意图要表达。我们可以根据已有知识确定这是一个比拟表达(拟物),是发生了语义变异的语义修辞话语。

2) 可能性特征提取:比拟体现本体和拟体之间的相似关系。因此,我们将依据常规关系(相邻/相似关系),寻求能将两者联系起来的"可能性特征"。在寻求"可能性特征"的过程中,我们将在"心—物随附性"作用下,通过关联—传承手段,提取"侄儿宏儿"与"鸟"之间可能相同的特征,并通过词语的移用,将"鸟"的基本属性转移给"侄儿宏儿"。具体而言,就是将"鸟"的"体态轻盈、行动疾速"属性转移给了"侄儿宏儿",使本身无法完成飞翔动作的"侄儿宏儿"获得了拟体"鸟"的这一(些)可能性特征。

3) 隐性表述构建:在找到"可能性特征"后,我们便可找到显性表述"……接着便飞出了八岁的侄儿宏儿"的隐性表述:"……接着,八岁的侄儿宏儿像鸟儿一般轻盈地飞奔而出"。

4) 意图确定:隐性表述一旦确定,作者的"意图"就基本清楚了,即作者试图通过比拟这种间接方式表达侄儿宏儿因为迫不及待地想见到"我",所以跑得像飞一样快。

因此,该特定语境中的比拟修辞话语的识解也就达成了。

综上所述,比拟修辞话语的识解过程是在意向性主导下,在整体性框架内,从显性表述溯因推导出隐性表述并推导出交际意图的过程。更具体地讲,依靠"相似性",通过关联—传承手段寻求事物间的内涵外延关系,并依靠在心—物随附性作用下形成的能够体现本体 A 与拟体 B 之间关系的可能性特征,即发现一事物从逻辑语义角度本不具备的特征即可能性特征,也就是将 A 的特征移植给 B,以构建体现两事物之间关系的"A 是 B"表达式;并依据比拟话语所在的整体性语境推导出两事物之间能够构成比拟修辞关系的相关特征,以获得相对完备的表达,最后推导出讲话人交际意图的过程。其中,在心—物随附性作用下提取可能性特征是关键,也是比拟修辞话语识解区别于一般话语的焦点。

三 移就范例分析

(一)移就定义

移就是英汉语言中广泛使用的修辞格。也有人将其称作转类修饰语、转类形容词、修饰语移置等。唐钺提出了"迁德格",并将其定义为"两个观念联系在一起时,一个的形容词常常移用于他一个上头"(唐钺,1923:53)。最早使用"移就"这一名称的是陈望道,他将其定义为"遇有甲乙两个印象连在一起时,作者就把原属甲印象的性状形容词移属于乙印象的,名叫移就辞"(陈望道,2004:94)。王希杰认为,移就指"有意识地把适用于甲事物的词直接运用于乙事物"(王希杰,2004:410)。陈汝东把移就定义为"把属于描摹甲事物性状的词语用来修饰、描写乙事物的方法"(陈汝东,2004:250)。

汉语的移就在英语中称作"transferred epithet"。Lanham 在 *A Handlist of Rhetorical Terms* 中将 transferred epithet 定义为"a change in the relation of words by which a word, instead of agreeing with the case it logically qualifies, is made grammatically with another case"(一种词汇关系的改变,即把一个从逻辑上本该修饰一对象的词,用于修饰另一对象,后者只是语法上合适)(Lanham, 1991:86)。

综上所述,移就是一种把适用于 A 对象的词移用于 B 对象的修辞方式,形成一种反常的修饰与被修饰关系,实现语义嫁接。其中,B 对象必须出现,作定语的"性状"必须出现,而 A 对象可出现可不出现。如,移就修辞话语"快乐的周末",本来修饰有情感体验的人的"快乐的"用于修饰无情感体验的"周末"。

因此,本研究将"移就"定义为:把本该描写对象 A 的性状词/修饰语用于描写对象 B。也就是说,对象 A 与 B 之间存在密切的内在联系,从而能够构建起对象 A 与对象 B 之间的相似关系,即通过对象 A 与 B 之间的内在联系构建起两者之间的相似关系,将 A 的特征移植给 B,从而发生语义变异而形成的语义修辞话语。

（二）移就识解机制分析

本小节将第三章构建的 ADRIM 运用于分析基于"相似性"构建的移就范例,以说明该语义修辞话语识解机制分析框架的可操作性。

（7）我从渴睡的床上被叫起来。

(《深夜的喇叭》)

根据常识,人们可以判断例(7)为一个移就修辞表达,因为修饰词"渴睡的"是用来修饰人"疲惫不堪、渴望睡觉"的生理状态,从语义逻辑上讲,是不能和无生命的本体"床"搭配的,是不合逻辑常理的。因此,为了使"我从渴睡的床上被叫起来"这一显性表述得以阐释/补足为完备的表达,需要构建"渴睡的人"和"渴睡的床"之间的关系。在该话语中,说话人将描写"我"(人)的"渴睡的"生理状态直接移用来描述没有生命的 B 事物——"床",从而提供了阐释/补足显性表述达至隐性表述(含意)的基础。但是为什么"渴睡的床"是可能的,而"渴睡的桌子"是不可能的呢?这是因为在心—物随附性的作用下,修饰词所表示的事物属性必须是"依赖"的,即心对物的依赖性;但在此范围内如何行动,会产生怎样的感受,主体却是可以发挥自由意志的,即体现心对物的自主性(徐盛桓,2011a)。据常识可知,"床"最常规的用途是用于睡觉,是说话人选择来作"依赖"的,因此,移就表达只能是"渴睡的床",而不是"渴睡的桌子"。另一方面,睡觉用的床给予"人"什么感受,是可以自主选择决定的,当说话人疲惫不堪时,是"渴睡的床";当说话人辗转难眠时,是"失眠的床",具体用何种方式表达移就,就得依赖于语境。由此可见,心理对物理的随附性对移就表达的建构有重要的制约作用(徐盛桓,2011a)。

我们对例(7)的识解过程可进一步描述为:

1)显性表述辨认:针对"我从渴睡的床上被叫起来"这样一个显性表述,我们根据常识去寻求"渴睡的"和"床"之间的关系,将发现没有生命特征的"床"是不可能"渴睡的",这种表达是无法立足的。这促使我们去考虑说话人是否使用了特殊表达方式,是否有特殊意图要表达。我们可以根据已有知识确定这是一个移就表达,发生了语义变异的语义修辞话语。

2)可能性特征提取:移就体现了修饰词和本体之间通过对象 A 和 B 之间的内在联系构建起来的相似关系。因此,我们将依据常规关系(相邻/相似关系),寻求能将两者联系起来的"可能性特征"。在寻求"可能性特征"的过程中,我们将在"心—物随附性"作用下,通过关联—传承手段,提取"渴睡的人"和"渴睡的床"之间可能相同的特征。本是用于修饰"人"的修饰词"渴睡的"用于修饰"床",是因为人与床之间的密切关系,即床是人睡觉用的,"渴睡的床"实则为"渴睡的人"。"渴睡的床"和"渴睡的人"之间关系的构建是这样的:有意识地将某种心理状态赋予不具有意向性的物理实体(Searl,1983:22;徐盛桓,2011a)。具体而言,就是将"(人)渴睡的"心理状态赋予没有生命、不具备意向性的"床",从而使"床"获得了"渴睡的"可能性特征。

3)隐性表述构建:在找到"可能性特征"后,我们便可找到显性表述"我从渴睡的床上被叫起来"的隐性表述,即"我疲惫不堪、渴睡难耐,却被叫醒起床"。

4)意图确定:隐性表述一旦确定,说话人的意图就基本清楚了,即他试图通过移就这种间接方式表达"我"极度不愿起床、非常渴望继续睡觉的状态。

因此,该特定语境中的移就修辞的识解也就达成了。

(8)(I don't like to read what he writes.) He is not an easy writer.

根据常识,人们可以判断例(8)为一个移就修辞表达,因为修饰词"easy"是用来修饰事物的难易程度的,从逻辑语义上讲,是不能和本体"writer"搭配的,是不合逻辑常理的。因此,为了使"He is not an easy writer."这一显性表述得以阐释/补足为完备的表达,需要建构"easy writer"和"easy work"之间的关系。具体而言,说话人将描写无生命的"作品"的"easy"直接移用来描述有生命的 B 即"writer",从而提供了阐释/补足显性表述达至隐性表述(含意)的基础。在心—物随附性的作用下,修饰词所表示事物的属性必须是"依赖"的,是不能脱离的(心对物的依赖性);但在这范围内如何动作、产生怎样的感受,是可以发挥自由意志的(心对物的自主性)。说话人直接将描述"作品难易程度"的修饰词"easy"移用来描述作品的创作者即"writer",从而提供了阐释/补足显性表述达至隐性表述(含意)的基础。因此,在"心—物随附性"作用下,通过关联—传承手段,提取"easy writer"和"easy work"之间可能相联系的特征。具体而言,就是将"作品"的"难易程度"特征赋予创作该作品的"作者",从而使"作者"获得了"(其作品)容易/不容易理解"的可能性特征。也就是说,在心—物随附性的作用下,使移就表达"an easy writer"的可能性特征得以提取,即"an easy writer"被移用来表达"a writer whose works are easy to read"。在该识解过程中,我们采取的是溯因推理,即"可能性"推导过程,即必须提供话语语境"我不喜欢他的作品"来确定"He is a writer whose works are not easy to read."这一合适的解读。这样,我们便可找到显性表述"He is not an easy writer."的隐性表述,即"该作者创作的作品晦涩难懂、不容易理解"。

我们对例(8)的识解过程可进一步描述为:

1)显性表述辨认:针对"He is not an easy writer."这样一个显性表述,我们根据常识去寻求"easy"和"writer"之间的关系,将发现 easy 本是用来修饰事物的难易程度的,按常理是不能用来修饰人的,例(8)的表达也就无法立足。这促使我们去考虑说话人是否使用了特殊表达方式,是否有特殊意图要表达。我们可以根据已有知识确定这是一个移就表达,发生了语义变异的语义修辞话语。

2)可能性特征提取:移就体现了修饰词和本体之间通过对象 A 和 B 之间的内在联系构建起来的相似关系。因此,我们将依据常规关系(相邻/相似关系),寻求能将两者联系起来的"可能性特征"。在寻求"可能性特征"的过程中,我们将在"心—物随附性"作用下,通过关联—传承手段,提取"easy writer"和"easy work"之间可能相联系的特征。具体而言,就是将"作品"的"难易程度"特征赋予创作该作品的"作者",从而使"作者"获得了"(其作品)容易/不容易理解"的可能性特征。

3)隐性表述构建:在找到"可能性特征"后,我们便可找到显性表述"He is not an easy writer."的隐性表述,即"该作者创作的作品晦涩难懂、不容易理解"。

4)意图确定:隐性表述一旦确定,说话人的意图就基本清楚了,即他试图通过移就这种间接方式表达对该作者所创作作品的看法。

因此,该特定语境中的移就修辞话语的识解也就达成了。

综上所述,移就修辞话语的识解过程是在意向性主导下,在整体性框架内,从显性表述溯因推导出隐性表述并推导出交际意图的过程。更具体地讲,依靠"相似性",通过关联—传承手段寻求事物间的内涵外延关系,并依靠在心—物随附性作用下形成的能够体现对象 A 与对象 B 之间关系的可能性特征,即发现一事物从逻辑语义角度本不具备的特征即可能性特征,以把本该描写对象 A 的性状词/修饰语用于描写对象 B;并依据移就话语所在的整体性语境推导出两事物之间能够构成移就修辞关系的相关特征,以获得相对完备的表达,最后推导出讲话人交际意图的过程。其中,在心—物随附性作用下提取可能性特征是关键,也是移就修辞话语识解区别于一般话语的焦点。

第三节　基于相邻性的语义修辞范例分析

基于相邻性的语义修辞话语主要包括转喻、反语、夸张等。本节将对这三类语义修辞进行范例分析。

一　转喻范例分析

(一) 转喻定义

转喻,亦即借代,英译为 metonymy,是传统修辞研究的重要修辞格之一。迄今为止,国内外的很多学者都对转喻的定义进行了讨论。韦伯网上词典(*Merriam Webster's Online Dictionary*)将转喻定义为"用一个事物的名称来代替与其存在附属或关联关系的另一个事物的名称"。Lakoff & Johnson(1980)认为,人们用一事物来指称另一相关事物就叫转喻;Gibbs认为,转喻是"用事物某个易理解或易感知的方面来指代事物的整体"(Gibbs, 1994: 319-320)。陈汝东把替代定义为"不直说事物的正式名称或全部名称,而用与之相关的名称或特征、特点等代替的方法"(陈汝东,2004: 216)。徐盛桓把转喻定义为"借一物转指另一物"(徐盛桓,2008a),如可以借具体代指抽象、借结果代指原因、借工具代指活动、在一个语言单位里借前言代指后语等。如在"She is just a pretty face."中,用"face"来作为"人"的替代表达,句子的意思是"She is just a pretty person."

综上所述,我们将转喻定义为:转喻就是指在同一个域中 A(本体)与 B(喻体)之间的一种替代关系,借 A 转指 B。转喻是体现了 A 与 B 之间的相邻关系,将 A 的特征移植给 B,从而发生语义变异而形成的语义修辞话语。

(二) 转喻识解机制分析

本小节将第三章构建的 ADRIM 运用于分析基于"相邻性"构建的转

喻范例,以说明该语义修辞话语识解机制分析框架的可操作性。

（9）老王经常会用到很多现金,所以,他钱包里厚厚一叠全是毛爷爷。

根据常识,人们判断出例(9)为一个转喻修辞表达,因为就字面义而言,喻体"毛爷爷"该是现实世界中存在的人,他是不可能被装进钱包里的,从逻辑语义上讲,是不合常理的。因此,为了使"毛爷爷"这一显性表述得以阐释/补足为完备的表达,需要依赖转喻涉及的常规关系和语境。也就是说,要理解"毛爷爷"具体指代的内容,我们需要构建喻体"毛爷爷"和本体之间的关系。根据语境——"现金""钱包""用钱包装厚厚一叠(毛爷爷)",我们可以推断"毛爷爷"指代的本体是"人民币",而且还必须是"印有毛主席头像的百元大钞",此转喻是以部分指代整体。可是"毛爷爷"为什么能够指代百元大钞呢? 这是因为"从类属范畴同一性的关系引申出类属范畴内的事物的内涵外延有传承关系,从而可以在一定的语境中相互认定,实现指代"(徐盛桓,2008a)。具体就例(9)而言,我们可以用下位范畴"毛爷爷"这一称呼指代"毛主席头像";用"毛主席头像"指代"百元人民币图案";用"百元人民币图案"指代"百元大钞"。这可以形成一个指代链:毛爷爷→(→表"指代",下同)毛主席头像→百元人民币图案→百元大钞。这一指代链体现了类层级结构中内涵外延的关联—传承。由是观之,用"毛爷爷"指代百元大钞是可能的。在该识解过程中,我们采取的是溯因推理,即"可能性"推导过程。

我们对例(9)的识解过程可进一步描述为:

1）显性表述辨认:针对"钱包里厚厚一叠全是毛爷爷"这样一个显性表述,我们首先根据常识得知"毛爷爷"是人,是不可能被装入钱包的,因此从逻辑语义角度看,这一表述似乎是不成立的。这促使我们去思考该话语是否使用了特殊表达方式,是否有特殊意图要表达。我们可以根据已有知识确定这是一个转喻表达,发生了语义变异的语义修辞话语。

2）可能性特征提取:转喻体现了两事物间的相邻关系,具体体现为两个概念处于大脑里事物类层级结构的上下位(徐盛桓、何爱晶,2014)。在例(9)中,我们在心—物随附性作用下,通过关联—传承手段,提取"毛爷爷"能够指代百元大钞的"可能性特征":毛爷爷→毛主席头像→百元人民币图案→百元大钞,上位类的属性和特征"传"给了其下位,而同时该下位"承"受了这些基本点,因此形成了传承关系。

3）隐性表述构建：在找到"可能性特征"后，我们便可找到显性表述"钱包里厚厚一叠全是毛爷爷"的隐性表述："钱包里厚厚一叠全是一百元的大钞票"。

4）意图确定：隐性表述一旦确定，说话人的"意图"就清楚了，即他试图通过"毛爷爷"这一生动亲切的称呼来表达老王钱包里经常鼓鼓囊囊地塞满了百元大钞。

因此，该特定语境中的转喻修辞话语的识解也就达成了。

（10）该县精简人员的计划筹备已久，但实施起来并不顺利，其机构改革遇到红灯。

根据常识，人们判断出例（10）为一个转喻修辞表达。因为就字面义而言，喻体"红灯"是指挥公路上车辆、行人通行的交通信号灯，和"机构改革"是风马牛不相及的，从逻辑语义上讲，是不合常理的。因此，为了使"机构改革遇到红灯"这一显性表述得以阐释/补足为完备的表达，需要依赖转喻涉及的常规关系和语境。也就是说，要理解"红灯"具体指代的内容，我们需要构建喻体"红灯"和本体之间的关系。根据语境，我们可以推断，"该县改革计划虽然筹谋已久，但实施起来并不顺利"，这种"不顺利"就是"（遇到了）红灯"；更确切地说，喻体"红灯"指代的就是本体"（改革中遇到的）阻碍"。可是为什么"红灯"能够指代"阻碍"呢？这是因为在心—物随附性的作用下，心对物具有依赖性，因此，我们对于"红灯"的心理感受，就只能在"交通信号灯"的类属范畴中寻找；而该类属范畴中的事物之间存在内涵外延传承关系，在一定的语境中可以相互认定，实现指代（徐盛桓，2008b）。具体而言，我们可以用红灯指代红灯的作用；用红灯的作用指代其具体作用之一"阻止通行"；从而实现了类层级结构中内涵外延的关系传承。这一指代链概括起来就是：红灯→红灯的作用→阻止通行。由此可见，用"红灯"指代"阻碍"是可能的。在该识解过程中，我们采取的是溯因推理，即"可能性"推导过程。

我们对例（10）的识解过程可进一步描述为：

1）显性表述辨认：针对"机构改革遇到红灯"这样一个显性表述，我们首先根据常识得出"红灯"是指挥公路上车辆、行人通行的交通信号灯，和"改革"似乎并无关联，因此这一表述似乎是不成立的。这促使我们去思考该话语是否使用了特殊表达方式，是否有特殊意图要表达。我们可以根据已有知识确定这是一个转喻表达，发生了语义变异的语义修辞话语。

2）可能性特征提取：转喻体现了两种不同事物间的相邻关系，而正是处于不同层级的上下位概念间不同距离的相邻关系，使转喻成了可能。在例（10）中，我们在心—物随附性作用下，通过关联—传承手段，提取"红灯"能够指代"阻碍"的可能性特征：红灯→红灯的作用→阻止通行，上位类的属性和特征"传"给了其下位，而同时该下位"承"受了这些基本点，因此形成了传承关系。

3）隐性表述构建：在找到"可能性特征"后，我们便可找到显性表述"机构改革遇到红灯"的隐性表述："尽管该县精简人员的计划筹备已久，但在实施过程中仍然遇到了诸多阻碍。"

4）意图确定：隐性表述一旦确定，说话人的"意图"就清楚了，即他试图通过"红灯"这一形象生动地表述该县精简人员改革受阻的事件。

因此，该特定语境中的转喻修辞话语的识解也就达成了。

综上所述，转喻修辞话语的识解过程是在意向性主导下，在整体性框架内，从显性表述溯因推导出隐性表述并推导出交际意图的过程。更具体地讲，依靠"相邻性"，通过关联—传承手段寻求事物间的内涵外延关系，并依靠在心—物随附性作用下形成的能够体现本体 A 与喻体 B 之间关系的可能性特征，即发现一事物从逻辑语义角度本不具备的特征即可能性特征，以构建体现两事物之间关系的"A 是 B"表达式，即形成替代关系，借 A 转指 B；并依据转喻话语所在的整体性语境推导出两事物之间能够构成转喻修辞关系的相关特征，以获得相对完备的表达，最后推导出讲话人交际意图的过程。其中，在心—物随附性作用下提取可能性特征是关键，也是转喻修辞话语识解区别于一般话语的焦点。

二　反语范例分析

（一）反语定义

反语又称"倒反""反说""反辞"等，即通常所说的"说反话"，也就是运用与本意相反的词来表达，而且通常含有否定、讽刺、嘲弄等意思，带有强烈的感情色彩（陈望道,2012：107–109）。王希杰把反语定义为"说反话，或反话正说，或正话反说"。（王希杰,2004：296）"所谓反语就是说反话，通常使用与本意相反的词句表达其本意。"（文军,1992：330）英语中的 irony（反语）的传统定义为"表达的实际意义与字面意义相异或相反的一种修辞手段"（张丽萍,2008）。《朗文当代英语词典》（*Summers*, 1987）将反语定义为"（1）Use of words which are clearly opposite to one's meaning, usually with an amusing purpose; (2) A course of events or a condition which has the opposite result from what is expected, usually a bad result."[(1) 使用与本意明显相反的词句,通常带有使人发笑的目的;(2) 一种事件或条件,与预期的结果相反,通常结果不好。]如,母亲发现儿子的房间很凌乱,却对他说"你真是个勤快的孩子!"这里的"勤快"便是反语表达,实则表达"懒惰"。

本研究借用黄缅对反语的定义——"说话人在特定语境中想要表达的交际意义与其字面意义呈程度不尽相同的反向关系。"(黄缅,2008)这里的反向关系是由处于一个连续统中的选项构成的关系,如"好"与"不好"是属于一个连续统中的反向关系。因此,反语是体现了本义 A 与反语义 B 之间的相邻关系,将 A 的特征移植给 B,从而发生语义变异而形成的语义修辞话语。

(二) 反语识解机制分析

本小节将第三章构建的 ADRIM 运用于分析基于"相邻性"构建的反语范例,以说明该语义修辞话语识解机制分析框架的可操作性。

(11) 那位自诩精通命理的易学"大师"开始摆弄他那五个神秘的铜钱。

（陈小碚《"大师"记事》）

根据常识,人们可以判断例(11)为一个反语表达,因为从前半句"自诩精通命理"的"自诩"已看出作者对这位"大师"持不赞同态度,这种不赞同态度同"大师"的称谓在逻辑语义上相悖,是矛盾的、不合常理的。因此,为了使"大师"这一显性表述得以阐释/补足为完备的表达,需要依赖反语涉及的常规关系和语境。也就是说,要理解"大师"这个话语,我们需要根据类层级知识结构构建"大师"的上位层级"学术人物"所包含的一系列下位层级的连续统,如大师、权威、专家、教授、学习者、爱好者……不学无术者……学术骗子等(黄缅,2008);这些具有相邻关系的"学术人物"连续统由"最具权威"到"最不权威"排列。在心—物随附性作用下,具有相邻关系的"学术权威性"排序由强到弱,而从作者对这位"大师"的心理感受观之,作者对其是不屑一顾的,实质是将其列为"学术人物"的弱范畴"不学无术者",甚至是"学术骗子"类的。但"学术骗子"为什么能够用"大师"来表达呢? 根据常规关系,具有相邻关系的两关系体,一关系体的存在就意味着另一关系体的存在（徐盛桓，2007a）。因此，提到"大师"就意味着可能存在"学术骗子"。这就为反语义"大师"能代替本义"学术骗子"找到了说得通的理由。在该识解过程中，我们采取的是溯因推理，即"可能性"推导过程。

我们对例(11)的识解过程可进一步描述为：

1）显性表述辨认：针对"大师"这样一个显性表述，我们根据前文语境推测作者并不真心认为此人是"大师"，该称谓与作者的真实态度是相悖的、不合逻辑的。这促使我们去思考作者是否使用了特殊表达方式，是否有特殊意图要表达。我们可以根据已有知识确定这是一个反语表达，发生了语义变异的语义修辞话语。

2）可能性特征提取：反语体现了本义和反语义之间的相邻关系（proximity）。因此，我们将依据常规关系（相邻/相似关系），寻求反映本义和反语义之间关系的"可能性特征"。在寻求"可能性特征"的过程中，我们发现，作者对这位"大师"的心理感受是不屑一顾的，但由于种种原因，作者不愿当面揭露其本质，因而选择了"学术人物"分类连续统中反向相邻关系中的强范畴——"大师"来表达。而这正体现了心—物随附性中心对物既有一定的依赖性（必须在"学术人物"分类连续统中寻求表达式），又有一定的独立自主性（自主选择强弱范畴进行表达）。

3）隐性表述构建：在找到"可能性特征"后，我们便可找到显性表述"大师"的隐性表述："这个人就是一个学术无赖、学术骗子。"

4）意图确定：隐性表述一旦确定，作者的"意图"就清楚了，他试图通过反语这种间接方式表达他的消极心理感受，即对这位忽悠大众的人的不屑，甚至是不耻。

因此，该特定语境中的反语修辞话语的识解也就达成了。

(12) 甲经常炫耀自己知识渊博，周围的人议论道："他还真是谦虚。"

根据常识，人们可以判断例(12)为一个反语表达，因为从前半句中的"炫耀"一词，可看出周围的人对此人行为的不认可，而这种不认可同后半句"真是谦虚"在逻辑语义上相悖，是矛盾的、不合理的。因此，为了使"谦虚"这一显性表述得以阐释/补足为完备的表达，需要依赖反语涉及的常规关系和语境。从类层级知识结构分析，"谦虚"和"自大"是"（对待人/事）态度"层级中的两个相反范畴，这个连续统包括：{……非常非常谦虚，非常谦虚，……谦虚，……不谦虚，很不谦虚/有点自大，……自大，……}。根据相邻传递律，连续统中各词项都具有不同程度的相邻关系，因此，"谦虚"和"自大"在"态度"层级中相邻。那么，为什么例(12)中"自大"之义能够用"谦虚"来表达呢？根据常规关系，具有相邻关系的两关系体，一关系体的存在就意味着另一关系体的存在(徐盛桓，2007a)。因此，提到"谦虚"就意味着可能存在"自大"。这就为反语义"谦虚"能代替本义"自大"找到了说得通的理由。在该识解过程中，我们采取的是溯因推理，即"可能性"推导过程。

我们对例(12)的识解过程可进一步描述为：

1) 显性表述辨认：针对"谦虚"这样一个显性表述，我们根据前半句语境部分推测周围的人并不真心认为此人"谦虚"，该判断与周围人的真实态度是相悖的、不合逻辑的。这促使我们去思考周围人是否使用了特殊表达方式，是否有特殊意图要表达。我们可以根据已有知识确定这是一个反语表达，发生了语义变异的语义修辞话语。

2) 可能性特征提取：反语体现了本义和反语义之间的相邻关系(proximity)。因此，我们将依据常规关系(相邻关系)，寻求反映本义和反语义之间关系的"可能性特征"。在寻求"可能性特征"的过程中，我们发现，周围人对此人的心理感受是不满的，但由于种种原因，周围人不愿当面揭露其本质，因而选择了"态度"连续统相邻关系中的反向范畴"谦虚"来表达。而这正体现了心—物随附性中心对物既有一定的依赖性(必须在"态度"连续统中寻求表达式)，又有一定的独立自主性(自主选择相邻关系中的范畴进行表达)。

3) 隐性表述构建：在找到"可能性特征"后，我们便可找到显性表述"谦虚"的隐性表述："甲经常炫耀自己知识渊博，但周围的人都认为他是一个自大、自满的人。"

4) 意图确定：隐性表述一旦确定，周围人的"意图"就清楚了，即他们试图通过反语这种间接方式表达他们的消极心理感受，即对这位自大者的不满或不认可。

因此，该特定语境中的反语修辞话语的识解也就达成了。

综上所述，反语修辞话语的识解过程是在意向性主导下，在整体性框架内，从显性表述溯因推导出隐性表述并推导出交际意图的过程。更具体地讲，依靠"相邻性"，通过关联—传承手段寻求事物间的内涵外延关系，并依靠在心—物随附性作用下形成的能够体现本义 A 与反语义 B 之间关系的可能性特征，即发现反映本义 A 与反语义 B 之间的相邻关系，也就是表达某种特征的连续统中的选项构成的反向关系；并依据反语话语所在的整体性语境推导出两事物之间能够构成反语修辞关系的相关特征,以获得相对完备的表达,最后推导出讲话人交际意图的过程。其中,在心—物随附性作用下提取可能性特征是关键,也是反语修辞话语识解区别于一般话语的焦点。

三 夸张范例分析

(一) 夸张定义

英语中的夸张(hyperbole)源于希腊语 huperbole,原意为 excess(超过)。陈望道认为,"说话上张皇夸大过于客观的事实处,名叫夸张辞"(陈望道,2012:104)。据王希杰,夸张是"故意言过其实,或夸大事实,或缩小事实,目的是让对方对于说写者所要表达的内容有一个深刻的印象"(王希杰,2004:299)。倪宝元(1994)、黄汉生(1981)、郑远汉(1982)、刘焕辉(1997)、谭永祥(1992)等都持同样的观点,他们认为,夸张的本质就是"言过其实";也就是说,夸张是故意言过其实地夸大或缩小事物形象,使事物某方面特征得到突显,以表达一种鲜明的思想感情。

综上所述,夸张无法用逻辑的思维方式进行推理,是一种与现实世界不相符合的想象出来的意象,是一种主观经验。夸张话语最明显的特点是"将描写对象的性状或特征尽量扩大或缩小到令人难以置信的地步"(廖巧云,2008a)。

因此,本研究将夸张定义为:认知主体在认知客观世界的过程中,通过夸大或缩小事物某一特征,形成创造性的意象,把这种意象用语言表达出来的手段就是夸张。夸张是体现 A(本体)和 B(夸体)之间的相邻关系,将 A 的特征移植给 B,从而发生语义变异而形成的语义修辞话语。

(二) 夸张识解机制分析

本小节将第三章构建的 ADRIM 运用于分析基于"相邻性"构建的夸张范例,以说明该语义修辞话语识解机制分析框架的可操作性。

(13) 山,快马加鞭未下鞍。惊回首,离天三尺三。

(毛泽东《十六字令》)

根据常识,人们判断出例(13)为一个夸张修辞表达,因为就例(13)而言,夸张表达的事物的本体,即"山"是现实存在的,但夸体"离天三尺三"(那么高的山)在现实世界是不存在的。众所周知,"世界屋脊"珠穆朗玛峰只有 8 848 米,因此说(一座)山与天几乎一样高,那是根本不可能的。也就是说,语言表征的主观感受在现实世界中不可能存在或实现,这就是夸张表达。要理解"(山)离天三尺三"这个话语,我们需要构建"山"与"天"之间的关系。讲话人要表现的对象是山的巍峨,因此夸张点突显的是山高的特征,而不是山顶和天的距离。在心—物随附性作用下,具有相邻关系的数量差异无限缩小,将"山的高度"夸大到无限接近"天的高度"。对肉眼而言,山是很高的;从心随附于物的角度,山和天高度相当或相同,是可能的。这就为"(山)离天三尺三"找到了说得通的理由。在该识解过程中,我们采取的是溯因推理,即"可能性"推导过程。

我们对例(13)的识解过程可进一步描述为:

1)显性表述辨认:针对"(山)离天三尺三"这样一个显性表述,我们根据常识对"山"与"天"相关的内涵外延特征进行对比,将发现"山"与"天"的高度差距很大,说"(山)离天三尺三"是无法立足的;这促使我们去考虑讲话人是否使用了特殊表达方式,是否有特殊意图要表达。我们可以根据已有知识确定这是一个夸张表达,发生了语义变异的语义修辞话语。

2)可能性特征提取:夸张体现本体和夸体之间的相邻关系。因此,我们就需要设想"山"与"天"之间是否存在将两者联系起来的"可能性特征"。"山"和"天"的高度不可能相同,那么就需要寻找出能够如此说的理由,那就是本体被(无限)夸大了,即"山的高度"被无限夸大了。

在寻求"可能性特征"的过程中,我们发现,本体是"(山)",夸体是"离天三尺三",夸张点是"山高"。讲话人想要突显的是山的巍峨,因此要夸张的是山高的特征,以山和天的距离为依托来突显山的高度。在表达山高的"常量、超常量、夸张量"这样一个连续统中,山"离天三尺三"的高度在现实世界中是不可能存在的,是大大突破现实存在的超常量范畴,因此属于夸大夸张(邱晋、廖巧云,2014)。当人们远望时,会出现一种类似于幻觉的心理感受,会觉得山与天相连,从心理感受上讲是可能的,但也只能是我们的心理感受,这就是心—物随附性作用的结果。因此,用心物随附性对夸张作出的说明,把山的高度看成是天的高度、把天的高度看成是山的高度,这就是心理状态随附于物理事件之上。

3)隐性表述构建:在找到"可能性特征"后,我们便可找到显性表述"(山)离天三尺三"的隐性表述,"因为对人类而言,天的高度是无限的。为了形容山的高度,将其比作天的高度,因此讲话人使用了修辞夸张,无限夸大了山的高度"。这就为"(山)离天三尺三"找到了说得通的理由。

4）意图确定：隐性表述一旦确定，讲话人的"意图"就基本清楚了，即讲话人试图通过夸张这种间接方式表达"山很高"的看法。

因此，该特定语境中的夸张修辞话语的识解也就达成了。

（14）三十八年过去，弹指一挥间。

（毛泽东《水调歌头》）

根据常识，我们不难判断例（14）为一个夸张修辞表达，因为就例（14）而言，夸张表达的事物的本体，即"三十八年"是现实存在的，但夸体"弹指一挥间（那么快的三十八年）"在现实世界是不可能出现的。也就是说，语言所表征的是主观感受，而这种主观感受是无法还原为现实存在的，这就是夸张表达。要理解"（时间）弹指一挥"这个话语，我们需要构建"三十八年"与"弹指一挥"之间的关系。例（14）旨在感慨时光飞逝，因此夸张点突显的是"时间快"的特征。在心—物随附性作用下，具有相邻关系的"时间"连续统依次向两端递增或递减，具体而言，将"三十八年（的时间）"递减到"弹指一挥（的瞬间）"，这是明显的缩小夸张表达。依据相邻原则，基于心物同构的角度，将"三十八年"视作"弹指一挥间"，是可能的。这就为"三十八年过去，弹指一挥间"找到了说得通的理由。在该识解过程中，我们采取的是溯因推理，即"可能性"推导过程。

我们对例（14）的识解过程可进一步描述为：

1）显性表述辨认：针对"三十八年过去，弹指一挥间"这样一个显性表述，我们根据常识对"三十八年"与"弹指一挥间"相关的内涵外延特征进行对比，将发现"三十八年"与"弹指一挥间"时间差距很大，说"三十八年就是弹指一挥间"是无法立足的；这促使我们去考虑讲话人是否使用了特殊表达方式，是否有特殊意图要表达。我们可以根据已有知识确定这是一个夸张表达，发生了语义变异的语义修辞话语。

2）可能性特征提取：夸张体现本体和夸体之间的相邻关系。因此，我们就需要设想"三十八年"与"弹指一挥间"之间是否存在将两者联系起来的"可能性特征"。"三十八年"和"弹指一挥间"在时间上是不可能等同的，那么就需要寻找出能够如此表达的理由，那就是本体被缩小夸张了，即"三十八年（的时间）"被缩小夸张为"弹指一挥的瞬间"。根据常规关系，具有相邻关系的两关系体，一关系体的存在就意味着另一关系体的存在（徐盛桓，2007a）。因此，基于一定的语境，"三十八年（的时间）"可以被看做"一个世纪""五年""甚至一天"……在表达时间的常量、超常量和夸张量的聚合系统中,作者选择了"弹指一挥间"这个表示瞬间的表达,在现实世界中,"三十八年"不可能那么短暂,因此,这是一个典型的缩小夸张。三十八年后再重返故地,往事仍然历历在目,仿若昨日,因此此话语表达的心理感受就是"弹指一挥间",这就是心—物随附性作用的结果。

3)隐性表述构建:在找到"可能性特征"后,我们便可找到显性表述"弹指一挥间"的隐性表述,即"三十八年的时间仿若弹指一挥的瞬间就过去了,真是光阴飞逝啊"。

4)意图确定:隐性表述一旦确定,讲话人的"意图"就基本清楚了,即讲话人试图通过夸张这种间接方式表达"时间过得很快"的看法。

因此,该特定语境中的夸张修辞话语的识解也就达成了。

综上所述,夸张修辞话语的识解过程是在意向性主导下,在整体性框架内,从显性表述溯因推导出隐性表述并推导出交际意图的过程。更具体地讲,依靠"相邻性",通过关联—传承手段寻求事物间的内涵外延关系,并依靠在心—物随附性作用下形成的能够体现本体 A 与夸体 B 之间关系的可能性特征,即发现反映本体 A 与夸体 B 之间的相邻关系,也就是夸大或缩小事物某一特征;并依据夸张话语所在的整体性语境推导出两事物之间能够构成夸张修辞关系的相关特征,以获得相对完备的表达,最后推导出讲话人交际意图的过程。其中,在心—物随附性作用下提取可能性特征是关键,也是夸张修辞话语识解区别于一般话语的焦点。

第四节 基于"相似性+相邻性"的语义修辞范例分析

基于相似性的语义修辞话语主要包括双关、委婉等。本节将对这两类语义修辞进行范例分析。

一 双关范例分析

(一)双关定义

对于双关的定义,学界有很多的讨论。陈望道认为,"双关是用了一个语词同时关顾着两种不同事物的修辞方式"(陈望道,2012:77)。王希杰认为,双关是"有意识地使同一个词语、同一句话,在同一个上下文中,同时兼有两层(或两层以上)的意思"(王希杰,2004:291)。陈汝东把双关定义为"在特定语境中使话语同时具有两重意思,表面一层意思,实际上还有一层意思的修辞手法"(陈汝东,2004:239)。"双关"在英语中表达为"pun",也是英语修辞的一种常见形式。黄任将双关定义为"巧妙地利用同音异义或同形异义现象使一个词语或句子具有不同的含义,不直接表露,显得含蓄委婉,而又十分幽默新奇"(黄任,1996:139)。

综上所述,虽然以往对于双关定义的表述和分类各不相同,但他们都是指在特定的语言环境中以一种语言形式表达两种意思,即表层意思和隐含意思,而后者才是说话者的意图所在。双关主要包括三项要素,即"双关辞""语面"与"语底"。

因此,本研究将双关作如下定义:在特定语境下,有效利用语词的同音或多义特征,以使话语具有双重含义,意欲达成言在此而意在彼的效果。双关是体现了 A(语面)与 B(语底)之间的"相邻+相似"关系,同一概念生发出的两种意义的内涵外延特征具有相邻性,将 A 的特征移植给 B,从而发生语义变异而形成的语义修辞话语。

(二) 双关识解机制分析

本小节将第三章构建的 ADRIM 运用于分析基于"相似性+相邻性"构建的双关范例,以说明该语义修辞话语识解机制分析框架的可操作性。

(15)(某竹器店门联)虚心成大器,劲节见奇才。

根据常识,人们可以判断例(15)为一个双关表达,因为乍一看,"虚心""劲节"都是在描述"成大器"之人、具有"惊世奇才"之人所具备的高尚品格,但语境"某竹器店门联"让我们推断:"虚心""劲节"也应该是为竹器店里竹器制材的售卖服务的。也就是说,这一副对联关涉人和竹器制材两种不同的对象,而这就是双关表达。要理解"虚心成大器""劲节见奇才"这一组话语,我们需要从人和竹器制材两个层面构建"虚心"与"大器"以及"劲节"与"奇才"之间的关系。首先,在"虚心"与"大器"的关系中,"虚心"[①]即"谦虚",是成大器之人所必备的品格之一;而在心—物随附性作用下,我们会提取到"虚心"的可能性特征——"空心",因为竹子内部是空的,"虚心成大器"即意指"空心的竹子能成为精品竹器"。同理,

---

① "虚心"本是隐喻表达,但由于其使用频率高、接受程度深,其隐喻表达"谦虚"之义被固化为了死隐喻,演变为"虚心"的中心义表达;而"虚心"原有的本义表达"空心"则成为了次中心义。因此在双关识解时,首先想到的是该双关词的中心义。后文中"劲节"同理,不再累述。

"劲节"与"奇才"也既指惊世奇才的坚贞节操,又指竹子的质地坚实(可能性特征),不失为"奇佳的竹器制材"。在该识解过程中,我们采取的是溯因推理,即"可能性"推导过程。

我们可将例(15)的识解过程进一步描述为:

1)显性表述辨认:针对"虚心成大器""劲节见奇才"这样两组显性表述,我们根据常识可看出,这是在赞扬人的品格,和语境——某竹器店门联似乎不相关。这促使我们去思考写对联的人是否使用了特殊表达方式,是否有特殊意图要表达。我们可以根据已有知识确定这是一个双关表达,发生了语义变异的语义修辞话语。

2)可能性特征提取:双关既体现了两种不同事物间的相邻关系,又体现了相似关系。因此,我们将依据常规关系(相邻/相似关系),寻求能将"竹子"和"人"联系起来的"可能性特征"。具体就"虚心成大器""劲节见奇才"而言,在寻求"可能性特征"的过程中,我们将在"心—物随附性"作用下,通过关联—传承手段,提取能反映"竹子"与"人"之间关系的可能性特征。如,"虚心"这一双关辞的分析如下:在"虚心"的类层级结构中,"空心"和"谦虚"都是"虚心"的内涵属性,"空心"的外延单体"竹子"传承了"空心"和"虚心"两者的部分内涵属性,"谦虚"的外延单体"人"则传承了"谦虚"和"虚心"的部分内涵属性。也就是说,"虚心"同时体现"竹子"和"人"的主要内涵属性,因此,"虚心"既指向"竹子"又指向"人"(廖巧云、涂志成,2009)。该例中的"大器""劲节""奇才"的识解过程与"虚心"的识解过程相似,这里不再赘述。我们据此可以发现,"虚心"的下位内涵之一,即次中心义"空心";"劲节"的下位内涵之一,即次中心义"(竹子)质地坚实";"大器"的下位内涵之一,即次中心义"精品竹器";"奇才"的下位内涵之一,即次中心义"奇佳的竹器制材"。所有这些正是对竹子物理特征的褒义描述,完全契合竹器店售卖竹器制品的积极心理需求,这就是"心—物随附性"的具体体现:物理事件被认知主体根据自身的需求得到的心理感受。

3)隐性表述构建:在找到"可能性特征"后,我们便可找到显性表述"虚心成大器,劲节见奇才"的隐性表述:"空心的竹子能成为精品竹器,质地坚实的竹子是奇佳的竹器制材。"

4)意图确定:隐性表述一旦确定,写对联的人的"意图"就清楚了,即他试图通过这样一组对仗工整、表达出彩的双关门联来吸引更多的顾客。

因此,该特定语境中的双关修辞话语的识解也就达成了。

（16）（联想集团广告词）人类没有联想，世界将会怎样？

根据常识，人们可以判断例（16）为一个双关表达，因为乍一看，"联想"一词是在描述"思维想象对人类进步、世界发展的重要性"，强调"联想"这一思维活动对世界发展的重要性，但语境——联想集团广告词让我们推断："联想"应该也指联想集团这一品牌。也就是说，这一广告关涉人和电脑品牌两种不同的对象，这就是双关表达。要理解"人类没有联想，世界将会怎样"这一话语，我们需要从人和电脑品牌两个层面构建"联想"与"世界"之间的关系。首先，从人这一层面上出发，在"联想"与"世界"的关系中，"联想"即"思维想象"，是人所具备的基本能力，是科技创新的源泉，是世界进步的重要基础，因而对世界的发展极为重要；而联想电脑是中国知名电脑品牌，因此在心—物随附性作用下，根据"广告词"这一语境，我们会提取到"联想"的可能性特征——"电脑品牌"。人们会同时在大脑中建构"联想（电脑）"和"世界"的关系：人类的进步、世界的发展离不开联想电脑。简而言之，双关词"联想"关涉"人类思维想象"和"电脑品牌"两种不同的事物，分别作为"联想"的下位内涵，他们之间具有相邻性；它们又都对人类进步、世界发展起着举足轻重的作用，因此，两者具有相似性。在该识解过程中，我们采取的是溯因推理，即"可能性"推导过程。

我们对例（16）的识解过程可进一步描述为：

1）显性表述辨认：针对"人类没有联想，世界将会怎样"这样一组显性表述，我们根据常识可看出，这是在强调思维想象对世界发展的重要性，和语境——联想集团广告词似乎不相关。这促使我们去思考写广告的人是否使用了特殊表达方式，是否有特殊意图要表达。我们可以根据已有知识确定这是一个双关表达，发生了语义变异的语义修辞话语。

2）可能性特征提取：双关既体现了两种不同事物间的相邻关系又体现了相似关系。因此，我们将依据常规关系（相邻/相似关系），寻求能将双关词和表述语境联系起来的"可能性特征"。具体就"人类没有联想，世界将会怎样"而言，在寻求"可能性特征"的过程中，我们将在"心—物随附性"作用下，通过关联—传承手段，提取反映双关词"联想"所关涉的"人类思维想象"和"电脑品牌"之间关系的可能性特征，我们随即发现，"联想"的下位内涵之一：次中心义"电脑品牌"，正是对联想集团的指称，完全契合联想集团想要宣传自己品牌的需求，这就是"心—物随附性"的具体体现：物理事件被认知主体根据自身的需求得到的心理感受。

3）隐性表述构建：在找到"可能性特征"后，我们便可找到显性表述

"人类没有联想,世界将会怎样"的隐性表述:"人类没有联想电脑,世界将会怎样"。

4）意图确定:隐性表述一旦确定,写广告的人的"意图"就清楚了,即他试图通过这样一句看似简单但表达出彩的双关广告词来宣传自己的品牌。

因此,该特定语境中的双关广告词的识解也就达成了。

综上所述,双关修辞话语的识解过程是在意向性主导下,在整体性框架内,从显性表述溯因推导出隐性表述并推导出交际意图的过程。更具体地讲,依靠"相似性+相邻性",通过关联—传承手段寻求事物间的内涵外延关系,并依靠在心—物随附性作用下形成的能够体现语面 A 与语底 B 之间关系的可能性特征,即发现反映语面 A 与语底 B 之间的"相邻+相似关系",使同一概念生发出两种意义的内涵外延特征;并依据双关话语所在的整体性语境推导出两事物之间能够构成双关修辞关系的相关特征,以获得相对完备的表达,最后推导出讲话人交际意图的过程。其中,在心—物随附性作用下提取可能性特征是关键,也是双关修辞话语识解区别于一般话语的焦点。

二 委婉范例分析

（一）委婉定义

关于委婉的定义,学者们持基本相同的看法。委婉在英语中被称为 euphemism。郭秀梅将 euphemism 定义为"the substitution of presumably inoffensive word for one that might give offense; a soften, bland, neutral expressions used instead of one that might suggest something unpleasant"(用一个非直接表达代替可能导致听话人受到伤害的表达;用一个温和、中性的表达代替一个可能令人不愉快的表达)(郭秀梅,1985: 278)。在汉语中,关于委婉的讨论也很多。唐钺(1923)所讨论的"微辞"、陈望道(2012: 109‑111)讨论的"婉转"和"避讳"以及郭锡良(1999: 886‑887)讨论的"委婉"和后来的"婉曲"等都是指委婉。齐品、杨立斌认为,委婉指"故意不明说,而通过另外的东西,从侧面把要说明的东西烘托出来或不直接了当地说,而闪烁地说出来"(齐品、杨立斌,2002: 100)。据邵军航(2007: 6),委婉指在特定的语境中,人们运用语音、语义、语法等语言手段间接地反映各种具有消极心理反应的事物,以避免交际双方感到痛苦。总体而言,关于委婉的论述,主要突显以下三个方面:用"吉利话"代替令人不愉快的说法;委婉表达和直接表达有相同的所指;委婉语是替代用法,代替直接语表明所指。

因此,本研究将"委婉"定义为:在特定语境中,将原本使人感到痛苦、恐惧、羞耻等各种消极心理反应的事物,通过运用非直接的言语表达,避免使话语参与者感受痛苦或不快,这样的话语就是委婉。委婉体现直接语与委婉语之间的相邻性和相似性,将 A 的特征移植给 B,从而发生语义变异而形成的语义修辞话语。

(二) 委婉识解机制分析

本小节将第三章构建的 ADRIM 运用于分析基于"相似性+相邻性"构建的委婉范例,以说明该语义修辞话语识解机制分析框架的可操作性。

(17) Poor Smith was one of those who went west in the earthquake.

根据百科知识,我们可以推断例(17)是一个委婉表达。为了使"Poor Smith was one of those who went west in the earthquake."这一显性表述得以阐释/补足为完备的表达,需要依赖委婉涉及的常规关系和语境。也就是说,要正确理解此委婉表达,我们需要在语境"in the earthquake"中构建"go west/西行"与"die/死"之间的关系。显而易见,"go west"的字面义是"西行",但结合"地震"的语境,"西行"之义显得不合常理。我们知道,在人的观念中,人生可比作太阳的东升西落,人的一生好比开始于日出的东方而结束于日落的西方。因此,"go west"一般被视为人死后进入天堂,从而使"归西"表示"死亡"成为可能。"归西"与"死亡"的内涵特征具有相邻性;"人像太阳一样从西边落下"体现了相似性。因此,在心—物随附性的作用下,基于常规关系的"相邻性+相似性",宗教类死亡委婉语"go west"能被用来指代非宗教人士的死亡,从而为委婉地阐述"Smith 在地震中丧生"找到了说得通的理由。在该识解过程中,我们采取的是溯因推理,即"可能性"推导过程。

我们对例(17)的识解过程可进一步描述为:

1) 显性表述辨认:针对"Poor Smith was one of those who went west in the earthquake."这样一个显性表述,我们根据常识去寻求"go west"的内涵外延特征,将发现,把"Smith went west"这一常识置于"in the earthquake"的语境中是无法成立的。这就促使我们去考虑说话人是否使用了特殊表达方式,是否有特殊意图要表达。我们可以根据百科知识确定这是一个委婉表达,发生了语义变异的语义修辞话语。

2) 可能性特征提取：委婉既可体现常规关系中的相邻关系，又可体现常规关系中的相似关系。"Poor Smith was one of those who went west in the earthquake." 将"死亡"视为"归西"，显然是隐喻委婉，体现了"死亡"和"归西"在属性和特征上同时体现了"相邻性+相似性"：如都表示一种"终结"，都具有负面意义等"可能性特征"。需要指出的是，我们是在"心—物随附性"作用下，通过关联—传承手段，提取到这些"可能性特征"的。"太阳从西边落下"预示黑夜降临，可喻生命终结；"西行"可令人产生"失去生命"这样的心理感受。

3) 隐性表述构建：在找到"可能性特征"后，我们便可找到显性表述"Poor Smith was one of those who went west in the earthquake." 的隐性表述，即"Poor Smith was one of those who died in the earthquake. / 可怜的史密斯是地震中丧生的人之一。"

4) 意图确定：隐性表述一旦确定，说话人的意图就基本清楚了，即说话人不愿直接触及"死亡"这个消极字眼，因而试图通过委婉这种间接方式表述"Smith 在地震中丧生"的事实，并传递他对 Smith 的同情。

因此，该特定语境中的委婉修辞话语的识解也就达成了。

(18)（广州的一家足球俱乐部恒大高层出台增加外援名额的提案，网友对此表示不满，认为外援提案该听球迷心声）网友论恒大高层："外援提案该听球迷心声，胸无大志不聪明。"

根据常识，我们可以推断例(18)是一个委婉表达。为了使"外援提案该听球迷心声，胸无大志不聪明。"这一显性表述得以阐释/补足为完备的表达，需要依赖委婉涉及的常规关系和语境。也就是说，要正确理解此委婉表达，我们需要在语境"恒大（广州的一家足球俱乐部）高层出台增加外援名额的提案，网友对此表示不满，认为外援提案该听球迷心声"中构建"恒大高层"与"胸无大志不聪明"之间的合理关系。在该例中，网友对恒大高层出台的提案是不满的，认为其举动是"愚蠢的"。但是，网友选择了较为温和更易于接受的表达方式"不聪明"。"聪明"和"愚蠢"是连续统｛……异常聪明，非常聪明，很聪明，聪明，有点聪明，不太聪明/有点愚蠢，愚蠢，很愚蠢，非常愚蠢，异常愚蠢……｝中的选项。讲话人依据该连续统，基于相邻关系的格式塔转换，选择"不聪明"这一选项，从而使"不聪明"表示"愚蠢"成为可能；心里想的是"愚蠢"，但表达出来则是"不聪明"。面对这样的语境中发生这样的事件，已是愚蠢之极，无论是讲话人还是听话人,其心理感受是相似的,"此类事件是很愚蠢的"。这就为委婉地阐述"网友对恒大高层出台的提案表示不满"找到了说得通的理由。在该识解过程中,我们采取的是溯因推理,即"可能性"推导过程。

我们对例(18)的识解过程可进一步描述为:

1)显性表述辨认:针对"外援提案该听球迷心声,胸无大志不聪明"这样一个显性表述,我们根据常识去寻求"恒大高层"与"胸无大志不聪明"的内涵外延特征,将发现,把"胸无大志不聪明"这一指责置于"网友对恒大高层出台的提案表示不满"的语境中不够贴切。这就促使我们去考虑说话人是否使用了特殊表达方式,是否有特殊意图要表达。我们可以根据百科知识确定这是一个委婉表达,发生了语义变异的语义修辞话语。

2)可能性特征提取:委婉既可体现常规关系中的相邻关系,又可体现常规关系中的相似关系。在此例中,网友表面指责恒大高层的做法"不聪明",实质意指其做法"愚蠢",该委婉表达是在智力行为连续统内相邻关系中做出的选择。我们之所以可以将愚蠢婉称为"不聪明",是因为具有相邻和/或相似关系的两个关系体,一关系体的存在总是蕴含着另一关系体的存在;因此,在一定语境下,提到一关系体就可能意味着另一关系体的存在(徐盛桓,2007a)。因此,提到"不聪明"就意味着"愚蠢"也是可能的。需要指出的是,我们是在"心—物随附性"作用下,通过关联—传承手段,提取到这些"可能性特征"的。心里想的是"愚蠢",但表达出来则是"不聪明"。面对这样的语境中发生这样的事件,已是愚蠢之极,无论是讲话人还是听话人,其心理感受是相似的,"此类事件是很愚蠢的"。

3)隐性表述构建:在找到"可能性特征"后,我们便可找到显性表述"外援提案该听球迷心声,胸无大志不聪明。"的隐性表述,即"恒大高层在外援提案上不听取球迷心声的做法是愚蠢的"。

4)意图确定:隐性表述一旦确定,说话人的意图就基本清楚了,即说话人不愿引起众怒,故而刻意避免"愚蠢"这个消极字眼,并通过委婉这种间接方式表述"恒大高层提议增加外援的做法是愚蠢的"。

因此,该特定语境中的委婉修辞话语的识解也就达成了。

综上所述,委婉修辞话语的识解过程是在意向性主导下,在整体性框架内,从显性表述溯因推导出隐性表述并推导出交际意图的过程。更具体地讲,依靠"相似性+相邻性",通过关联—传承手段寻求事物间的内涵外延关系,并依靠在心—物随附性作用下形成的能够体现直接表达 A 与委婉表达 B 之间关系的可能性特征,即发现反映直接表达 A 与委婉表达 B 之间的"相邻+相似关系",将原本使人感到痛苦、恐惧、羞耻等各种消极心理反应的事物,用非直接的言语表达,避免痛苦或不快的心理感受;并依据委婉话语所在的整体性语境推导出两事物之间能够构成委婉修辞关系的相关特征,以获得相对完备的表达,最后推导出讲话人交际意图的过程。其中,在心—物随附性作用下提取可能性特征是关键,也是委婉修辞话语识解区别于一般话语的焦点。

第五节 小 结

从上述分析可以看出,隐喻是看似无所指的本体(A)与喻体(B)之间至少在一个方面具有相似性,形成的能够体现本体 A 与喻体 B 之间关系的可能性特征;比拟体现 A(本体)和 B(拟体)之间的相似关系,将 A 的特征移植给 B;移就是基于相似关系,把本该描写对象 A 的性状词/修饰语用于描写对象 B;转喻指依靠"相邻性",使本体 A 与喻体 B 之间形成替代关系,借 A 转指 B;反语指本义 A 与反语义 B 之间的相邻关系,也就是表达某种特征的连续统中的选项构成的反向关系;夸张指依靠"相邻性",形成本体 A 与夸体 B 之间的相邻关系,也就是夸大或缩小事物某一特征;双关指依靠"相似性+相邻性",使语面 A 与语底 B 之间构建起关系,使同一概念生发出两种意义的内涵外延特征;委婉指依靠"相似性+相邻性",使直接表达 A 与委婉表达 B 之间建立起关系,将原本使人感到痛苦、恐惧、羞耻等各种消极心理反应的事物,用非直接的言语表达,避免痛苦或不快的心理感受。

尽管八类汉语语义修辞显示了不同的关系,但都从不同侧面突显了引发语义变异的情况,而且这些语义变异都能够通过某种可能性特征构建起事物之间的不同关系。这充分说明本研究第三章所构建的"内涵外延关联—传承模型"能够有效地用于语义修辞话语的分析,具有较强的可操作性。在语义修辞话语的分析过程中,在心—物随附性作用下提取可能性特征是关键,也是语义修辞话语识解区别于一般话语的焦点。接下来,我们将重点对语义修辞识解过程中的可能性特征提取的心理现实性进行实验研究。

第五章

实验技术及具体
实验方案论证

第一节 引 言

本章将首先讨论认知神经语言学研究的概况并对 ERPs 研究方法进行简要介绍,旨在说明本实验研究的必要性和可行性;并在此基础上介绍本研究的 ERPs 实验研究总体方案,为第六章的实证研究做好铺垫。

第二节 认知神经语言学研究方法及其应用概览

一 认知神经语言学研究方法简介

认知神经语言学是以大脑神经科学的研究成果为主要指导,基于对语言现象的分析来构建理论模型,目的在于探讨语言同大脑之间关系的学科(常欣,2009:内容简介)。该学科的主要目标是从心理、认知与神经视角探讨语言的本质特征及其内在机制,以揭示语言作为一种心智现象的奥秘(廖巧云,2013)。

认知神经语言学明显具有跨学科性。近年来,认知神经科学的大发展为语言学的发展带来了机遇。这一趋势要求语言学既要从学科内部向纵深发展,也要在外部同认知科学的相关学科发生交叉融合,特别是与哲学、人类学、神经科学、心理学、人工智能、教育学等多个学科交叉融合,形成多层次、多维度的互动关系,为语言学发展带来了广阔的发展空间(周频,2013)。语言在本质上是人类大脑的认知机能,因此语言研究就必然要涉及认知科学和神经科学,也因此产生了认知神经语言学。由是观之,认知神经语言学自诞生之初就是跨学科研究的产物(廖巧云,2013)。作为一门以语言认知为研究方向的新兴语言学学科,认知神经语言学具有广阔的发展前景和可观的应用价值(廖巧云,2013)。

认知神经语言学为语言研究提供了新的思路及方法上的新突破。传统的语言理解的研究大多采用反应时这一行为实验研究方法。作为评价标准,出现过话语理解的心理机制的序列加工说与平行加工说长期严重对峙的局面;反应时的指标是单维的,呈现的只是一个整体结果,而且需要有被试意识的参与,因而很难精确地描述语言理解过程中即时而连续的心理过程(常欣,2009:iii)。与此相比,认知神经语言学的研究方法更理想,能够连续测量话语理解的心理过程,其测量过程无需意识的参与。

根据常欣(2009:55-56)的总结,认知神经心理学目前所使用的一些核心技术包括两大类:第一类叫做功能性神经成像技术,如PET(正电子辐射断层摄影)、fMRI(功能性核共振成像)等,侧重于探究语言加工过程中脑区域的定位问题。另一类技术包括事件相关电位技术(ERPs)、脑电图(EEG)、脑磁描记法(MEG)、红外线光学成像等,这类技术在描述语言加工的心理过程方面更为有效,但是这些技术在语言研究中大多尚处于尝试阶段。

迄今为止,在语言研究中使用较为广泛或者已经逐步进入语言研究领域的包括眼动技术、ERPs和fMRI。

眼动技术(eyetracking)是被广泛使用的一种技术。该技术主要有两种模式:一种是用于测量阅读过程中的眼动模式;另一种则用于监测听者在听与视觉图景相关的话语时,面对图景区域发生的眼动模式。眼睛移动的连续性记录可以让研究者识别出在阅读过程中注视发生的位置和持续的时间,进而推测其间发生的认知操作(常欣,2009:3)。目前,眼动技术已被成功地用来探讨语言理解加工过程中各种成分的功能及其作用,比如语音和字形加工、毗邻效应、音节加工、音素加工、句法加工、语篇情境影响以及推理加工等;这种方法可以用来测量阅读难度、阅读理解方面的问题等。眼动能够区分言语加工的不同阶段,眼动对理解的不同阶段很敏感,因此眼动实验可以帮助我们确定什么时间发生了什么,并利用这些信息对语言理解给予理论上的解释。

fMRI(功能性核磁共振成像)是一门用于测量血氧变化的脑神经成像技术,是在大脑执行某一任务时,测量神经活动增强或减弱的重要指标;任务所消耗氧气的差异是 fMRI 测量的基础,越活跃的区域就需要越多的有氧血液(常欣,2009:5)。这种方法已为人类了解神经活动与语言加工之间的关系做出了很大贡献。此技术在研究脑与心智关系方面的运用,需要有机结合严格的心理实验设计。研究脑的高级认知功能的实验设计中,关键是要对研究对象进行限定和简化,要对不同心理过程进行分离并对影响因素进行操作和严格控制。通常可以使用多任务、多过程和多因素来进行实验安排以达到以上目的。fMRI 实验设计一般包括两种类型,即组块设计和事件相关设计。组块设计就是指以组块的形式呈现刺激,需要在每一个组块内连续反复呈现同一类型的刺激;与传统实验设计的要求相同,实验的任务至少要有两类刺激,即任务刺激和控制刺激。事件相关设计是 Bucker 于 1997 年提出的一种新范式;该设计,每次只能给一个刺激,要经过一段时间间隔才能再进行下一次刺激;实验结果是通过分析单次刺激所引发的血氧反应,即分析基线水平与刺激呈现之后血氧信号的峰值之间变化情况的剖析来获取(常欣,2009:6)。

ERPs 是一种实时研究方法。其基本做法就是在被试听或读文本的同时,脑电图描记器对被试的某些头皮部位进行记录。通过大量实验收集的波形,经过锁时(time-locking)整合到一个实现操纵的刺激事件上,比如,句子中出现的一个特殊词,常见的有语义违例词、句法违例词和语义—句法双违例词等形式。Kutas & Hillyard(1980)的研究表明:语义违例词的出现会引发一个典型的负波,大约在违例词出现 400 ms 时,出现了此波的最高峰值,通常被称为"N400 效应"。后来,研究者发现句法违例导致一个正波,其峰值在刺激词出现之后 600 ms 左右达到最大(常欣,2009:11)。

ERPs 技术是在头皮表层对电流变化进行测试,这些电流变化反映着感觉刺激或认知过程所激发的大脑活动,是对感觉、认知、运动等活动引发的头皮电位变化的记录;电位反应包括正电位和负电位,分别由 P 或 N 来命名;脑电反应在更大程度上取决于涉及的脑部位和电极所在的位置

（常欣,2009：4）。ERPs 能够在心理功能正常与功能违例这两种情况下同时开展实时的语言生成和理解研究。认知加工的 ERPs 研究有两种途径：第一种途径是从 ERPs 到认知研究,主要关注某个脑电成分,并考察其属性、发生源、心理意义等,如,与句法加工相关的 P600 成分；第二种途径是从认知研究到 ERPs,主要关注与认知过程相关的脑电差异,比如,可通过对不同条件或跨语言或（双语或多语）的 ERPs 波形的差异进行对比来研究句子加工进程（常欣,2009：5）。与行为实验方法相比,ERPs 尤具独特优势,不需要添加干扰任务就能采集到语言处理过程中的大脑皮层活动数据；更为重要的是,ERPs 可以同时收集到行为数据和神经生理学数据；ERPs 技术也可以测量"隐性"加工过程,即可研究不同实验条件所诱发的不同神经活动机制,而且可进行离线分析得到不同的分类 ERPs 波形（刘燕妮、舒华,2003）。

测量人类大脑活动的新方法的发展为探讨认知过程与神经系统的联系提供了新工具。不过,每一种技术都有其优缺点（常欣,2009：7）。在以上这些研究方法中,比较成熟并且比较稳定的技术是 ERPs。与传统的行为研究方法相比,ERPs 方法提供了更为丰富的实验数据,可以提高任务的敏感度；采用 ERPs 以及某些眼动任务可以进行口语加工而非书面语言方面的研究；ERPs 与眼动方法的另一优点在于,在实验中无须引入任何其他任务就可获取丰富的数据；ERPs 与眼动方法只是证实而非证伪了以其他方法获得的结果（常欣,2009：17）。因为 ERPs 时间分辨率高,人们可以对自然状态下的语言理解过程进行研究。因此,ERPs 技术为修辞的认知神经机制研究提供了有效的工具。

二　认知神经语言学研究方法与当代语言研究[①]

认知神经语言学研究已经越来越受到语言研究者的青睐。认知神经语言学研究方法在语言研究中的重要性主要体现在以下几个方面。

第一,认知神经语言学的跨学科性契合了后现代语言研究的需求。半个多世纪以来的语言研究的趋势是：越来越重视人的心理因素、认知能力在语言研究中的作用,具体来说是人的大脑功能和认知状态对语言运用的影响,越来越关注心智与语言关系的解说,以说明意义是如何建基于更具生物学意义的心脑关系之上的（徐盛桓,2011b）。

后现代语言哲学视角下的语言学研究需要有更为广阔的视野、更加

---

① 根据廖巧云（2013）改写而成。

多元的视角,需要有跨学科的或者说超学科的眼光。语言学研究呈现出来的纷繁多元的研究态势,势必要将语言系统、身体图式、身体意象、大脑神经、心理活动等都作为研究语言的基本方面。

这一趋势促使关注认知的语言学家除了关注认知心理学的进展以外,还开始关注心脑关系的形而上的研究,探索语言、心智和脑的奥秘(周频,2013)。认知科学对大脑、心智问题的探索越来越深入。因此,后现代语言研究需要依靠以哲学、神经科学、心理学、语言学等认知科学的分支学科的支撑;也因此产生了认知神经语言学这门具有融合特质的多元的分支学科,而且其作用逐渐得以突显,其重要地位便得到确立。

第二,认知神经语言学的研究内容符合后现代语言研究的要求。"新方法的出现,特别是方法学的突破往往是新学科出现的条件。"(魏景汉、阎克乐,2008:4)"几乎在任何领域的所有研究上取得的进步都有赖于不断改进的测量手段。"(Kalat,2008:iii)随着生命科学的研究进入分子水平阶段,其研究范式再次发生了革命性的转变(周频,2013)。新兴的认知神经科学和突飞猛进的技术已经给语言学带来研究范式的转换。认知心理学和脑神经科学的研究,是认识论研究在当代的延伸,是研究的深化、实证化的发展(周频,2013)。罗跃嘉(2006)总结了自1956年认知科学诞生以来对心智—大脑认知功能进行研究的三种主要视角,即认知心理学视角、人工神经网络视角和认知神经科学视角。其中,认知心理学视角是把人脑类比为计算机,采用自上而下的策略,即先确认一种心理能力,再去寻找它所具有的计算结构;而且基于人工智能理论建构的心智认知处理模型主要发展了四大理论体系,即物理符号论、联结理论、模块论和生态现实论(魏景汉、阎克乐,2008:11)。这些理论体系从不同侧面对认知过程和认知功能进行了研究。据人工神经网络研究视角,大脑被看做一种神经网络,由大量的神经元及其之间的相互连接构成信息处理的数学运算模型。人们可以从最简单的模型入手,并不断增加其复杂性,以期模拟出真正的神经网络,从而了解认知的真相(周频,2013)。认知神经科学将生理心理学、心理生理学、神经心理学、认知心理学等进行整合,形成一个新的研究范式,用于研究认知活动的脑机制。认知神经科学具有多学科、多层次、多水平的交叉特点,研究的层次包括分子、突触、神经元、网络、脑区、系统、全脑及整体行为乃至环境、社会等(周频,2013)。

认知神经科学为语言研究范式的转变提供了方法论指导。随着语言研究深入到脑神经层面,人们可以利用认知神经科学的技术对语言现象、言语行为等的神经机制进行科学解释;也就是说,人们可以从基于认知神经科学的实验研究方法,就某个哲学基本假设构建出来的语言认知理论假说进行科学的解释;使语言学研究与认知科学的相关学科进一步交叉融合,共同探索语言、心智和脑的奥秘。这将使对语言、心智、脑之间的关系的研究更趋科学化。

第三,认知神经语言学的研究方法和范式能满足后现代语言研究的需要。21世纪为大脑的世纪,对大脑的研究,不仅仅是形而上的研究,现已经开始将心理和生理的研究特别是实验研究介入其中。心理的东西究竟是怎么样的,需要通过神经认知的实验,也就是形而下的研究,目的是为了论证形而上的研究结果。

对心智认知的研究离不开对脑的研究,认知研究也离不开脑的研究,因此,我们可以说语言的认知研究已进入认知神经科学时期(魏景汉、阎克乐,2008:6)。在认知心理学时代,人们把认知研究归属于认知科学,而把脑的研究归属于神经科学。他们建构了各种认知心理模型,用于解释心理(和语言)现象,认为对脑的研究是神经科学家的任务,不是心理学家的任务(魏景汉、阎克乐:5)。20世纪70年代后期出现的认知神经科学才使认知科学与神经科学之间的壁垒得以打破,特别是脑功能成像技术为语言认知过程的脑机制研究带来了突破。

根据后现代语言哲学的特点和理念,语言研究需要认知心理学和脑神经科学的支撑。语言学家的任务一般应该包含构造假说和验证假说两个方面,两者相辅相成、相互促进(周频,2013)。对一套理论或假说进行验证需要借助科学实验的检验。随着认知神经科学的发展,我们的研究不能再满足于停留在语言的表象层,更应深入到语言底层的心理层和神经层寻找科学依据。在后现代主义思潮影响下的脑神经科学用于指导语言研究的目的,是为了论证人们从认识论的角度进行语言研究所得出的思辨性的结论,用以验证思辨性结论;要运用关于认知科学、大脑神经科学的研究结论来说明其如何指导语言科学研究,得出的结论一定是与语言研究密切相关的。

后现代语言研究需要依赖认知神经科学。"语言的最重要的性质是基于心智的""语言的认知是从心智的认知中导出的"(王寅,2012),人心的很多问题都与语言问题有关。神经心理学和神经语言学已经做了大量的工作。心智是抽象的,因此我们不能亲眼见到和感知心理状态的存在;心智是私密的(private),因此我们只能完全基于自我个体的感受来推断心理的本质、心理到底存在与否(徐盛桓,2012)。但认知神经科学的研究方法则帮我们解决了该问题。

认知神经科学使当今语言学研究从纯思辨性范式向思辨性和实证性相结合的范式转变。传统认识论研究主要是思辨性的,现在我们就要在后语哲观念的框架下,将脑科学研究用于语言学的研究,发展成为认知神经语言学,将语言研究得出的理论、框架、模型、过程以及结论放到认知神经语言学中去检验,看看所设想的一切是否合理、是否可靠、是否有价值、是否如实反映了语言现象的状态等。目前,对语言的研究可分为"从外向内"和"自内而外"两种路径(徐盛桓,2011b)。从外向内是通过观察、语料统计分析等手段研究社会文化中的语言行为/现象,提出相关理论或假设,再接受行为、心理和脑神经实验的检验,以获得一致性证据。自内而外则是基于认知神经科学的相关研究发现,构造关于语言认知加工的模型,用于解释更多的语言及认知现象。众多具体悬而未决的心智问题,既需要进一步的哲学思考,也需要人们借助科学的进步展开创造性的实证研究。徐盛桓(2011b)通过比较语言哲学和心智哲学,比较心智哲学和认知科学、认知语言学,从语言研究的角度对心智哲学作了初步的说明;设定了在"从所见获所得"之外进而谋求"从未见中获得"的研究取向。因此,后现代语言学研究逐步从过去的纯思辨性研究走向思辨性和实证性相结合的研究范式(廖巧云,2013)。这一取向其实从一个侧面为认知神经语言学研究方法的引入提出了要求。

总之,后现代语言研究需要依靠认知科学,探索语言、心智和脑的奥秘;从哲学思辨过渡到应用心理实验、脑神经实验验证思辨性结论;需要运用实验来验证,也就必然走向认知神经语言学的研究,亦即用现代认知科学和脑科学的技术检验从认识论角度研究语言所得出的思辨性结论。

第三节 ERPs 语言研究涉及的主要成分及其功能概览

一 概况

如上所述,ERPs 技术有精确时间分辨率以及多维探测指标,能够对语言进行连续测量,而且对不同层面的语言现象进行分析可对应不同的敏感指标(王小潞,2009:149-150;赵仑,2010:79-89)。一般来说,波幅主要能够反映大脑兴奋程度,而潜伏期反映的是加工的速度。因此,

ERPs 以其多方面的综合优势决定了它在语言研究中的应用前景。

随着 ERPs 研究的不断深入,人们发现了许多能反映认知活动过程的 ERPs 成分(王小潞,2009:150)。在语义认知的加工过程中发现的 N400 扩大了 ERPs 的研究范围,因此,ERPs 技术被成功地运用到心理语言学、神经语言学等相关学科领域,为人们更深入地探讨语言加工的脑机制带来了机遇。

二 语言不同层面的 ERPs 研究及相关的 ERPs 成分

ERPs 为语言研究,特别是话语理解的研究带来了发展契机。语言是一个由音、形、义等成分构成的多维体,因此,话语理解的心理过程涉及语音、音位、形态、语义、句法等的加工(王小潞,2009:149)。研究者不仅要探究语音、语义、句法等不同语言层面各自所对应的脑区,而且要研究不同加工阶段发生的先后顺序及其相互作用等动态的语言信息加工活动。

因为语言加工是连续的、多层次的复杂过程,所以认知神经科学家除关注脑损伤病人的研究之外更加关注对正常人大脑的语言生成和理解机制进行探究。有了 ERPs 这种动态的在线加工方法,研究者就能够连续测量各种语言信息加工的心理过程,针对不同层次建立起不同的敏感指标,以便认识语言动态的大脑加工过程。

在语言神经机制研究方面,语言不同层面的加工均有与其相对应的 ERPs 成分。如,语音层面加工的主要 ERPs 成分是 N200;语义层面加工主要是 RP 和 N400 成分;句法层面加工主要是左前负成分(Left Anterior Negativities, LAN)和 P600 成分(王小潞,2009:156)。其中,N400 和 P600 是最重要的成分。N400 是目前发现的最经典和最稳定的 ERPs 成分,能反映语言理解中的语义加工过程,也能反映语境对意义制约的建构过程;语义加工和整合的过程难度越大,N400 的波幅就越大。P600 是分布在中央顶区的晚正成分(Late Positive Components, LPC),能反映句法违反情况和句法整合过程;P600 也可反映没有句法错误但加工困难的情况;当出现真正违反句法的情况时,在出现 P600 之前就会出现 LAN,因此,LAN 属于初始句法违例的察觉,而 P600 则是后续句法修复(王小潞,2009:156-159;常欣,2009:60)。下面,我们对从语音、语义、句法方面的 ERPs 研究进行简要回顾。

第一,ERPs 技术用于语音研究。关于 ERPs 的语音加工,研究者的探讨主要关注 N200 成分。N200 的最大波峰出现在 200 ms 左右,是与听觉词汇识别有关的负成分;虽然在整个大脑头皮上均可发现 N200,但它主要分布在额区。N200 可反映出一个词最初的语音是否能够与句子语境相匹配(王小潞,2009:152)。

第二,ERPs 技术用于语义研究。研究发现,RP(Recognition Potential)和 N400 两种主要的 ERPs 成分与语义加工相关。

RP 与词汇识别相关。RP 是由可识别的单词或图像引发的,分布在头皮的中部和后部,其最大位置在枕叶区域。因此,RP 被称为"识别波"。RP 对语义及其内部细节都很敏感;与头皮分布和潜伏期相关的 ERPs 实验数据均说明 RP 可能是能较好反映语义加工的指标,可作为 ERPs 研究语义加工的有效工具(王小潞,2009:153)。

N400 是与语义整合相关的 ERPs 成分,在研究语义加工中常用,通常出现于关键刺激呈现后 300~500 ms 之间。该成分多出现在语义和语用违反、语义类别错误、与先前知识不一致等多种情况下。N400 可用于研究语境效应的时间进程(王小潞,2009:154)。N400 的波幅被认为与大脑对语义信息加工整合的难度(Van Berkum, et al., 1999)、目标词的可预测性(Kutas & Hillyard, 1984)以及目标词的语境启动量(Kutas & Federmeier, 2000 等)有关。

根据王小潞(2009:155-156)的回顾,近期研究表明,N400 的波幅大小同词与上下文信息之间的匹配度有关;N400 的波幅与歧义词的句中位置有关;通过视、听不同感觉通道呈现给被试的 ERPs 实验都发现了 N400;如果单词呈现的速度提高,N400 的出现就会延迟,并且其分布也更靠近额叶;N400 的潜伏期会随年龄的增长而缩短。总之,N400 与语言词汇语义加工有关,对语义违反较为敏感。

第三,ERPs 技术用于句法研究。LAN 和中央顶区的晚正成分 P600 是句法加工即句法违反中发现的两个 ERPs 成分。

LAN 是与句法加工高度相关的 ERPs 成分,多出现在句法违反情况下,通常出现在刺激呈现后 100~500 ms 时间窗,主要分布在左半球的前部,因此被称为"左前负成分"。有研究表明,出现在 100~300 ms 时间窗的 LAN 是由词类违反引发的,而对其他句法违反不太敏感。因此,研究者区分了 LAN 的亚类 LAN 和 ELAN(Early LAN)。ELAN 是由词类违反引发的,出现于 100~300 ms 之间,并主要分布于头皮前部的负波;LAN 是指由主谓或性或格不一致等引发的、出现在 300~500 ms 之间的、分布在头皮前部的负波(王小潞,2009:157)。

晚正成分又被称为 P600,一般出现在刺激呈现后 500~900ms 之间,主要分布在中央顶区。P600 是由句法违反诱发的晚正成分,也叫"句法正漂移",一般分布在中央顶部,出现 500~600 ms 时间窗。通常情况下,当出现句法违反的情况时,LAN 和 P600 便会先后出现。两者的主要差异在于:LAN 反映句法实时加工,而 P600 反映的是句法整合过程。也就是说,LAN 与前期基于词类的句法结构有关;P600 与后期的句法和语义匹配有关。

P600 被认为与句法违反中句子层面的后期整合和再分析有关(Friederici, 1995)。近三十年来,人们发现出现在句中和句末的语义违反可以诱发 P600(Kutas & Hillyard, 1980; Szewczyk & Schriefers, 2011);P600 被看做反应语义加工的成分 P3 族的一个成员(Bornkessel-Schlesewsky, et al., 2011; Sassenhagen, et al., 2014);许多研究者将 P600 看作反应大脑整合加工过程的一个具体成分(Osterhout & Hagoort, 1999; Friederici, 2011; Brouwer, et al., 2012;等等)。

ERPs 运用于句子理解是语言理解研究的一个重要层面(常欣,2009:62-63)。句子水平的语言理解属于语言理解的基本形式,因为该过程既包括基本的信息编码过程和单词识别,还要涉及单词串的句法和语义分析等复杂心理过程。句子理解能够解释语言理解的整体性动态过程。一般而言,只要语义和句法分析诱发了不同的脑电情况,就可以说明两者的认知系统或过程是不同的。而且同时包含语义和句法违例的靶刺激可同时诱发 P600 和 N400。因此,可以说句法和语义违例两者的脑反应模式存在差异。Neville 等(Neville, et al., 1992)通过比较功能词如冠词和前置词等和实词如名词和动词等所诱发的 ERPs,从另一个角度也证实了这一观点。在英语中,功能词与实词的区别同句子语义之间的区别是平行的;功能词是在左前额部诱发了 P600,但实词却是在左后额部诱发了 N400。

常欣(2009:69)还进一步讨论了语篇中句子理解的 ERPs 研究。关于语篇理解加工的 ERPs 研究主要有以下几种:最早的 ERPs 实验是关于句子加工过程中 N400 效应的研究(Kutas & Hillyard, 1980)。在 Kutas & Hillyard 的实验中,他们用儿童故事中的一篇散文作为实验材料,并且使其中部分句子出现句法或者语义错误来对脑电波活动进行研究。这一方法有其优势,但是同时却忽视了语篇背景对句子的影响。常欣(2009)在其研究中,结合以前的研究来评估 ERPs 是否可以作为一种工具来研究语篇中句子的实时加工过程。对 ERPs 的几种不同指标进行检验,对 ERPs 的灵敏度、时间分辨率、稳定性、振幅以及脑神经定位进行进一步分析,评估了 ERPs 作为语篇理解研究的一种工具的优缺点。其最后得出结论认为,ERPs 在语篇加工中具有很多显而易见的优势,但同时也具有其局限性(常欣,2009:78)。如,她认为,通过将 ERPs 与其他神经成像技术相比,可以发现,在设计合理、可操作的实验中,ERPs 确实可以对语篇水平中的时间、识别率以及语篇理解所涉及的神经机制进行研究。如上所述,ERPs 尤其擅长于在高时间分辨率下有选择地对语篇理解的特定方面进行记录。但是语篇理解是相当复杂的,不可能自动地将各个加工过程分开,因此将所研究的一个特定加工过程从许多加工过程中分类出来并不是一个简单的工作,因而也就造成了其局限性。同时,目前,许多 ERPs 研究都局限于语篇对句子理解的调节作用,如句法违例的研究,ERPs 是否可以超越句子加工来研究整个的语篇理解仍然是一个没有定论的问题。唯一可以尽可能避免其局限性的方法就是使故事更短或者用多种测量方法进行测量,吸收其他领域句子和语篇理解研究中的一些先进技术。

综上所述,将 ERPs 技术用于汉语语义修辞话语认知脑机制研究有助于验证我们在第三章中得出的思辨性结论。

第四节 汉语语义修辞话语识解机制的 ERPs 研究方案

一 汉语语义修辞话语识解机制 ERPs 研究方向

从本章第二节可见,与已有认知神经语言学研究一样,本研究的主要方向为:(1)研究的出发点基于语言学视角,数据材料和实验结果的解释都会自觉地运用语言学理论,以探讨语言本身的性质和规律为目标;(2)需要借助脑科学研究方法才可得出结论,即将主要通过脑成像等技术得出研究结论;(3)从汉语语料出发探讨语言学问题。在过去几十年里,国外认知神经语言学研究领域不断拓宽,取得了丰硕成果,但主要研究对象是英语材料;同时,语言加工机制是否具有普遍性的问题让很多研究者产生了极大的兴趣,正引起越来越广泛的关注。因此,以汉语为语料进行的神经语言学研究正是从这样的角度显示出其不可替代的重要性。

如上所述,本研究构建的 ADRIM 旨在揭示语义修辞识解机制。修辞话语既有一般话语的共性,也有其特殊性,语义修辞话语的识解需要把心理语言过程呈现出来,因此需要再现心理语言的形态,也就需要进行脑电研究。

迄今为止,还没有将语义修辞作为一个整体/体系来研究其识解的认知机制和脑机制的范例。国内进行修辞的认知神经语言学研究的文献不多,而将语义修辞纳入同一框架下进行考察并在一定范围内进行认知神经语言学研究的文献几乎没有。因此,本研究的 ERPs 研究是有益的尝试。

二 语义修辞的 ERPs 实验研究目标

我们的目标是通过 ERPs 实验,研究汉语修辞加工的认知神经机制,主要考察关于语义修辞识解过程的关键环节,即可能性特征提取的心理现实性,拟进一步论证 ADRIM 的可行性即可操作性。也就是说,为了更精细地考察不同修辞的大脑认知神经机制,我们将从不同语义修辞范例(如隐喻、反语、双关等)入手进行神经电生理实验研究,最后根据不同修辞的脑成像研究结果,拟从不同侧面说明语义修辞话语分析框架的合理性,以此初步论证 ADRIM 的可行性即可操作性。

如上所述,本研究将汉语语义修辞分为三个大类,因此,本课题将从三类语义修辞中各选一种修辞作为实验研究对象,重点探讨语义修辞识解过程中可能性特征提取的心理现实性。

三 语义修辞的 ERPs 实验研究的具体方案

(一) 实验范式

本研究以新近提出的语言理解涉身认知理论模型——"索引假设"(the Indexical Hypothesis, IH)(Glenberg & Robertson, 1999, 2000; Kaschak & Glenberg, 2000; Glenberg & Kaschak, 2002)为理论框架,通过开展 ERPs 实验,参考语言理解的动允性(鲁忠义等,2009)/可供性(姜孟、赵思思,2014)(下文统一称作"可供性")提取过程,探讨修辞识解过程中的可能性特征提取的心理现实性。也就是说,本研究将采用鲁忠义等(2009),姜孟、赵思思(2014)等的研究范式,针对汉语语义修辞话语识解过程中需要在心—物随附性作用下实现可能性特征提取的思辨性研究结论,通过 ERPs 实验研究,对汉语语义修辞话语识解机制为可能性特征提取的心理现实性进行初步的论证和探索。

根据 Stoffregen(2000)的研究,可供性有三个主要特征,即潜在的可能性、机体—环境系统的特性和意图制约性。一般情况下,一个机体—环境系统可以拥有多个可供性,但机体具体提取哪一个可供性取决于其意图（姜孟、赵思思,2014）。

关于可供性提取的研究,鲁忠义等（2009）开展了针对 IH 可供性提取的研究。该研究结果显示,可供性提取的方式有"直接提取"和"属性推导"两种,可供性对于阅读理解具有重要作用。其次,姜孟、赵思思（2014）运用行为实验即反应时实验范式探讨了可供性提取对于中国 EFL 研究生学习者对汉语和英语的理解是否具有 IH 所描述的心理现实性,以及对母（汉）、外（英）两种语言的理解过程中的可供性提取是否存在差异问题。该研究结论认为：可供性提取具有心理现实性。

本研究将参照可供性提取的实证研究范式来探讨修辞话语识解过程的认知神经机制,即反映 A 与 B 两事物之间关系的"可能性特征"的提取问题。本研究的实验设计与鲁忠义等（2009）和姜孟、赵思思（2014）相似,所不同的是,他们使用的是行为实验,而我们的研究使用的是 ERPs 实验。我们重点考察的是熟悉修辞话语识解机制即可能性特征提取的心理现实性。

因此,所有语义修辞的实验材料将仿照以下范例制作：

可供性可提取话语：
　　汤姆来到公园时,他看见妹妹正在一个角落边玩气球。他想给妹妹玩一个恶作剧——如果气球突然爆炸,妹妹一定会吓坏的。（语境段落）
　　于是他从口袋里掏出一根牙签。（可供性可提取关键句）【下划线标示关键词】
可供性不可提取话语：
　　汤姆来到公园时,他看见妹妹正在一个角落边玩气球。他想给妹妹玩一个恶作剧——如果气球突然爆炸,妹妹一定会吓坏的。（语境段落）
　　于是他从口袋里掏出一张手帕。（可供性不可提取关键句）【下划线标示关键词】
探测词：刺破
陈述句：*汤姆想把气球弄爆。*

（鲁忠义等,2009；姜孟、赵思思,2014）

（二）本研究重点考察的 ERP 成分

本研究主要涉及汉语语义修辞识解机制的实验研究,因此我们将重点考察与早期语义加工相关的 N400 成分和后期语义整合加工相关的 LPC 成分。下面对此成分进行简要介绍。

1. 早期语义加工的代表性成分 N400

N400 为一种负极走向的脑电波,潜伏期在 400 ms 左右。影响 N400 振幅的因素很多,比如语义或语用冲突、语义类型的骤变以及背景与结果的不一致等。N400 的神经发生源为左颞海马、后颞新皮层、海马回(Simos, et al., 1997)和双前中颞叶结构(McCarthy, et al., 1995)。对听觉材料而言,N400 振幅最大的区域为前额两侧和中央前额区(Connolly, et al., 1992; Connolly & Philips, 1994)。对视觉呈现的刺激而言,最大区域为右颞枕叶区(Kutas & Hillyard, 1980)。

最先发现 N400 的学者是利用语义异常范式的 Kutas & Hillyard (1980)。实验发现,当视觉呈现的句尾词和语境冲突时,在 300 ms 之后在大脑后部区域会出现一个负极走向的脑电波。他们发现 N400 振幅和目标词在语境中的可预测性存在负相关关系。

N400 效应主要发现于句子理解过程中,所以它经常在语境效果时程的研究中作为因变量出现。但是,词对呈现范式也可引发 N400 效应,特别是当呈现的前后两个词语在语义上无关时,其引发的 N400 振幅要大于相关时的情况(Holcomb & Neville, 1990; Kiefer, et al., 1998)。而且,单独的一个词语也可以引发 N400,它反映的是鉴别一连串字母时所付出的努力,且识别过程越困难,N400 振幅越大(McCarthy & Nobres, 1994)。因此,在词对或单独词语的研究中,N400 也是一个重要的指标。

就 N400 反映的认知过程而言,学者们有着不同的观点。但他们普遍都认为 N400 与语义加工有关,特别是与语言加工的词汇—语义有关,对语义违反比较敏感。N400 的波幅与大脑对语义信息加工整合的难度成正比(Van Berkum, et al., 1999);与目标词的可预测性成反比(Kutas & Hillyard, 1984);Kutas & Federmeier(2000)等研究发现,目标词的语境启动量与 N400 波幅成反比,因此 N400 能反映语境对意义建构的制约作用。

从 Kutas & Hillyard(1980)发现 N400 至今,学界普遍将 N400 视为 ERPs 语义加工的敏感成分。有研究(如 Coulson & Van Petten, 2002)发现,在尾词范式中,隐喻词所诱发的 N400 波幅比字面表达大,但两者的波形不存在显著差异,这表明这两类话语的加工机制类似,即隐喻话语与一般话语的认知机制相似,但隐喻话语加工难度更大。

因此,N400 成分可以成为本研究专门探讨语义修辞话语的识解过程中可能性特征提取的心理现实性的重要成分之一。

2. 晚期语义整合加工的 LPC 成分

晚正成分或晚期复合正波简称 LPC,是一种发生在 500～900 ms 的正极走向的波,学者普遍认为它与记忆过程有关(Friedman & Johnson,2000;Munte, et al., 2000)。P600 一般被看做晚正成分的主要代表。一般出现在刺激呈现后 500～900 ms 之间,主要分布在中央顶区,最早被认为与句法违反和形态违反有关(Friederici, et al., 1993;Hagoort, et al.,1993);但随着研究的进一步深入发现,P600 还出现在没有句法违反但有加工难度的句子中(Osterhout, et al., 1994)。有研究发现,句子中语义和语用异常时也会诱发 P600(Kolk, et al., 2003;Kuperberg, et al., 2003等),被称为语义 P600 效应,它反映了晚期句子语义的整合。研究还发现,P600 的波幅与刺激出现的概率成反比(Coulson, et al., 1998),这一发现被认为与 P300 的诱发条件关系密切。

新信息与最近遇到的旧信息之间的关联度是影响 LPC 振幅的主要因素。LPC 的神经发生源是顶叶皮质层(lateral parietal cortex)(Rugg & Curran, 2007)。反应最明显的区域是顶区,而且左脑比右脑有偏大的趋势。它还是 ERPs"旧/新"效应的重要部分。

LPC 与情景记忆有关,情景记忆指的是长期记忆中以具体"情景"被储存的记忆,而且有与之相对应的具体的语境信息(Paller, et al., 1995;Smith & Guster, 1993)。有研究显示,旧项引起更小的 N400 和更大的LPC,这两个成分振幅都向正极移动的效应被称为"旧/新"效应(Friedman, 1990;Friedman & Johnson, 2000;Johnson, 1995);也有实验研究结果显示,旧词比新词引发更小的 N400 和更大的 LPC(Johnson,1995;Rugg, 1995)。

多数学者认为 LPC 可能反映了回忆过程,该过程可能有助于回忆的信息的表征(Wilding & Rugg, 1996);一些学者认为 LPC 效应也许与回忆信息的注意分配有关,而不是支撑其表征或维持的过程(Rugg, et al.,2002;Wagner, et al., 2005)。

值得注意的是,N400 和 LPC 启动效应虽然经常同时出现,但是他们反映的是记忆的不同方面(Van Petten, et al., 1991)。N400 被认为与隐性记忆过程更关联(Rugg, et al., 1998),而 LPC 则被认为反映的是显性识别背后的认知过程(Paller & Kutas, 1992;Rugg, et al., 1995)。

总之,LPC 可能更多地反映了对新、旧信息之间关联性的显性识别。

第五节 小 结

　　本章对认知神经语言学研究的概览和 ERPs 研究方法简介,进一步阐明了第六章实验研究的必要性和可行性。我们的实验研究将采用语言理解涉身认知理论模型即"索引假设"理论为指导框架,参考语言理解的动允性/可供性提取的研究范式探讨修辞识解过程中的可能性特征提取的心理现实性。而且,我们将根据语义修辞识解的特殊性及该实验范式的实验设计原理,重点考察与早期语义加工相关的 N400 成分和后期语义整合加工相关的 LPC 成分。本章关于本研究的 ERP 实验研究总体方案的讨论为第六章的实证研究做好了铺垫。

语义修辞识解
机制的ERPs研究范例

第一节 引　言

　　本章是关于语义修辞话语认知神经机制的 ERPs 实证研究,即语义修辞范例的识解机制 ERPs 研究。由于汉语语义修辞话语种类较多,囿于篇幅及实证研究方法,本章只选取分别代表三类语义修辞话语的三种修辞话语即隐喻、反语和双关进行实验研究。目的是通过实验研究在一定范围内、一定程度上论证我们运用定性研究而提出的思辨性理论框架的可行性。

　　如第三章所述,鉴于现存语言学理论及分析框架在解释修辞话语特别是语义修辞话语的识解机制方面存在的不足,我们采取"优势互补"的方法,运用内涵外延传承说对HCPM 下辖的话语识解机理分析框架进行修补,提出了汉语语义修辞识解模型——ADRIM。根据该模型,语义修辞的识解机制可简述为:依靠相邻/相似性寻求最佳关联,通过关联—传承手段寻求事物间的内涵外延关系,并依靠在心—物随附性作用下形成的能体现 A 与 B 两事物之间关系的可能性特征,构建"A 是 B"表达式,获得相对完备的表达,最后推导出讲话人交际意图的过程。

本研究以 ADRIM 模型为基础,采用 ERPs 技术,以汉语为母语的外语学习者为被试,从代表相似关系、相邻关系、相邻+相似关系的三类语义修辞中各选一例,分别探讨隐喻、反语、双关等语义修辞识解机制的核心环节即可能性特征提取的心理现实性。

第二节　隐喻识解机制的 ERPs 研究[①]

一　隐喻识解神经机制的 ERPs 研究回顾

(一)隐喻理解的 ERPs 研究

1. 反映早期语义加工的研究

N400 是隐喻理解 ERPs 研究所主要关注的成分。Pynte, et al. (1996)首次应用 ERPs 手段考察隐喻理解的时间进程。刺激语料是在相关或不相关语境之后视觉呈现熟悉隐喻句、不熟悉隐喻句和字面义句供被试阅读并理解。研究结果发现,隐喻句较字面义句诱发了更大的 N400 波幅,Pynte, et al. 认为这是由于在隐喻理解初期存在语义违反的情况。然而,Pynte, et al. 的实验材料并未包括语义违反句,因此无法证明隐喻句在理解过程中涉及何种程度的语义违反。Tartter, et al. (2002)发现了 Pynte, et al. 在刺激语料设计上的缺陷,试图通过改善实验设计验证隐喻理解的平行观假设。刺激语料是以句末尾词的方式呈现字面义、语义违反义或隐喻义。研究结果显示,与字面义句相比,隐喻句诱发的 N400 波幅更大,但是,在减去各自的 N200 波幅后,两者之间则无显著差异,该结果说明两者的 N400 波幅差异可能是由前期的 N200 差异引起的,但无法说明两者语义违反的程度不同。另外,ERPs 脑电结果还显示,隐喻句所诱发的 N400 比语义违反句的波幅小,这或许说明隐喻句与语义违反句不同,隐喻句并不是彻底无法通达,而是可以像字面义句那样实现意义整合的,但需要

---

① 参见廖巧云等(2018)。

认知主体付出更多的认知资源。这一发现支持了隐喻理解的平行观假设。

Lai & Curran（2013）通过 ERPs 技术考察常规隐喻和新异隐喻加工的神经机制。刺激语料是以尾词范式呈现语义违反句、新异隐喻句、常规隐喻句或字面义句。ERPs 早期时间窗（320～440 ms）显示，与字面义句相比，语义违反句、新异隐喻句和常规隐喻句均诱发了更大的 N400 波幅；而在 ERPs 晚期时间窗（440～560 ms）中，常规隐喻句和字面义句波形无显著差异，但新异隐喻句仍呈现较大的负波走向。Lai & Curran 将早晚期时间窗出现的负波均认定为 N400，并由此认为隐喻理解涉及两个不同概念域的映射（Coulson & Van Petten, 2002），且新异隐喻句的映射过程需要耗费更多的认知心力。另外，Lai & Curran 的研究结果与 Arzouan, et al.（2007a）的研究发现一致，均验证了隐喻生涯模型（Bowdle & Gentner, 2005）。Lai & Curran（2013）通过句子启动和比喻启动两个实验进一步考察常规隐喻和新异隐喻在认知识解过程中涉及何种映射方式。实验要求被试在相关或不相关映射启动后阅读字面义句、常规隐喻句、新异隐喻句或语义违反句。研究结果表明，采用句子启动的映射更有利于常规隐喻的认知加工；采用比喻启动的映射在早期有助于新异隐喻的认知加工，而在晚期则更有利于常规隐喻的认知加工。

国内运用 ERPs 进行汉语隐喻识解机制研究的，当首推王小潞（2009）。根据实验结果和分析，她得出了以下四点结论（王小潞，2009：194-197）：隐喻认知有其大脑神经活动基础；隐喻映射机制即"联想"也具有其大脑神经基础；认知主体的能动性对隐喻认知具有制约作用；汉语隐喻加工与本义加工存在多方面的差异。ERPs 实验结果显示，隐喻加工和本义加工在 N400 波幅上存在显著差异。理解隐喻句不能像理解本义句那样直接从字面获得意义；理解隐喻句需要分两步走；隐喻认知比本义认知更多地受主客体因素的制约，如受到认知主体经验的制约。其研究发现，隐喻的加工和解读受到隐喻熟悉度即受话人经验、年龄及文化层次等因素的影响，而熟悉度是影响隐喻理解的主要因素之一；本义句、隐喻句、假句的大脑加工在某个时段或在某个特定脑区存在显著差异（王小潞，2009：199）。

吴念阳等（2012）运用 ERPs 技术考察汉语字面义与隐喻义理解的时间进程的异同来研究汉语隐喻理解的机制。被试的任务是判断本义句、熟悉隐喻句、新奇隐喻句和错误语义句是否有意义。实验结果显示：两种不同的隐喻句诱发的 N400 波形与头皮分布和本义句类似，且两种隐喻句诱发的 N400 波幅均显著大于本义句。因此，作者得出结论认为，实验结果支持隐喻加工平行假说,而且证明隐喻句的识解需要付出更多的心理资源。

范琪(2014)进行了三个 ERPs 实验,以期验证汉语隐喻认知加工过程中的具身性及其影响,并探讨了汉语隐喻认知加工的神经机制。该研究得出了如下三点结论:第一,具身效应对隐喻认知加工有明显影响,体现为促进或延缓的作用;第二,N400、P300 等 ERPs 成分是汉语隐喻理解加工的敏感性指标,能够反映句子加工难度;第三,左右脑区在汉语隐喻认知加工过程中的作用是不对称的,即左右脑区存在差异,且右脑主要负责隐喻意义整合(范琪,2014)。

2. 反映晚期语义整合的研究

涉及隐喻理解 LPC 或 P600 的相关文献数量有限。Pynte, et al.(1996)在隐喻句和字面义句之间并未发现显著的 LPC 差异,但是其研究发现了语境效应,也就是说,无论是熟悉的还是不熟悉的隐喻话语,语境相关的隐喻句比语境不相关的隐喻句诱发的 N400 波幅更小,而诱发的晚正成分则较大。Coulson & Van Petten(2002)发现,尾词为隐喻时比尾词为字面义时诱发了更大的晚正成分,他们认为这可能是因为隐喻理解需要提取额外信息方能进行语义再整合,所以也就需要耗费更大的处理心力。

Goldstein, et al.(2012)以 N400 和 LPC 为研究指标,探讨相同刺激语料在经过被试自身解释后,新异隐喻和常规隐喻的认知加工过程是否会发生改变,以此检验隐喻生涯模型。ERPs 记录显示,相较于没有释义的新异隐喻,已释义的新异隐喻诱发较小的 N400 和较大的 LPC 波幅;而常规隐喻则诱发了较大的 N400 和较小的 LPC 波幅。Goldstein, et al. 认为,两种隐喻在经过被试解释后发生 N400 和 LPC 波幅的显著变化,正说明人们能够迅速改变其认知加工模式,使新异隐喻常规化,也能在适当的情景中使常规隐喻再赋新异性。

(二) 隐喻理解的优势半球研究

一直以来,研究者对隐喻理解的优势半球研究倍加关注。早期研究发现,隐喻理解需要更多地依赖右半球。Sotillo, et al.(2005)运用 ERPs 技术研究了隐喻理解的半球优势效应。实验采用 S1(隐喻句)—S2(语义相关词/无关词)范式,对由 S2 诱发的 N400 成分进行发生源定位。研究结果发现,与无关词相比,隐喻相关词诱发了更大的 N400 波幅,激活脑区为右中/上颞区。

Sotillo, et al. 的研究支持隐喻理解的右半球优势,而更多的研究(Arzouan, et al., 2007b;Coulson & Van Petten, 2007;Schmidt, et al., 2007)表明隐喻理解存在左右半球的交互作用。Arzouan, et al. (2007b)通过 ERPs 成分溯源分析研究了隐喻理解半球效应,刺激语料采取词对的方式呈现字面义、常规隐喻、新异隐喻、无关义等四类句子,要求被试进行意义判断;研究结果表明,在 N400 时间窗,无关义和新异隐喻词对在右脑颞区的激活程度更大,而字面义和常规隐喻词对的主要激活区是左缘上回。研究还发现,在 350~450 ms 和 550~750 ms 时间窗内,新异隐喻词对更多地激活右脑,而常规隐喻词对更多地体现左脑优势效应。Arzouan, et al. (2007a, 2007b)由此认为,隐喻理解的右半球优势固然存在,但隐喻的认知加工绝不仅仅涉及右半球的参与;在隐喻理解过程中,左右半球共同参与了刺激语料的认知加工,只是在某一时段存在相应的半球优势效应。Coulson & Van Petten(2007)采用左右视域分别呈现来考察左右脑在隐喻加工的差异。刺激语料包括高度可预测性字面义、低度可预测性字面义和低度可预测性隐喻。ERPs 数据显示,相较于高预测性字面义,低预测性字面义在左右半球均诱发较大的 N400;但右视域(左半球)呈现时,低预测性字面义在 N400 之后也在额区诱发了更大的正成分。这表明左右半球均受到前文句子语境的影响,但左前额区对语义信息冲突选择有重要作用。另外,相较于低预测性字面义,低预测性隐喻诱发出更大的 N400 波幅。研究者由此认为,隐喻效应在左右视域相似,这表明隐喻理解的意义整合需要左右半球承受相似的认知负担,从而否定了隐喻理解的右半球优势说。Schmidt, et al. (2007)的研究进一步指出,不熟悉隐喻加工存在右脑优势,而熟悉隐喻加工存在左脑优势。Schmidt, et al. 认为,这主要是因为不熟悉隐喻需要整合的语义关系较远,而熟悉隐喻需整合的语义关系较近,从而体现了左右脑处理粗糙的语义编码和精细的意义编码的差异。关于隐喻加工左右脑优势假说的研究显示:隐喻加工是一种动态模型,需要左、右脑共同努力才能实现;左、右半球对隐喻加工有不同的作用,即不论是隐喻还是直义加工在左半球都显示了较强的激活,而右半球对语言加工虽然自始至终都有参与,但可能主要起到一种辅助加工作用或是对新异隐喻进行后续加工的作用(陈宏俊,2013:125)。

(三) 已有研究简要述评

通过上文隐喻理解神经机制的 ERPs 研究回顾,我们逐渐明晰了隐喻认知加工涉及的脑电成分以及脑半球优势等问题。

综上所述，隐喻识解的神经机制研究主要反映了以下两个方面：第一，隐喻认知加工涉及的脑电成分主要有 N400 和 LPC（P600）。来自 N400 的证据普遍显示隐喻认知加工过程中 N400 效应显著。一般而言，隐喻句较直义句理解需要付出更多的认知资源；新异隐喻比常规隐喻理解需要付出更多的认知资源。而隐喻加工中的 P600 与句法违例无关，它主要体现了被试为正确理解隐喻，需要付出更多的认知资源对语义和非语言信息进行重新整合。第二，研究者对隐喻理解的半球效应存在分歧；早期研究发现隐喻理解的右半球优势，但更多的研究表明隐喻理解存在左右半球的交互作用。

总之，隐喻识解机制研究已经取得了不少成果，从不同层面做出了较多合理的解释。但是隐喻识解的神经机制研究还存在以下主要不足：第一，缺乏完整的理论框架作为基础。以往的研究一般未能提出一个隐喻识解机制研究的统一框架作为指导进行实验研究，即未提供一个汉语隐喻识解框架并通过实验研究来证明其可行性。第二，没有学者运用"可供性提取"研究范式对隐喻修辞话语识解过程进行过探讨，更没有从可供性提取的心理现实性角度涉入以探究隐喻识解机制。

二 汉语隐喻识解认知神经机制的 ERPs 研究

（一）实验目的

基于上文第三章提出的 ADRIM（内涵外延关联—传承模型），本研究采用 ERPs 技术，以汉语为母语的英语学习者为被试，进行汉语隐喻识解的认知神经机制研究，重点探讨汉语隐喻修辞识解过程中可能性特征提取的心理现实性。主要研究问题为：隐喻识解过程中是否存在可能性特征提取的电生理学证据？

（二）实验方法

1. 被试

本研究的被试是来自四川外国语大学英语语言文学专业与外国语言学及应用语言学专业的 26 名研究生（17 名女生和 9 名男生），年龄在 22~28 岁，平均年龄 25 岁，母语为汉语，英语都已过专业八级，均为右利手，视力或矫正视力正常，无神经或精神障碍。实验结束后每名被试均获得适量报酬作为奖励。

2. 实验材料

实验材料(附录1)共有28组,包括21组探测词为真词的语料和7组探测词为假词的填充材料。选用填充材料的目的是防止被试形成固定思维模式。同时,实证研究中为了获得稳定、可靠的脑电结果,每种刺激材料不得少于40个。因此,28组材料重复一次,最终实验材料有56组,每组3个刺激材料,共计168个刺激材料;每个刺激材料包含一个语篇(语境句+关键句)、一个探测词和一个陈述句;所有的语境句为19~23个字符,关键句为5~7个字符,探测词为2个字符,所有陈述句为7~15个字符。语篇由语境句和关键句组成;关键句有三种类型:一是可能性特征可提取的隐喻句,二是可能性特征无需提取的直义句,三是可能性特征不可提取的无关句;可能性特征是否可提取具体由关键句中的关键词决定。在可能性特征可提取的隐喻句中的关键词可以提供相应的可能性特征,此可能性特征与前一段落相结合发展成一篇连贯的语篇,因此被试较容易提取可能性特征;相反,在可能性特征不可提取的无关句中的关键词不能提供可应用的可能性特征,因此语篇显得不连贯,可能性特征便不能被提取。

每组材料中的探测词是为了测试出被试在理解语篇时是否已成功提取可能性特征。关于可能性特征可提取语篇,探测词揭示出关键词的核心可能性特征;而可能性特征不可提取的语篇,探测词无法揭示出关键词的核心可能性特征。每组实验材料末尾的陈述句是为了确保被试可以全神贯注并尽最大的努力理解语篇。正式实验材料中总共有56组陈述句,其中,对语篇正确的和错误的描述基本保持平衡。填充材料和练习材料的设计与实验材料完全相同。

为了确保实验材料的有效性,所有的材料都经过仔细挑选和设计。请30名不参加正式实验的被试在阅读完所有实验材料后,判断探测词与关键句的相关性,从极度不相关到极度相关共有五个等级,最终所选的句子以及探测词都是被试高度熟悉的。总体而言,所有材料都是清楚、连贯的,较容易理解。实验材料样例如下:

语境句:青少年的教育必须下大力气,要舍得投资,因为在将来,

关键句1(隐喻):青少年是<u>栋梁</u>。

关键句2(直义):青少年是<u>人才</u>。

关键句3(无关):青少年是<u>仆人</u>。

探测词:精英 (Yes)

陈述句：青少年的教育是至关重要的。 （Yes）

（三）实验设计

本实验采用单因素三水平的被试内实验设计,设有三种条件的句子:隐喻句、直义句和无关句,可进一步归纳为两种类型:一类是可能性特征可提取,该类又可分为可能性特征需提取(隐喻句)和可能性特征无需提取(直义句);另一类是可能性特征不可提取(无关句),具体由关键句中的关键词决定。隐喻句属于可能性特征需提取的类型;可能性特征可提取句的关键词可以提供相应的可能性特征,被试在识解隐喻句时,若能成功提取体现本体和喻体之间关系的可能性特征,则对探测词的真假判断具有促进作用,从而表现为隐喻句和直义句条件下探测词诱发的脑电波幅差异较小。相反,无关句属于可能性特征不可提取的类型,关键词在可能性特征不可提取句中不能提供可应用的可能性特征,因此,被试在识解无关句时,由于可能性特征不能被提取,语篇显得不连贯,对探测词的真假判断无法产生促进作用。

（四）实验过程

1. 刺激呈现

首先给每个被试戴上电极帽,让他们进入 ERPs 实验室并舒适地坐在电脑前。准备工作就绪后,告知被试要保持放松,深呼吸,平静下来,除了正常的眨眼动作,身体尽量不要有任何的移动。整个实验过程中,被试的动作幅度必须降到最小,只有在休息时被试才可以完全放松。之后,指引被试阅读屏幕上的指导语,以确保每名被试都清楚实验流程和实验任务。每个实验开始前,通过呈现练习材料让被试熟悉实验任务。

在确认被试完全清楚所有要求之后,实验正式开始。首先在屏幕中央呈现一个 500 ms 的注视点"+"提醒被试注意,然后呈现空屏 500 ms,接下来在屏幕中央呈现语境句,呈现时间为 3 500 ms,之后自动消失;之后呈现空屏 500 ms,接着呈现关键句,2 000 ms 后自动消失;之后呈现空屏 500 ms,接着呈现探测词 500 ms,设置为"反应消失"（若被试未能在 500 ms 内完成判断,呈现设置为"反应消失"的空屏以供被试判断）,并记录探测词的脑电、反应时和准确率。之后,再呈现空屏 500 ms,接着呈现陈述句,同时设置"反应消失",被试理解并判断该陈述句的意思与先前的语境含义是否一致,记录准确率数据。最后,呈现空屏 600~800 ms,进入下一试次。每个试次均要求受试在阅读理解实验话语(语境句与关键句)后,对探测词与陈述句分别做出"真假"和"正误"判断,并按"F"或"J"键做出反应,分别表示"真/正"和"假/误"。对于两个任务,受试的按键反应均在"F"与"J"之间做了平衡设计。实验前设有练习,中间设有休息。实验流程如图6.1所示。

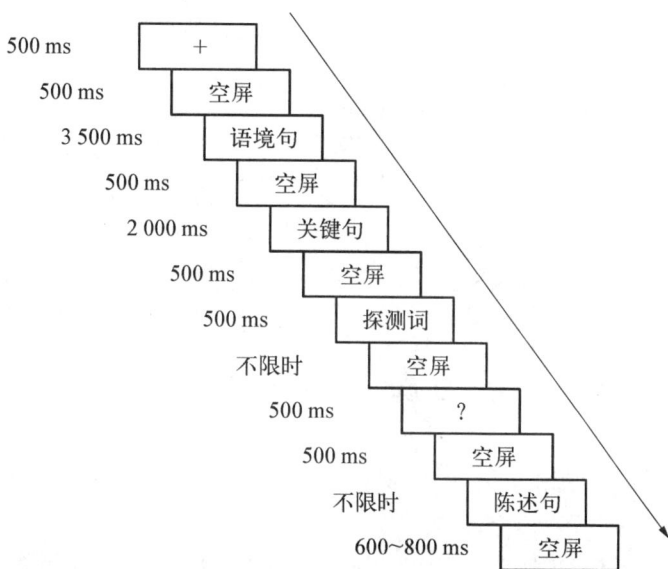

500 ms	+
500 ms	空屏
3 500 ms	语境句
500 ms	空屏
2 000 ms	关键句
500 ms	空屏
500 ms	探测词
不限时	空屏
500 ms	?
500 ms	空屏
不限时	陈述句
600~800 ms	空屏

图 6.1　隐喻的实验流程图

2. 事件相关电位数据记录

本实验在四川外国语大学的认知神经科学和外语学习重点实验室进行。主要设备包含 Synamps 放大器和三台电脑。一台电脑在实验室,向被试呈现实验材料;另外两台电脑在控制室,分别用于实验程序运行和脑电数据记录。其他一些工具包含电极帽、导电膏、注射器和酒精片等。

本实验采用 Neuroscan 64 导联 Ag/AgCl 电极帽。双侧乳突作为参考电极,记录水平眼电和垂直眼电,记录 20 个电极脑电数据(图 6.2):FPZ、FP1、FP2、FZ、FCZ、F3、F4、CZ、C3、C4、T7、T8、CPZ、PZ、P3、P4、POZ、OZ、O1 和 O2。脑电分析时程为 1 200 ms,含刺激前 200 ms 的基线。滤波带通为 0.05~200 Hz,采样频率为 1 000 Hz,电极与头皮接触电阻小于 5 kΩ。离线分析行为数据和脑电数据。

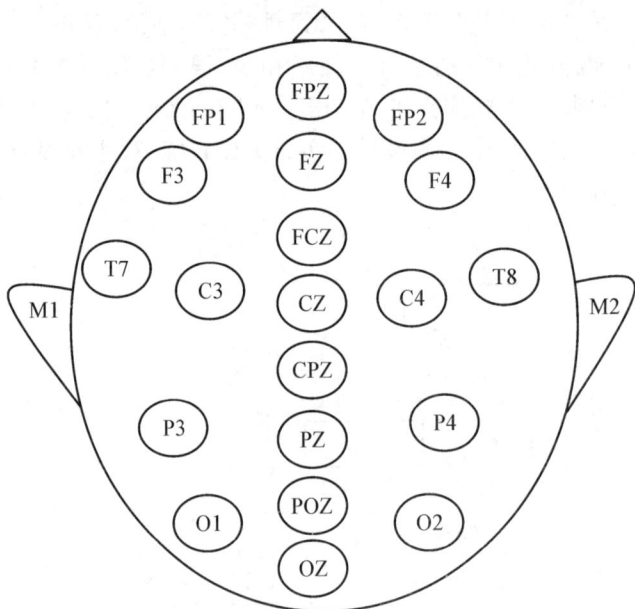

图 6.2　用于脑电数据采集的 20 个电极分布图

（五）数据分析结果

1. 行为数据结果

26 名被试参加实验，其中 2 名被试的结果伪迹过多，被删除，最终对 24 名被试的行为数据结果进行分析。通过 SPSS 19.0 的数据分析，我们得到表 6.1 所示结果。

表 6.1　隐喻句、直义句和无关句三种条件下探测词真假
判断的行为数据结果

句子类别	被试数	平均反应时（ms）	探测词正确率（%）	陈述句正确率（%）
隐喻句	24	782.33±115.92	99.80±0.573	81.20±3.665
直义句	24	882.96±180.65	99.53±0.841	81.99±3.851
无关句	24	957.38±320.73	100±0.000	80.88±4.884

从表 6.1 中可以看出，直义句、隐喻句和无关句三种条件下的陈述句正误判断准确率都较高，表明被试认真参与实验，理解句子的意思。三种句子条件下的探测词真假判断的反应时结果为：隐喻句条件下的探测词

反应时为 782.33 ms,直义句条件下为 882.96 ms,无关句条件下为
957.38 ms;很明显,被试对于隐喻句条件下探测词的反应时间最短,其次
为直义句条件下,无关句条件下反应时间最长。通过对反应时进行配对
样本 T 检验,结果如表 6.2 所示。

表 6.2　隐喻句、直义句和无关句三种条件下探测词真假判断的
　　　　反应时数据配对样本 T 检验结果

指　标	对比条件	T 值	自由度	显著值(双尾)
反应时	隐喻—直义	−3.189	23	.004**
反应时	隐喻—无关	−3.226	23	.004**
反应时	直义—无关	−1.260	23	.220

　　*　　差异显著($p \leqslant 0.05$)
　*　*　差异非常显著($p \leqslant 0.01$)
*　*　*　差异极其显著($p \leqslant 0.001$)

　　行为学数据表明,对于反应时,隐喻句和直义句条件下探测词真假判
断的反应时存在非常显著差异[t(24)=−3.189, p=0.004<0.01],隐喻句
和无关句条件下探测词真假判断的反应时存在非常显著差异[t(24)=
−3.226, p=0.004<0.01],而直义句和无关句条件下探测词真假判断的
反应时不存在显著差异。隐喻句条件下反应时间最短,直义句次之,无关
句的反应时间最长。

　　2. ERPs 数据结果

　　本实验采用 Neuroscan 4.5 对采集的脑电数据进行离线分析。收集
了 15 个电极(FP1,F3,FPZ,FZ,FCZ,FP2,F4,C3,CZ,CPZ,C4,P3,PZ,
POZ,P4)的数据,表 6.3 显示了 15 个电极在脑区和脑半球上的分类。图
6.3 显示了判断探测词时 15 个代表电极的脑电图。我们可以看到,三种
句子条件下具有不同的脑电数据。图 6.5 显示了隐喻句、直义句和无关
句条件下探测词真假判断 0~1 000 ms 平均波幅的地形图。

表 6.3　隐喻句、直义句和无关句三种条件下 15 个电极分布情况

半球 \ 脑区	额　区	中央区	顶　区
左	FP1,F3	C3	P3
中	FPZ,FZ,FCZ	CZ,CPZ	PZ,POZ
右	FP2,F4	C4	P4

语义修辞的认知神经机制研究

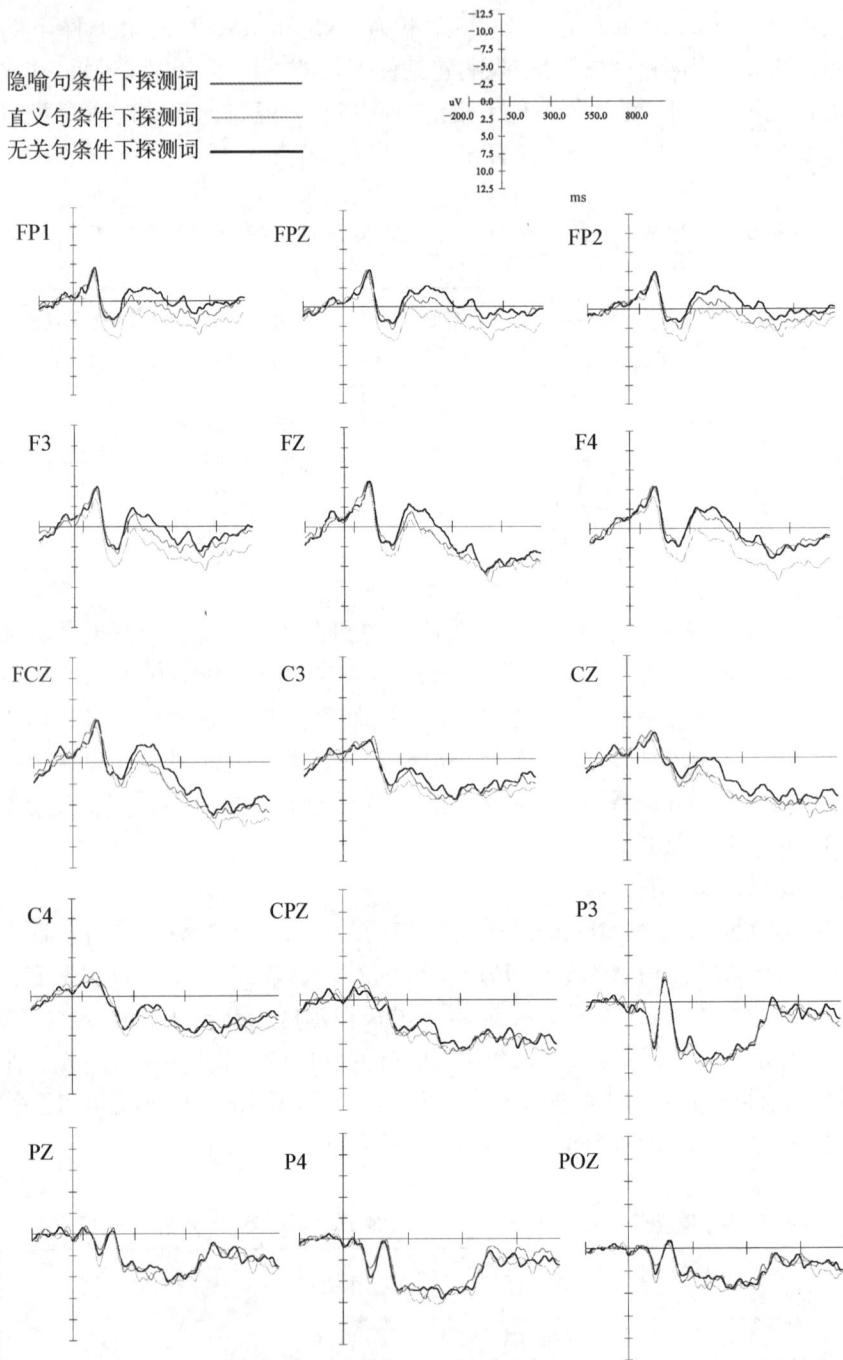

图 6.3　15 个电极在隐喻句、直义句和无关句条件下探测
词真假判断诱发的脑电图

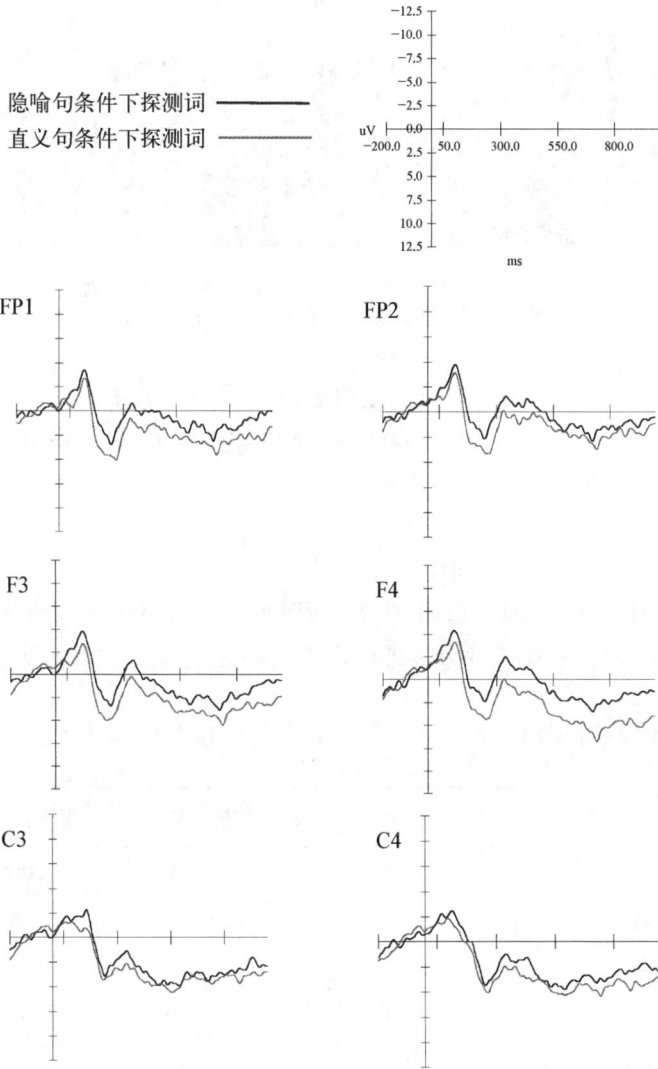

隐喻句条件下探测词 ——————

直义句条件下探测词 ——————

图 6.4 隐喻句和直义句条件下探测词真假判断时的
左右脑对应三个电极脑电图对比

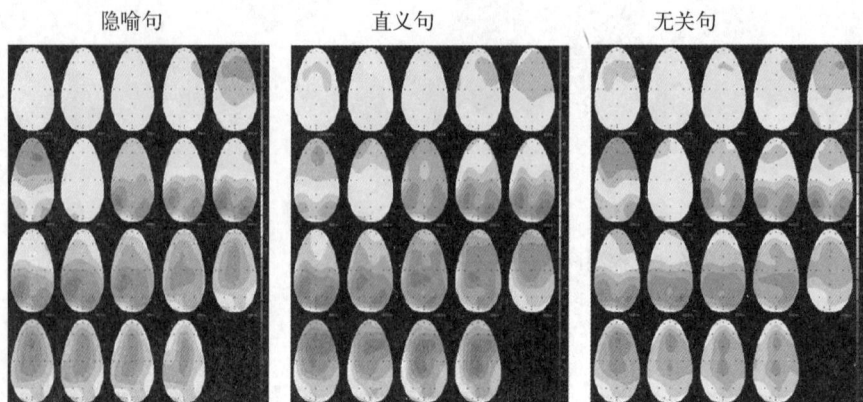

| 隐喻句 | 直义句 | 无关句 |

图 6.5　隐喻句、直义句和无关句条件下探测词真假判断 0~1 000 ms 平均波幅的地形图对照 X：60 Y：−13—+13

　　最后，我们选择了两个时间窗对脑电数据展开分析。这两个时间窗分别是 310~560 ms 和 560~1 000 ms。脑电数据分析采用 3×3×3 重复测量方差分析，即三种条件（隐喻句、直义句、无关句）、脑区（额区、中央区、顶区）与半球（左、中、右）。

　　（1）310~560 ms 时间窗

　　在 310~560 ms 时间窗内，主要 ERPs 成分是 N400，主要涉及早期语义整合加工。对该脑电成分数据进行离线分析，结果如表 6.4 所示。

表 6.4　隐喻句、直义句和无关句三种条件下探测词真假判断诱发的 N400 平均波幅重复测量方差分析

指　标	自由度	方　差	显著值（双尾）
句子条件	2	5.707	.006**
脑　区	2	106.829	.000***
半　球	2	6.266	.004**
句子条件 * 脑区	4	7.326	.000***
句子条件 * 半球	4	2.774	.032*
脑区 * 半球	4	18.073	.000***
句子条件 * 脑区 * 半球	8	2.737	.007**

　*　　差异显著（$p \leq 0.05$）
　**　　差异非常显著（$p \leq 0.01$）
***　　差异极其显著（$p \leq 0.001$）

从表6.4可以看出,三种条件下,句子主效应非常显著$[F(2,46)=5.707, p=0.006]$,脑区主效应极其显著$[F(2,46)=106.829, p=0.000]$,半球主效应非常显著$[F(2,46)=6.266, p=0.004]$,句子条件和脑区交互作用极其显著$[F(4,92)=7.326, p=0.000]$,句子条件和半球交互作用显著$[F(4,92)=2.774, p=0.032]$,脑区和半球交互作用极其显著$[F(4,92)=18.073, p=0.000]$,句子条件、脑区和半球三者交互作用非常显著$[F(8,184)=2.737, p=0.007]$。

由于句子条件和脑区交互作用极其显著,进一步对数据进行分析。分析结果如表6.5、表6.6和表6.7所示。表6.5表明,隐喻句和直义句加工在额区(FP1、FP2)上存在显著差异,且隐喻句比直义句条件下探测词诱发的N400波幅更大。表6.6表明,隐喻句和无关句加工在额区(FP1、FP2、FZ、F3、FCZ)和中央区(CZ)上呈现显著甚至非常显著差异,且无关句比隐喻句条件下探测词诱发的N400波幅更大。表6.7表明,直义句与无关句加工在额区(FPZ、FP1、FP2、FZ、F3、F4、FCZ)和中央区(CZ、C3、CPZ)上呈现显著甚至非常显著差异。综合上述三个表的结果,发现三种条件下探测词诱发的N400波幅:无关句最大,隐喻句次之,直义句最小。

表6.5　隐喻句与直义句条件下探测词真假判断诱发的
N400平均波幅配对样本T检验

指标 电极	隐喻句	直义句	T值	自由度	显著值 (双尾)
FP1	-2.94 ± 2.32	-1.37 ± 2.66	-2.140	23	.043[*]
FP2	-3.34 ± 2.75	-1.82 ± 2.69	-2.439	23	.023[*]

[*]　差异显著($p\leqslant0.05$)
[**]　差异非常显著($p\leqslant0.01$)
[***]　差异极其显著($p\leqslant0.001$)

表6.6　隐喻句与无关句条件下探测词真假判断诱发的
N400平均波幅配对样本T检验

指标 电极	隐喻句	无关句	T值	自由度	显著值 (双尾)
FP1	-2.94 ± 2.32	-4.29 ± 3.02	2.547	23	.018[*]
FP2	-3.34 ± 2.75	-4.62 ± 3.05	2.136	23	.044[*]
FZ	-3.38 ± 3.36	-5.21 ± 4.01	2.739	23	.012[*]

（表6.6　续）

指标 电极	隐喻句	无关句	T值	自由度	显著值（双尾）
F3	−2.79±1.89	−4.30±2.47	2.852	23	.009 **
FCZ	−2.70±2.54	−4.58±3.61	3.063	23	.006 **
CZ	−0.65±2.31	−2.13±2.64	2.503	23	.020 *

　　＊　　差异显著（$p \leqslant 0.05$）
　＊＊　　差异非常显著（$p \leqslant 0.01$）
＊＊＊　　差异极其显著（$p \leqslant 0.001$）

表 6.7　直义句与无关句条件下探测词真假判断诱发的
N400 平均波幅配对样本 T 检验

指标 电极	直义句	无关句	T值	自由度	显著值（双尾）
FPZ	−2.12±3.02	−4.74±2.86	4.947	23	.000 ***
FP1	−1.37±2.66	−4.29±3.02	5.244	23	.000 ***
FP2	−1.82±2.69	−4.62±3.05	6.157	23	.000 ***
FZ	−3.44±3.51	−5.21±4.01	2.963	23	.007 **
F3	−1.69±3.52	−4.30±2.47	3.924	23	.001 ***
F4	−2.19±3.71	−4.81±3.16	3.836	23	.001 ***
FCZ	−2.71±3.94	−4.58±3.61	3.254	23	.003 **
CZ	−0.52±2.82	−2.13±2.64	2.806	23	.010 **
C3	0.72±2.26	−0.64±2.17	2.874	23	.011 *
CPZ	1.91±2.20	1.43±1.96	2.550	23	.018 *

　　＊　　差异显著（$p \leqslant 0.05$）
　＊＊　　差异非常显著（$p \leqslant 0.01$）
＊＊＊　　差异极其显著（$p \leqslant 0.001$）

　　由于句子条件和半球之间存在交互效应,进一步对数据进行分析,发现隐喻句和直义句的识解加工存在着左右脑的差异。对左脑（FP1、F3、C3）和右脑（FP2、F4、C4）的六个电极进行比较后发现：隐喻句和直义句条件下探测词诱发的 N400 波幅在左脑差异较小,而在右脑显示出较大差异,尤其是右侧额区（F4）和中央区（C4）（图 6.4）。进一步的数据统计分析(表 6.8)显示,隐喻句和直义句条件下探测词诱发的 N400 波幅在左脑 FP1 电极上存在显著差异,在 F3 和 C3 电极上都不存在显著差异,在右脑 FP2 电极上存在显著差异,虽然 F4 和 C4 两个电极在 5% 的显著水平下不显著,但是在 10% 显著性水平条件下显著。

表 6.8 隐喻句与直义句条件下探测词真假判断诱发的
N400 平均波幅左右脑区配对样本 T 检验

指标 电极	隐喻句	直义句	T 值	自由度	显著值 (双尾)
FP1	−2.94±2.32	−1.37±2.66	−2.140	23	.043*
F3	−2.79±1.89	−1.68±3.52	1.548	23	.135
C3	0.10±1.52	0.72±2.26	1.473	23	.154
FP2	−3.34±2.75	−1.82±2.69	2.439	23	.023*
F4	−3.79±2.24	−2.19±3.71	1.095	23	.069
C4	−0.55±2.09	0.19±2.59	1.745	23	.094

* 差异显著($p \leqslant 0.05$)
** 差异非常显著($p \leqslant 0.01$)
*** 差异极其显著($p \leqslant 0.001$)

仔细观察 310~560 ms 时间窗,可以看出隐喻句和直义句条件下探测词真假判断的主要差别在于隐喻句条件下所诱发的 N400 波幅比直义句条件下所诱发的波幅更大,而且从表 6.5 可以看出,隐喻句条件下的平均波幅比直义句条件下的平均波幅更大。

(2) 560~1 000 ms 时间窗

在 560~1 000 ms 时间窗内,主要是慢电位。对该脑电成分数据进行离线分析,结果如表 6.9 所示。

表 6.9 隐喻句、直义句和无关句三种条件下探测词真假判断
诱发的慢电位平均波幅重复测量方差分析

指 标	自由度	方 差	显著值(双尾)
句子条件	2	0.429	.653
脑 区	2	2.989	.060
半 球	2	1.242	.298
句子条件 * 脑区	4	3.431	.012*

（表6.9 续）

指　　标	自由度	方　差	显著值（双尾）
句子条件 * 半球	4	0.797	.530
脑区 * 半球	4	0.343	.848
句子条件 * 脑区 * 半球	8	1.089	.373

　*　　差异显著（$p \leqslant 0.05$）
　**　　差异非常显著（$p \leqslant 0.01$）
***　　差异极其显著（$p \leqslant 0.001$）

　　表6.9表明，三种条件下，句子主效应不显著[$F(2,46)=0.429$, $p=0.653$]，脑区主效应不显著[$F(2,46)=2.989$, $p=0.060$]，半球主效应不显著[$F(2,46)=1.242$, $p=0.298$]，句子条件和脑区交互作用显著[$F(4,92)=3.431$, $p=0.012$]，句子条件和半球交互作用不显著[$F(4,92)=0.797$, $p=0.530$]，脑区和半球交互作用不显著[$F(4,92)=0.343$, $p=0.848$]，句子条件、脑区和半球三者交互作用不显著[$F(8,184)=1.089$, $p=0.373$]。

　　由于句子条件和脑区交互作用显著，进一步对数据进行分析，分析结果如表6.10、表6.11和表6.12所示。表6.10表明，虽然在5%的显著水平下，隐喻句和直义句条件下探测词真假判断的慢电位在额区（F4）上不显著，但是其在10%显著性水平条件下显著（$p=0.053$），且直义句比隐喻句条件下探测词诱发的慢电位平均波幅更大。表6.11表明，隐喻句和无关句条件下探测词真假判断的慢电位在额区（FPZ、FP1、FP2、F3、FCZ）和中央区（CZ）存在显著差异，且隐喻句比无关句条件下探测词诱发的慢电位平均波幅更大。表6.12表明，直义句与无关句加工在额区（FPZ、FP1、FP2、F3、F4、FCZ）上存在显著甚至极其显著差异，且直义句比无关句条件

表 6.10　隐喻句与直义句条件下探测词真假判断诱发的
慢电位平均波幅配对样本 T 检验

指标 电极	隐喻句	直义句	T 值	自由度	显著值 （双尾）
F4	1.94±3.07	3.90±3.77	−2.042	23	.053

　*　　差异显著（$p \leqslant 0.05$）
　**　　差异非常显著（$p \leqslant 0.01$）
***　　差异极其显著（$p \leqslant 0.001$）

表 6.11　隐喻句与无关句条件下探测词真假判断诱发的
慢电位平均波幅配对样本 T 检验

指标 电极	隐喻句	无关句	T 值	自由度	显著值 （双尾）
FPZ	1.13±3.59	−0.16±3.91	2.634	23	.015*
FP1	1.16±3.69	0.01±3.64	2.228	23	.036*
FP2	1.46±2.28	0.04±3.88	2.425	23	.024*
F3	2.20±2.97	1.24±3.23	2.120	23	.045*
FCZ	4.91±3.19	3.61±3.59	2.261	23	.033*
CZ	4.99±2.82	3.68±3.34	2.496	23	.020*

   *　　差异显著（$p \leqslant 0.05$）
  **　　差异非常显著（$p \leqslant 0.01$）
***　　差异极其显著（$p \leqslant 0.001$）

表 6.12　直义句与无关句条件下探测词真假判断诱发的
慢电位平均波幅配对样本 T 检验

指标 电极	直义句	无关句	T 值	自由度	显著值 （双尾）
FPZ	2.16±3.29	−0.16±3.91	5.083	23	.000***
FP1	2.47±3.24	0.01±3.64	4.122	23	.000***
FP2	2.03±2.73	0.04±3.88	2.738	23	.012*
F3	3.24±3.10	1.24±3.23	3.187	23	.004**
F4	3.90±3.77	1.70±3.88	2.392	23	.025*
FCZ	5.23±4.23	3.61±3.59	2.532	23	.019*

   *　　差异显著（$p \leqslant 0.05$）
  **　　差异非常显著（$p \leqslant 0.01$）
***　　差异极其显著（$p \leqslant 0.001$）

下探测词真假判断诱发的慢电位波幅更大。综合上述三个表的结果,发现三种条件下的探测词诱发的慢电位平均波幅:直义句最大,隐喻句次之,无关句最小。

（六）分析与讨论

1. 行为数据结果显示隐喻识解过程中可能性特征提取具有心理现实性

行为数据结果证明了本研究的思辨性结论,即隐喻识解过程中可能性特征提取具有心理现实性,可能性特征提取有助于促进修辞话语的识解。本研究的实验所得行为数据显示,被试在三种句子类型条件下探测词"真假"判断的正确率不存在显著差异,正确率均超过了99%。这说明被试认真参加了实验。

对反应时的分析发现,探测词在无关句条件下反应时最长,字面义条件下其次,隐喻句条件下最短。这一结果表面上看与以往研究结果不相符合,或者不符合一般预期,但这一结果恰好证明了本研究的思辨性结论,即被试在隐喻的理解过程中发生了可能性特征的提取。

根据本实验的原理,被试需要先阅读语境句,然后对随机呈现的关键句进行理解并完成对探测词真假的判断;被试在语境句的作用下,对关键句的语义信息产生了预期的心理期待。因此,当所呈现的关键句为符合该语境下最常用的隐喻性表达时,被试成功提取了该隐喻信息的可能性特征,因此被试在完成了完整的语义通达之后,即当探测词与被试在理解隐喻时提取的可能性特征相符时,探测词的真假判断的反应时间会缩短,能更快速地做出判断;此时的字面句虽然在语义通达难度上最低,但却不是该语境下所期待的话语类型,因此探测词真假判断的反应时要长于隐喻句条件下的情况;无关句条件下的探测词判断反应时最长,这主要是因为当呈现的关键句与语境信息无关时,被试需要一定的时间来"适应"该冲突,因此在进行探测词判断时会受到前面"适应"过程的影响,因而所需反应时最长。

综上所述,行为数据结果总体上能够支持以下结论:隐喻识解过程中可能性特征提取具有心理现实性,有助于促进修辞话语的识解。

2. 反映早期语义加工阶段的可能性特征提取情况

一般认为,迄今为止,关于N400,存在一个基本共识,即N400反映了语言理解过程中的语义加工情况,即反映了将词汇语义与上下文的语义表征进行整合的过程;语义加工的难易度与N400波幅成正比关系,即难度越大,N400的波幅就越大(周晓林、叶铮,2006:310)。

本研究的N400波幅与预期基本一致,无关句条件下的N400振幅最大,隐喻句条件下次之,直义句条件下最小。

由于语境的作用,被试对隐喻所隐含的可能性特征已经有预期,当出现探测词时,被试能够很快实现探测词与关键词的语义匹配,也就是说,语境句和关键句对探测词真假判断具有促进作用。而对于直义句条件下的探测词来说,探测词与关键句中的关键词的语义几乎是对等的,属于同义词,被试可直接联系起来。因此,被试在隐喻句条件下比在直义句条件下进行探测词真假判断需要付出更多的认知努力。与此相反,无关句条件下的语境句和关键句则无法为其提供可能性特征的预期,无法实现探测词与关键词的语义匹配,也就是说,语境句和关键句对探测词真假判断不具有促进作用。

因此,本实验结果表明,人们在理解隐喻性话语时提取的可能性特征,便是本体与喻体之间的共同特性,比如"他是牛"这样常见的隐喻句,"他"与"牛"之间存在多种可能性特征,比如"倔强""勤劳"等。因此通过提供语境条件的限制,人们可以提取出最符合当下语境的可能性特征,达成隐喻的理解。本实验中被试通过提取可能性特征,有效促进了探测词真假判断的过程。

3. 反映晚期语义整合阶段的可能性特征提取情况

慢电位反映了后期深层次的认知加工过程,比如语义处理或语义整合过程。从本实验所得数据可以看出,字面句条件下的探测词在后期需要付出的认知加工努力最小,字面句条件和隐喻句条件之间的波幅差异主要集中在前额部分。无关句条件下探测词真假判断诱发的慢电位波幅最小,因此,需要付出的认知加工努力最大。

本实验中尽管差异不显著,但总体来说,字面句条件下探测词真假判断的慢电位大于隐喻句条件下的慢电位。这可能是因为字面句太过于熟悉,被试无需提取可能性特征便可达成对句子的识解。这一结果与Pynte, et al. (1996)的结果有相似之处:其研究发现的语境效应说明,和处于相关语境的隐喻句相比,处于不相关语境的隐喻句会诱发更大的N400和较小的晚正成分。与此相类似的情况是,Goldstein, et al. (2012)的研究显示,与没有释义的新异隐喻相比,已释义的新异隐喻诱发较小的N400和较大的LPC波幅;而常规隐喻则诱发了增大的N400和减小的LPC波幅。

本实验中出现的一个特殊情况值得关注,即脑电结果与反应时之间存在一定的差异。也就是说,隐喻句条件下探测词的反应时比直义句条件下短;隐喻句条件下探测词诱发的N400比直义句条件下波幅更大,诱发的LPC则更小。这可能从一个侧面说明反应时与脑电结果不一定完全匹配的问题;而且这很大程度上是本实验过程中的语境作用所致,因为语境和关键句与探测词的匹配度不同,隐喻句最高,直义句较高,而无关句最低。

以上几个方面的结果显示,可能性特征可提取话语对探测词"真假"判断任务产生了促进作用。这说明,受试成功地为理解隐喻话语提取了所需要的可能性特征,即是说,可能性特征提取过程,对于修辞话语理解具有心理现实性。

第三节　反语识解机制的 ERPs 研究

一　反语理解神经机制的 ERPs 研究回顾

　　国外早在几十年前就开始采用心理学实验等实证手段研究反语(Muecke,1969);国内学者对反语的研究大多是从修辞语用角度(如刘瑜,2013 等)和认知心智角度(如孙毅、呼云婷,2016 等)开展的定性内省研究,少量从心理语言学和神经认知语言学角度开展汉语修辞现象的实证研究(如张积家、陈栩茜,2005;王小潞等,2016 等)也是最近十年才开始的,而且很少涉及反语研究。

　　回顾早期对反语理解的研究,我们发现,研究者大致都是通过行为测量、自定步速移动窗口(self-paced moving window)、眼动追踪等实验方法和技术探讨反语的认知加工模型以及反语认知加工中的影响因素等(如Giora, et al., 1998; Ivanko & Pexman, 2003; Filik & Moxey, 2010 等)。近年来,随着神经语言学的发展,研究者开始采用新兴技术从大脑神经机制层面进一步对反语的理解展开研究;还有少数研究者(如 Eviatar & Just,2006; Shibata, et al., 2010 等)运用 fMRI 技术对反语加工的大脑活动皮层区域进行定位,但受制于 fMRI 技术的操作成本及实验结果的不可重复性,研究目前为止尚未取得一致的结论。

　　目前,大多数反语研究主要采用 ERPs 技术考察反语理解的认知加工神经机制。ERPs 技术自 20 世纪末运用到反语理解研究以来,为反语理解的时间进程和反语理解的影响因素等研究提供了直观、科学的研究指标,获取了许多行为实验无法解释的研究成果。本研究主要从反语理解ERPs 研究关注的脑电成分和反语理解的优势半球入手进行回顾。

(一) 反语理解 ERPs 研究

1. 反映早期语义信息识别的加工研究

　　P200 也被称为识别波(Recognition Potential, RP),一般出现在刺激呈现后 150~250 ms 之间,主要分布在额中央区,被认为与早期词汇语义信息的识别加工有关(Skrandies,1998)。但和其他与语言相关的 ERPs 成分相比,目前 P200 在语言加工中的作用还不十分明确。有研究表明, P200 还可能与早期知觉加工有关,如注意选择(Picton & Hillyard,1974) 或特征察觉(Crowley & Colrain,2004)等;P200 也可能对早期语音信息的 加工敏感(Landi & Perfetti,2007)有关;Dambacher,et al.(2006)研究发 现,词汇频率和预期度对 P200 的波幅同样存在影响。

Regel,et al.(2010)考察了说话人的交际风格与受话人的语用能力 协同影响反语认知加工的动态过程。研究发现,受话人对说话人交际风 格(偏好使用反语表达与偏好使用字面义表达)的识别会影响反语的理 解。实验第一阶段发现,偏好使用反语表达的 A 使用反语表达时,其 P200 波幅显著大于偏好使用字面义表达的 B 使用反语表达时。这说明, 当说话人的交际风格与受话人预期吻合度较高时,会诱发较大的 P200 波 幅;这一结论与 Dambacher,et al.(2006)的研究结果一致。实验第二阶 段(同一批被试但间隔一天)通过对高语用能力组被试和低语用能力组被 试 200~300 ms 时间窗分析发现,两组被试出现了与反语相关的 P200 差 异:即偏好使用反语表达的 A 使用反语表达和偏好使用字面义表达的 B 使用字面义表达时,高语用能力组被试的 P200 波幅显著大于低语用能力 组被试的 P200 波幅。这说明高语用能力组被试通过实验第一阶段对不 同说话人交际风格的形成判断(语用线索)影响反语语义的早期识别 加工。

还有研究证明,P200 成分对早期反语理解的语音加工敏感。 Amenta & Balconi(2008)考察了语言信息(反语句/非反语句)和非语言信 息(韵律、语境等)的交互作用对反语理解的动态加工。刺激材料是听觉 呈现不同韵律的反语句和非反语句(均包含情景语境),要求被试通过末 尾句判断句子类型(反语句或非反语句)。实验结果表明,在 150~250 ms 时间窗内,反语句诱发了显著的 P200。这一研究表明韵律所承载的情感 因素参与了反语理解的早期加工,并对中后期的反语理解起到了促进作 用。但遗憾的是,该实验材料没有对非反语句进行控制,非反语句也可能 存在字面义和无意义句,因而研究可能存在对非反语句中各脑电成分的 考察不够到位的情况。

2. 反映反语早期语义整合加工的研究

就反语研究而言,Cornejo,et al.(2007)、Amenta & Balconi(2008)、 Regel(2009)、Regel,et al.(2010,2011)试图通过一系列研究,考察反语 认知加工过程中是否存在 N400 成分;如果存在,它是否意味着反语义对字面义的语义违反。

Cornejo, et al.（2007）运用 ERPs 手段探讨了在相同语言靶刺激下，不同认知加工策略（整体性策略与分析性策略）对反语理解在线加工的影响。刺激语料包括反语句、字面义句和无意义句。研究结果显示，在整体性策略中，无意义句和反语句 N400 效应显著；而在分析性策略中，没有发现 N400 效应。作为控制句的无意义句所诱发的 N400 效应是由语义信息与靶刺激不匹配造成的，是一种语义违反；而反语句的 N400 波幅明显大于无意义句，故而不能同等视为语义违反来处理，它应当是语境信息不足所诱发的：目标词的语境信息越少，被试加工整合语义信息的难度就越大，所付出的认知努力就越多，越能诱发更大的 N400 波幅。这与前人的研究（如 Kutas & Federmeier，2000 等）不谋而合。但 Cornejo, et al.（2007）的实验未能对语境的信息量进行控制，今后的研究可从这一方面对实验设计进行完善，或许会得到更好的研究成果。

Amenta & Balconi（2008）以 N400 为研究指标，考察语用线索"韵律"对反语理解的影响。刺激材料是听觉呈现不同韵律（反语调与中性调）的反语句和字面义句，其中反语句内容分为反事实的反语句（如 An insult is a pleasantry. ）和非反事实的反语句（如 An insult is an abuse. ）。ERPs 时间窗显示，大约在 460 ms 都能观察到一个 N400 成分，但句子类型和句子内容之间不存在显著差异；虽然反语句诱发了较大的 N400 波幅，但和字面义句之间不存在显著差异。这一研究结果说明，N400 效应不明显，因此，反语不能被当做语义违反来处理，这很有可能是因为被试需要付出更多的认知努力来对词汇、韵律、情境等线索进行整合。Regel（2009）通过韵律评估对反语理解的影响得出了类似的研究结论：韵律没有使反语诱发明显的 N400 效应。Regel 由此认为，如果语境信息充足，反语加工至少在第一阶段还是比较容易的。Regel, et al.（2010，2011）对反语理解的认知加工过程的研究也未发现显著的 N400 效应。实验结果表明，反语理解并不仅仅是语义整合难度上的增大，更有可能还意味着受话人需要付出更多的认知努力进行语用推理，以获取含义。

由是观之，在 Cornejo, et al. 的实验中虽然发现了较为显著的反语 N400 效应，但被认为是语境信息不足所诱发，并非是反语义对字面义的语义违反；Amenta & Balconi 以及 Regel, et al. 的实验均未发现显著的 N400 效应，这表明反语句在语义加工上具有更大难度，需要被试付出更多的认知资源来整合各种语言及非语言线索。因此，在反语认知加工过程中，N400 的出现与否都不是反语义对字面义语义违反的结果。

3. 反映反语晚期语义整合加工的研究

近期研究发现,句子中语义和语用异常时也会诱发 P600(如 Kolk, et al., 2003;Kuperberg, et al., 2003 等),被称为语义 P600 效应,它反映了晚期句子语义的整合。

Regel, et al. (2010)关于说话人交际风格对受话人反语理解影响的研究中不仅发现了显著的 P200 效应,在(相隔一天进行的)实验的两个阶段也分别发现了 P600 效应。在实验第一阶段,偏好使用字面义表达的 B 在使用反语表达时,诱发了明显增大的 P600 波幅;而偏好使用反语表达的 A 使用反语和字面义表达时,P600 波幅趋同。这一结果与 Coulson, et al. (1998)的研究结论一致,即刺激出现的概率会带来 P600 波幅的变化,出现概率较小的刺激会诱发较大的 P600 波幅;而偏好使用反语表达的 A 使用概率较小的字面义却没有诱发较大波幅的 P600 的原因在于:字面表达是人类日常交际活动中的常态交流方式,受话人并不会预设 A 会在所有情况下都使用反语表达。在实验第二阶段,A 和 B 的反语表达比例均为 50%,但 A 在使用反语表达时所诱发的 P600 波幅显著大于其使用字面义表达时的 P600 波幅;B 在使用两种表达时均无显著 P600 效应。这一结果表明,A 在实验第一阶段形成的特殊交际风格(偏好使用反语表达)已给受话人留下了较为深刻的印象,A 在实验第二阶段中交际风格的改变与受话人已形成的印象不相符,致使其在使用两种不同表达方式时导致 P600 波幅呈现出显著差异,这也体现了受话人为正确理解反语而对非语言信息(交际风格)进行的再次整合。这一研究结果与 Lattner & Friederici(2003)的观点相似。

Regel, et al. (2011)通过两个实验再次考察了反语句和字面义句的认知加工过程。刺激语料从呈现形态(听觉 VS 视觉)、任务要求(理解任务 VS 被动阅读)和刺激出现概率等方面进行了控制。实验结果均一致发现,反语认知加工并未导致 N400 效应的出现,而是诱发了较大的晚正成分 P600(Amenta & Balconi, 2008;Spotorno, et al., 2013)。Regel, et al. 又进一步发现,此次实验中出现的反语 P600 效应并非是由于任务要求或刺激出现概率的不同所诱发的,它反映了语用认知加工的整合,反语理解的后期需要受话人付出更多的认知资源进行语用推理加工,即对语义和非语言信息进行重新整合。Regel, et al. 的研究还发现韵律并未参与反语的识别和认知加工过程,这与其他人的研究结论不太一致(如 Amenta & Balconi, 2008;Rigoulot, et al., 2014 等),但 Regel, et al. 并未对韵律效应缺失的原因进行清楚阐释,需要进一步的研究求证。

国内关于反语理解的 ERPs 研究,目前主要有奉先武(2011)和黄彬瑶(2015)。奉先武(2011)采用 ERPs 技术探索中文熟悉反语的心理加工过程,拟验证 Giora 显性度假说。实验材料采用熟悉反语句子。其研究共开展了三个实验,每个实验都发现了 P600 主效应。该研究得出了如下主要结论:验证了 Giora 关于熟悉反语晚期语义处理过程的保留假说;熟悉反语的加工相对于直义而言要困难一些;反语理解过程中,右脑具有重要作用,而且额区和额顶联合区对语言加工理解特别是语义整合具有重要作用。

黄彬瑶(2015)在通过 ERPs 实验考察语言语境(上下文关联)在汉语反语认知加工中的作用后,借鉴 Regel, et al. (2010)的实验设计进一步开展了实验,旨在探究非语言语境(说话人交际风格和受话人语用知识)如何对汉语反语认知加工产生影响。其脑电数据也发现了显著的 P600 成分,实验结果进一步证实了 Regel 等人的观点。黄彬瑶认为,说话人交际风格等非语言信息主要影响反语认知加工的早期识别及后期整合。受话人语用能力越强,对不同说话人交际风格差异的敏感度就越高,因而对符合说话人风格的表达就会具有更高的预期,这可能就是反语认知加工的早期识别阶段出现差异的原因(黄彬瑶,2015)。简言之,说话人风格等非语言信息、受话人语用能力等认知的个体差异构成反语理解需要的非语言语境因素,对反语理解造成影响。

(二) 反语理解的优势半球研究

对反语理解的半球效应进行考察是反语认知加工机制研究的重要途径,并为研究者探索大脑功能开启了一扇窗口。反语理解的优势半球研究主要通过三种方式进行:脑病理研究(Tompkins & Mateer, 1985; Giora, et al., 2000 等)、分视域研究(如 Briner, et al., 2011; Saban-Bezalel & Mashal, 2015 等)和脑神经成像研究;其中,脑神经成像研究主要采用 fMRI 技术(如 Eviatar & Just, 2006 等)或 ERPs 技术(如 Metusalem, et al., 2016 等)对反语加工的半球优势进行探索。

研究者对修辞理解的半球效应存在较大争议。有支持左半球优势的(Rapp, et al., 2004);有赞同右半球优势的(如 Eviatar & Just, 2006 等);还有倾向于左右半球协同效应的(如 Faust & Weisper, 2000 等)。Briner, et al. (2011)、Eviatar & Just(2006)、Metusalem, et al. (2016)等人的研究都一致认同反语理解的右半球效应。Metusalem, et al. (2016)借助 ERPs 技术,考察了反语认知加工过程中的半球不对称效应。刺激语料是在一段语篇语境之后以分视域的形式呈现句尾词,分别表达本义、反语义和无关义。研究发现,反语词和无关词在左右两侧视域呈现中所诱发的 N400 波幅均显著大于本义词的 N400 波幅;而在左视域——右半球(LVF/RH)呈现中,反语词的 N400 波幅显著小于无关词的 N400 波幅,在右视域——左半球(RVF/LH)呈现中,两者的波幅并没有显著差异。该结果进一步验证了语言理解过程中语义加工的半球不对称效应:左半球与语言预期的生成有关(如 Federmeier & Kutas, 1999 等);右半球与推理的复杂程度有关(如 Beeman, et al., 2000 等)。反语的认知加工更多地体现了右半球促进效应,这也许是因为被试为了正确理解反语,需要耗费更多的认知资源来推理反语的语义信息和非语言信息的缘故。另外,研究还动态考察了大脑在不同时间窗对脑区的激活情况:在刺激呈现的前150 ms,三类句尾词在左右脑区均有一定程度的激活,脑电位呈负波走势;在 200~500 ms 时间窗,无关词主要激活右脑顶叶中部,反语词则更大范围地激活右脑额叶中部;在 500~900 ms 时间窗,三类句尾词的脑电位仍呈负波走势,反语词的波幅在右脑枕额叶和前额区减小,在左脑额叶和前额区消失。Metusalem 等人的研究结果与 Eviatar & Just(2006)采用 fMRI 技术定位的反语理解右半球优势结论一致;但就具体激活脑区而言,Eviatar & Just 则认为反语认知加工中更多激活的是右侧颞上回中部。

(三) 简要述评

通过上文反语理解神经机制的 ERPs 研究回顾,我们明晰了反语认知加工涉及的脑电成分及脑半球优势等重要问题。

首先,反语认知加工主要涉及的脑电成分包括 P200、N400 和 P600。其中,P200 体现了反语语义加工的早期识别,其波幅大小与被试的预期度成正比;也有部分听觉呈现的研究表明,P200 对早期语音信息的加工敏感有助于被试在反语加工的早期识别出反语韵律,从而使反语加工的第一阶段变得容易。来自 N400 的证据普遍显示反语认知加工过程中 N400 效应缺失;部分研究中出现的 N400 波幅要么被证明为 N400 效应不显著,要么是由于语境信息不够翔实所诱发。而反语加工中的 P600 与句法违例无关,它主要体现了被试为正确理解反语,需要付出更多的认知资源对语义和非语言信息进行重新整合。其次,虽然研究者对修辞理解的半球效应各执一词,但现有研究对于反语理解的右半球优势均一致认可。研究者普遍认为,反语理解不同于其他修辞理解,它需要被试耗费更多的认知资源来推理反语的语义信息和非语言信息。但需要指出的是,对于反语理解在右半球脑区的激活情况,不同研究技术所取得的研究结论仍不太一致。

总体来说,国内外学者对反语认知机制及其加工过程给予了较多关注,取得了不少实证性研究成果。但同时,我们也发现,反语认知加工的ERPs研究还有不少需要加强或突破的地方。第一,与隐喻研究相似,缺乏完整的理论框架作为基础。已有研究未能提出一个反语识解机制研究的统一框架作为指导进行试验研究,即未提供一个汉语反语识解框架并通过实验研究来证明其可行性。第二,使用的材料大多都是印欧语系语言,尤其是英语,汉语反语的ERPs研究涉及较少。第三,没有人运用"可供性提取"研究范式对反语话语识解的心理认知过程即反语识解的内在机制(如其可能性特征的提取等)。因此,对反语这一修辞话语的识解机制的研究基本上是空白。

二 汉语反语识解的认知神经机制的ERPs研究

(一)实验目的

基于第三章提出的ADRIM(内涵外延关联—传承模型),本研究采用ERPs技术,以母语为汉语的英语学习者为被试,进行汉语反语识解的认知神经机制研究,重点探讨汉语反语修辞识解过程中可能性特征提取的心理现实性。主要研究问题为:反语识解过程中是否存在可能性特征提取的电生理学证据?

(二)实验方法

1. 被试

本研究的被试是来自四川外国语大学英语语言文学专业与外国语言学及应用语言学专业的27名研究生(19名女生和8名男生),年龄在23~27岁,平均年龄25岁,母语为汉语,英语都已过专业八级,均为右利手,视力或矫正视力正常,无神经或精神障碍。实验结束后每名被试均获得适量报酬作为奖励。

2. 实验材料

实验材料(附录2)共有29组,包括22组探测词为真词的语料和7组探测词为假词的填充材料。选用填充材料的目的是防止被试形成固定思维模式。同时,实证研究中为了获得稳定和可靠的脑电结果,每种刺激材料不得少于40个。因此,29组材料重复一次,最终实验材料有58组,共计 174 个句子;每组材料包含一个语境句、一个关键句、一个探测词和一个陈述句;语境句为 16~21 个字符,关键句为 6~10 个字符,探测词为 2~4 个字符,陈述句为 4~13 个词符;实验材料包含三种条件:直义句、反语句、无关句。三种实验条件下语境句完全相同;关键句不同:在直义条件下,关键句直接陈述与语境句一致的事件信息;在反语条件下,关键句用与语境句相反的表达来描述一个事件;在无关句条件下,关键句陈述了与语境句意义不相关的信息。

在可能性特征可提取的反语句中的关键词可以提供相应的可能性特征,此可能性特征与前一段落相结合发展成一个连贯的语篇,因此被试较容易提取可能性特征;相反,在可能性特征不可提取的无关句中的关键词不能提供可应用的可能性特征,因此语篇显得不连贯,可能性特征便不能被提取。

每组材料中的探测词是为了测试出被试在理解语篇时是否已成功提取出可能性特征。关于可能性特征可提取语篇,探测词揭示出关键词的可能性特征;而可能性特征不可提取的语篇,探测词无法揭示出关键词的可能性特征。每组实验材料末尾的陈述句是为了确保被试可以全神贯注并尽最大的努力理解语篇。正式实验材料中总共有 58 组陈述句,其中,一半是对语篇的正确的陈述,而另一半则是错误的陈述。填充材料和练习材料的设计与实验材料完全相同。

为了确保实验材料的有效性,所有的材料都经过仔细挑选和设计。请 30 名不参加正式实验的被试在阅读完所有实验材料后,判断探测词与关键句的相关性,从极度不相关到极度相关共有五个等级,最终所选的句子以及探测词都是被试高度熟悉的。所有材料的编写以"清楚、连贯、容易理解"为原则。实验材料样例如下:

语境句:小明在考试期间天天上网打游戏,朋友说道:
关键句 1(反语):"你可真是<u>用功</u>!"
关键句 2(直义):"你可真是<u>贪玩</u>!"
关键句 3(无关):"你可真是<u>吝啬</u>!"
探测词:偷懒　（Yes）
陈述句:小明考试期间没有认真复习。　（Yes）

(三) 实验设计

本实验采用单因素三水平的被试内实验设计,设有三种条件的句子:

反语句、直义句和无关句,可进一步归纳为两种类型:一类是可能性特征可提取,该类又可分为可能性特征需提取(反语句)和可能性特征无需提取(直义句);另一类是可能性特征不可提取(无关句),具体由关键句中的关键词决定。对于反语句来讲,属于可能性特征需提取的类型;可能性特征可提取句的关键词可以提供相应的可能性特征,被试在识解反语句时,若能成功提取反语和直义之间的可能性特征,便说明已经依据相邻关系找到显性和隐性表述之间的传承关系,则对探测词的真假判断具有促进作用。相反,无关句属于可能性特征不可提取的类型,关键词在可能性特征不可提取的句子中不能提供可用的可能性特征,被试在识解无关句时,由于可能性特征不能被提取,语篇显得不连贯,对探测词的真假判断没有产生促进作用。

(四) 实验过程

1. 刺激呈现

首先给每个被试戴上电极帽,让他们进入 ERPs 实验室并舒适地坐在电脑前。准备工作就绪后,告知被试要保持放松,深呼吸,平静下来,除了正常的眨眼动作,身体尽量不要有任何的移动。整个实验过程中,被试的动作幅度必须降到最小,只有在休息时被试才可以完全放松。之后,指引被试阅读屏幕上的指导语,以确保每名被试都清楚实验流程和实验任务。每个实验开始前,通过呈现练习材料让被试熟悉实验任务。在确认被试完全清楚所有要求之后,实验正式开始。

首先在屏幕中央呈现一个 500 ms 的注视点"+"提醒被试注意,然后呈现空屏 500 ms,接下来在屏幕中央呈现语境句,呈现时间为 3 500 ms,之后自动消失;之后呈现空屏 500 ms,接着呈现关键句,2 000 ms 后自动消失;之后呈现空屏 500 ms,接着呈现探测词 500 ms,设置为"反应消失"(若被试未能在 500 ms 内完成判断,呈现设置为"反应消失"的空屏以供被试判断),并记录探测词的脑电、反应时和准确率。之后,再呈现空屏 500 ms,接着呈现陈述句,同时设置"反应消失",被试理解并判断该陈述句的意思与先前的语境含义是否一致,记录准确率数据。最后,呈现空屏 600~800 ms,进入下一试次(见图 6.6)。每个试次均要求受试在阅读理解实验话语(语境句与关键句)后,对探测词与陈述句分别做出"真假"和"正误"判断,并按"F"或"J"键做出反应,分别表示"真/正"和"假/误"。对于两个任务,受试的按键反应均在"F"与"J"之间做了平衡设计。实验前设有练习,中间设有休息。实验流程如图 6.6 所示。

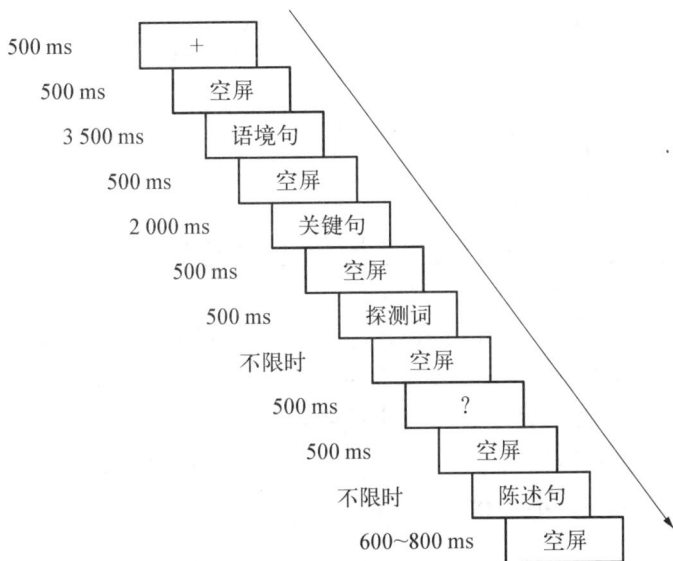

图 6.6　反语的实验流程图

2. 事件相关电位数据记录

本实验在四川外国语大学的认知神经科学和外语学习重点实验室进行。主要设备包含 Synamps 放大器和三台电脑。一台电脑在实验室,向被试呈现实验材料;另外两台电脑在控制室,分别用于实验程序运行和脑电数据记录。其他一些工具包含电极帽、导电膏、注射器、刀、针和酒精片等。

本实验采用 Neuroscan 64 导联 Ag/AgCl 电极帽。双侧乳突作为参考电极,记录水平眼电和垂直眼电,记录 20 个电极脑电数据(见图 6.2):FPZ、FP1、FP2、FZ、FCZ、F3、F4、CZ、C3、C4、T7、T8、CPZ、PZ、P3、P4、POZ、OZ、O1 和 O2。脑电分析时程为 1 200 ms,含刺激前 200 ms 的基线矫正。滤波带通为 0.05~200 Hz,采样频率为 1 000 Hz,电极与头皮接触电阻小于 5 kΩ。离线分析行为数据和脑电数据。

(五)数据分析结果

1. 行为数据结果

27 名被试参加实验,其中 3 名被试的结果伪迹过多,最终对 24 名被试的行为数据结果进行分析。通过 SPSS 19.0 的数据分析,我们得到表 6.13 所示结果。

表 6.13 反语句、直义句和无关句三种条件下
探测词真假判断的行为数据结果

句子类别	被试数	平均反应时(ms)	探测词正确率(%)	陈述句正确率(%)
反语句	24	937.20±253.797	99.70±0.804	97.72±2.245
直义句	24	901.86±157.720	99.70±0.804	98.96±2.245
无关句	24	929.40±219.291	99.16±1.289	98.86±1.289

根据表 6.13,反语句条件下探测词真假判断的平均反应时为 937.20 ms,直义句条件下为 901.86 ms,无关句条件下为 929.40 ms。我们可以看到,直义句条件下探测词真假判断的反应时稍短于其他两种句子类型条件下的反应时,但三种句子类型之间的反应时差距不显著。对行为数据进行配对样本 T 检验,结果如表 6.14。

表 6.14 反语句、直义句和无关句三种条件下探测词真假
判断的反应时数据配对样本 T 检验结果

指 标	对比条件	T 值	自由度	显著值(双尾)
反应时	反语—直义	0.612	23	0.546
反应时	反语—无关	0.130	23	0.898
反应时	直义—无关	0.512	23	0.613

* 差异显著($p \leqslant 0.05$)
** 差异非常显著($p \leqslant 0.01$)
*** 差异极其显著($p \leqslant 0.001$)

从表 6.14 可以看出,反语句和直义句条件下探测词真假判断的反应时之间没有显著差异[$t(23)=0.612$, $p=0.546>0.05$];无关句和反语句条件下探测词真假判断的反应时之间没有显著差异[$t(23)=0.130$, $p=0.898>0.05$];直义句和无关句条件下的探测词反应时也没有显著差异[$t(23)=0.512$, $p=0.613>0.05$]。这表明三种条件下探测词真假判断的反应时两两对比均没有呈现出显著差异。

2. 事件相关电位数据结果

本实验采用 Neuroscan 4.5 对采集的脑电数据进行离线分析。共分析了九个电极(F3、FZ、F4、C3、CZ、C4、P3、PZ、P4)的数据,表 6.15 显示了九个电极在脑区和半球上的分布。图 6.7 显示了判断探测词时九个代表电极的脑电图。图 6.8 显示了反语句、直义句和无关句条件下探测词真

假判断0~1 000 ms平均波幅的地形图。最后,我们选择了两个时间窗对脑电数据展开分析。这两个时间窗分别是250~450 ms,450~1 000 ms。脑电数据分析采用3×3×3重复测量方差分析,即三种条件(反语句、直义句、无关句)、脑区(额区、中央区、顶区)与脑半球(左、中、右)。

表6.15　反语句、直义句和无关句三种条件下九个电极分布情况

脑区 半球	额　区	中央区	顶　区
左	F3	C3	P3
中	FZ	CZ	PZ
右	F4	C4	P4

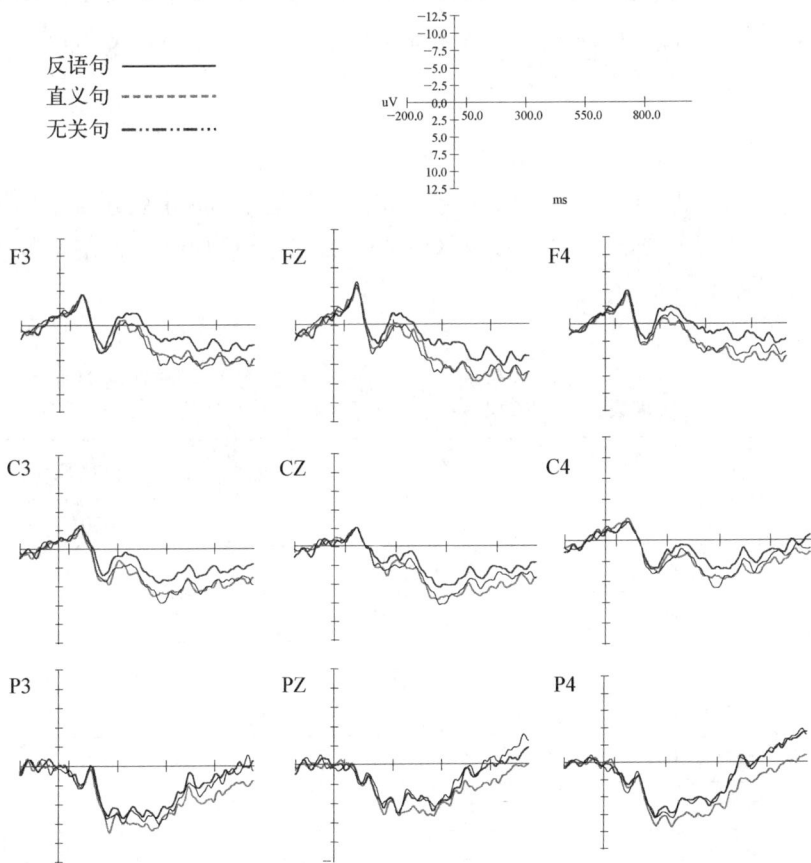

图6.7　反语句、直义句和无关句条件下探测词加工的
九个电极ERPs波幅的总平均值

反语句   直义句   无关句

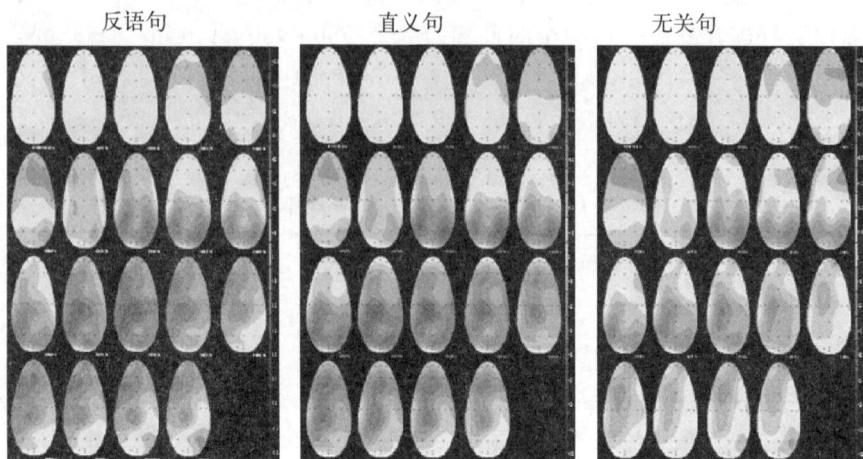

图 6.8 反语句、直义句和无关句条件下探测词加工 0~1 000 ms 平均波幅的地形图对照 X：60 Y：−13—+13

（1）250~450 ms 时间窗

在 250~450 ms 时间窗内，主要 ERPs 成分是 N400，主要涉及早期语义加工，即早期语义整合。对该脑电成分数据进行离线分析，结果如表 6.16 所示。

表 6.16 反语句、直义句和无关句三种条件下探测词真假判断诱发的 N400 平均波幅重复测量方差分析

指 标	自由度	方 差	显著值（双尾）
句子条件	2	9.771	.000***
脑 区	2	48.668	.000***
半 球	2	0.853	.433
句子条件 * 脑区	4	1.055	.384
句子条件 * 半球	4	0.446	.775
脑区 * 半球	4	2.060	.093
句子条件 * 脑区 * 半球	8	0.927	.496

* 差异显著（$p \leqslant 0.05$）
** 差异非常显著（$p \leqslant 0.01$）
*** 差异极其显著（$p \leqslant 0.001$）

表 6.16 表明,三种条件下句子主效应极其显著$[F(2,46)=9.771,$ $p=0.000]$,脑区主效应极其显著$[F(2,46)=48.668, p=0.000]$,半球主效应不显著$[F(2,46)=0.853, p=0.433]$,句子条件和脑区交互作用不显著$[F(4,92)=1.055, p=0.384]$,句子条件和半球交互作用不显著$[F(4,92)=0.446, p=0.775]$,脑区和半球交互作用不显著$[F(4,92)=2.060, p=0.093]$,句子条件、脑区和半球三者交互作用不显著$[F(8,184)=0.927, p=0.496]$。由于句子条件主效应显著,进一步对三种条件下探测词诱发的 N400 平均波幅进行配对样本 T 检验分析,如表 6.17 所示。

表 6.17　反语句、直义句与无关句三种条件下探测词真假判断诱发的 N400 平均波幅配对样本 T 检验

指标 条件对比	平均值对比	T 值	自由度	显著值(双尾)
反语句—直义句	3.04±2.93—3.30±2.13	-0.743	23	.465
无关句—直义句	1.76±3.27—3.30±2.13	3.429	23	.002 **
无关句—反语句	1.76±3.27—3.04±2.93	4.160	23	.000 ***

* 　 差异显著$(p \leqslant 0.05)$
** 　 差异非常显著$(p \leqslant 0.01)$
*** 　 差异极其显著$(p \leqslant 0.001)$

仔细观察 250~450 ms 时间窗内脑电,可以看出反语句和直义句条件下探测词诱发的 N400 平均波幅没有显著差异,而无关句比直义句和反语句条件下诱发更大的 N400 平均波幅。表 6.17 表明,反语句和直义句条件下探测词诱发的 N400 平均波幅没有显著差异$[t(23)=-0.743, p=0.465]$;无关句和直义句条件下探测词诱发的 N400 平均波幅存在非常显著差异$[t(23)=3.429, p=0.002]$;无关句和反语句条件下探测词诱发的 N400 平均波幅存在极其显著差异$[t(23)=4.160, p=0.000]$。另外,无关句$(M=1.76)$条件下比反语句$(M=3.04)$和直义句$(M=3.30)$条件下探测词诱发的 N400 平均波幅更大。

(2) 450~1 000 ms 时间窗

在 450~1 000 ms 时间窗内,主要是慢电位,对该脑电成分数据进行离线分析,如表 6.18 所示。

表 6.18 反语句、直义句和无关句三种条件下探测词真假判断诱发的慢电位平均波幅重复测量方差分析

指 标	自由度	方 差	显著值(双尾)
句子条件	2	9.031	.000***
脑 区	2	13.210	.000***
半 球	2	32.606	.000***
句子条件 * 脑区	4	5.917	.000***
句子条件 * 半球	4	1.756	.145
脑区 * 半球	4	7.173	.000***
句子条件 * 脑区 * 半球	8	1.449	.179

   * 差异显著($p \leqslant 0.05$)

  ** 差异非常显著($p \leqslant 0.01$)

*** 差异极其显著($p \leqslant 0.001$)

表 6.18 表明,三种条件下句子主效应极其显著[$F(2,46)=9.301$, $p=0.000$],脑区主效应极其显著[$F(2,46)=13.210$, $p=0.000$],半球主效应极其显著[$F(2,46)=32.606$, $p=0.000$],句子条件和脑区交互作用极其显著[$F(4,92)=5.917$, $p=0.000$],句子条件和半球交互作用不显著[$F(4,92)=1.756$, $p=0.145$],脑区和半球交互作用极其显著[$F(4,92)=7.173$, $p=0.000$],句子条件、脑区和半球三者交互作用不显著[$F(8,184)=1.449$, $p=0.179$]。

由于句子条件和脑区之间存在交互作用,进一步对数据进行分析,分析结果如表 6.19、表 6.20 和表 6.21 所示。表 6.19 表明,反语句和直义句加工在顶区的 PZ 和 P4 上分别存在显著和非常显著差异,且直义句比反语句条件下探测词诱发的慢电位平均波幅更大。表 6.20 表明,反语句和无关句加工在额区(FZ、F3、F4)存在非常显著甚至极其显著差异,中央区(CZ)上存在显著差异,且反语句比无关句条件下探测词诱发的慢电位平均波幅更大。表 6.21 表明,直义句与无关句加工在额区(FZ、F3、F4)、中央区(CZ、C3、C4)和顶区(P3、P4)上存在显著甚至极其显著差异。综合上述三个表的结果,发现三种条件下的探测词诱发的慢电位平均波幅:直义句最大,反语句次之,无关句最小。

表 6.19　反语句与直义句条件下探测词真假判断诱发的
慢电位平均波幅配对样本 T 检验

指标 电极	反语句	直义句	T 值	自由度	显著值 （双尾）
PZ	0.84±4.73	3.12±2.11	-2.068	23	.050*
P4	-0.11±3.69	2.61±2.88	-3.134	23	.005**

　*　　差异显著($p \leq 0.05$)
　**　　差异非常显著($p \leq 0.01$)
***　　差异极其显著($p \leq 0.001$)

表 6.20　反语句与无关句条件下探测词真假判断诱发的
慢电位平均波幅配对样本 T 检验

指标 电极	反语句	无关句	T 值	自由度	显著值 （双尾）
FZ	5.85±3.60	3.12±3.64	4.360	23	.000***
F3	5.21±3.84	2.00±2.91	4.691	23	.000***
F4	3.75±3.77	1.18±3.53	3.167	23	.004**
CZ	5.14±4.03	3.45±3.79	2.298	23	.031*

　*　　差异显著($p \leq 0.05$)
　**　　差异非常显著($p \leq 0.01$)
***　　差异极其显著($p \leq 0.001$)

表 6.21　直义句与无关句条件下探测词真假判断诱发的
慢电位平均波幅配对样本 T 检验

指标 电极	直义句	无关句	T 值	自由度	显著值 （双尾）
FZ	5.92±3.52	3.12±3.64	4.337	23	.000***
F3	4.66±2.59	2.00±2.91	3.937	23	.001**
F4	4.30±3.76	1.18±3.53	3.689	23	.001**
CZ	5.68±2.95	3.45±3.79	3.906	23	.001**
C3	4.66±2.49	2.81±4.02	2.777	23	.011*
C4	3.37±3.24	1.42±3.46	2.681	23	.013*

（表6.21　续）

指标 电极	直义句	无关句	T值	自由度	显著值 （双尾）
P3	4.57±2.84	2.54±3.76	3.763	23	.001***
P4	2.61±2.88	−1.66±6.87	3.077	23	.005**

　　*　　差异显著($p \leqslant 0.05$)
　　**　　差异非常显著($p \leqslant 0.01$)
　***　　差异极其显著($p \leqslant 0.001$)

（六）分析与讨论

　　1. 行为数据结果显示反语识解过程中可能性特征提取具有心理现实性

　　三种不同句子条件下探测词真假判断的反应时体现了反语识解过程中可能性特征提取的心理现实性。

　　三种句子条件下探测词真假判断的准确率非常高，并且三者之间的差别不显著；同时，句子理解任务的准确率也很高，这表明被试对实验材料的理解很充分。

　　从反应时来看，反语句条件下探测词真假判断的平均反应时为937.20 ms，直义句条件下为901.86 ms，无关句条件下为929.40 ms。该结果显示，直义句条件下探测词真假判断的反应时稍短于其他两种句子类型条件下的反应时，但三种句子条件下的反应时之间差异不显著。对行为数据进行配对样本 T 检验的结果显示，反语句和直义句条件下探测词真假判断的反应时之间没有显著差异[$t(23)=0.612, p=0.546>0.05$]；无关句和反语句条件[$t(23)=0.130, p=0.898>0.05$]与直义句和无关句条件[$t(23)=0.512, p=0.613>0.05$]下的探测词反应时都没有显著差异。这表明三种条件下探测词真假判断的反应时之间不存在显著差异。

　　这一结果一方面说明，语境句和关键句促进了反语句条件下探测词的预激活，也有助于可能性特征的提取，可能性特征的成功提取促进了探测词的真假判断；另一方面，反语句条件下与字面句条件下探测词真假判断的反应时无显著差异，说明可能性特征提取对反语话语理解具有促进作用。因此，反语理解过程中可能性特征提取具有心理现实性。

　　2. 反映早期语义加工阶段的可能性特征提取情况

　　如本章第二节所述，N400 与早期语义加工有关，N400 波幅表明了话语认知加工的难度。

本研究中,探测词在无关句条件下比在反语句和直义句条件下诱发更大的负波,但是探测词在反语句和直义句条件下所诱发的负波没有显著差异。这与奉先武(2011)的研究结果一致。从 N400 的波幅可以看出,被试在判断无关句条件下的探测词时需要付出更多努力。比如,在下面这个句子中"母亲发现儿子的房间很杂乱,便对他说:你真是个勤快的孩子!""勤快"这一反语条件下探测词真假判断诱发的 N400 比"懒惰"这一非反语条件下诱发的 N400 更大。这种情况下"勤快"一词与"懒惰"一词相比,有着较低的可预测性。这表明,N400 能表示语境中词与词之间的关系。但是,本研究中的语境和关键词对探测词有预激活作用。本研究中,在三种条件(反语句、直义句、无关句)下,我们选取同一个探测词供被试做出判断,每一种条件都可能会对探测词的判断有所影响。如果被试在反语句条件下成功提取可能性特征,一系列的多模态信息在被试做出判断任务时将会被激活。因此,在反语句条件下可能性特征的成功提取会对探测词的加工带来促进作用,这一事实验证了可能性特征在反语理解过程中的心理现实性,同时,证明了可能性特征的成功提取有助于促进汉语反语的理解这一设想。我们的研究结果与以往的研究结果有所不同的是,我们发现存在 N400,而且在三种条件下存在一定的差异。

3. 反映晚期语义整合阶段的可能性特征提取情况

总体来说,直义句条件下探测词真假判断诱发的慢电位波幅最大,反语句次之,无关句最小。反语句和直义句条件下探测词真假判断在顶区(PZ、P4)存在显著差异,且直义句比反语句条件下探测词诱发的慢电位平均波幅更大。

首先,反语句和直义句两种条件下探测词真假判断的 LPC 整体上没有显著差异,只在顶区两个电极(PZ、P4)上有差异,这可能是因为本次实验选取的反语句太过于熟悉,而且在语境的作用下,探测词被预激活,有效促进了其理解。其次,鉴于实验材料中所提供的反语句皆为日常已被广泛使用的话语类型,此时的字面句反而会被当做一种有悖当前语境的语句对待,这可能增加被试对于同一语境中直义句条件下探测词的处理努力。再次,无关句的 N400 振幅最大而 LPC 振幅却最小,都说明对无关句加工付出的认知资源最大。

总的来说,与反语句和直义句条件相比,探测词在无关句条件下产生更大负波,这一结果表明,探测词的促进作用在无关句条件下最小,在反语句和直义句条件下较大。同时,探测词在反语句和直义句条件下无显著差异是因为我们所选取的实验材料是人们高度熟悉的。因此,在理解反语句时,被试提取出与直义句相同的意义。以上结果表明,在反语句条件下可能性特征的成功提取有助于促进反语的理解,这也说明了反语理解时可能性特征提取的心理现实性。

第四节　双关识解机制的 ERPs 研究

一　双关识解神经机制研究回顾

双关作为生活中常见的一种修辞,其独特性引起了许多学者的注意。人们分别从修辞学、文体学、语用学、认知语言学和翻译学等方面对双关进行过许多研究,并取得了一定的成果,但从认知神经语言学角度进行双关研究的文献不多。

Coulson & Severens(2007)采用 ERPs 手段,以左右视域呈现方式考察双关理解的左右半球差异。刺激语料为高度相关探测词、中度相关探测词和无关探测词,通过 ERPs 技术记录双关语字面义和双关义分别诱发的脑半球敏感性。在实验 1 的右视域(左半球)呈现中,高、中度相关探测词诱发的启动效应相似;相较于无关探测词,相关探测词诱发了较小的 N400 和较大的 P600,这表明双关语的字面义和双关义在左半球中激活程度相似。而在左视域(右半球)呈现中,仅有高度相关探测词产生了类似的启动效应。在实验 2 的左右视域呈现中,高、中度相关探测词均发现了相似的 N400 启动效应。在 600~900 ms 时间窗,相关探测词在右视域呈现中诱发了中央顶区正波,而在左视域呈现中诱发额区正波。研究结果表明,在双关认知加工的早期阶段,双关语的字面义和双关义在左脑中被激活,但在右脑中被激活的只有最相关义;同时,在 500 ms 时段,双关语的字面义和双关义在左右两脑区都被激活。

在 Coulson & Severens(2007)研究的基础上,McHugh & Buchanan(2016)开展了行为实验来验证等级突显假设(Giora,1997),并研究左右脑半球在双关理解中的作用。实验以视觉方式逐词呈现双关句(如:My advanced geometry class is full of SQUARES.),500ms 后呈现探测词并让被试判断探测词的真假,探测词分为主要义相关词(如:triangles)、次要义相关词(如:nerds)、无关词(如:strings)和假词。结果显示,当探测词呈现在中央视域时,主要义和次要义的相关词都存在启动效应,但主要义相关词的启动效应更大。该结果表明,在双关语境下主要义和次要义都得到了激活,但是主要义的激活程度更大,从而支持等级突显假说。当探测词分视野呈现时,左半球产生主要义和次要义相关词的启动效应,而右半球只有主要义相关词产生了启动效应。该结果表明双关语加工的左脑优势。该实验结果与 Coulson & Severens(2007)的实验结果相类似。

Dholakia, et al. (2016)采用 ERPs 技术对比双关词(如:crown)在双关语境(如:The prince with a bad tooth got a crown.)、主要义语境(如:The prince with a bad leg got a crown.)、次要义语境(如:The adult with a bad tooth got a crown.)和中立语境(如:The adult with a bad leg got a crown.)四种语境条件下的加工过程。结果显示,双关词诱发的 N400 波幅逐级递减:中立语境>次要义语境>双关语境>主要义语境;主要义语境条件下双关词的加工最容易,其次是双关语境和次要词义语境,中立语境条件下的双关词的加工最难。在该研究中,双关词"crown"并未因同时受到其双重意义"prince"和"tooth"的启动而使其加工变得最容易,反而使其加工变难。其主要原因是,在主要义语境条件下,由于使用频率和语境支持主要义,次要义的激活最小;在双关语境下,语境激活一定程度的次要义,次要义的激活虽然不足以改变主要义的加工优势,但仍会和主要义形成竞争关系并对其加工产生一定影响。因此,双关词的加工难度受语境和词义频率的共同影响。

Meade & Coch (2017)用 ERPs 技术研究双关中的一种"同音同形异义"现象在最小的语境中的加工情况。以同音同形异义词(如:ruler)作为启动词,250 ms 之后呈现目标词,让被试判断目标词的真假。目标词分为四类:主要义相关词(如:inch)、次要义相关词(如:king)、无关词(如:claw)和假词(如:smole)。研究发现,主要义和次要义相关词都比无关词诱发更小的 N400 和 LPC;主要义相关词比次要义相关词具有更大的 N400 启动效应,表明在最小的语境范围内,以短的 SOA 呈现启动词和目标词时,N400 波幅对意义的频率比较敏感;主要义和次要义诱发的 LPC 波幅相似,表明启动词和目标词之间后期词汇关系的加工。在该研究中,自动扩散激活的意义频率启动效应只在 N400 时间窗内起作用,而在后期加工中词汇的主要义优势效应消失,启动词和目标词之间的关系需要进行重新加工。

Kana & Wadsworth(2012)采用 fMRI 技术对自闭症患者双关理解的神经机制进行了研究。刺激语料包括双关句和控制句(仅有字面义),要求被试默读并理解一种意义(控制句)或两种意义(双关句)。研究结果显示,与正常被试相比,自闭症被试在理解双关句时整体激活程度增加,尤其是在右半球后部区域;但自闭症被试左半球反应减弱,对幽默的反应也减弱,且反应区域更加分散。研究结果表明,自闭症患者在理解语言,尤其是修辞性语言时会改变神经路线,采取与正常人不同的认知加工方式。

国内仅发现廖国锋和沈政(1993)通过 ERPs 手段考察双关图作为面孔刺激与非面孔刺激所诱发的 ERPs 差异。实验刺激材料为线条描绘的 A、B、C 三个图形(见图 6.9),其中 B 为双关图。图像按照顺序 I(A→B→C)和顺序 II(C→B→A)分别向被试呈现,呈现时间分别为 100 ms,要求被试报告观察内容,结果表明,双关图 B 在顺序 I 中被作为非面孔刺激(老鼠)被认知,在顺序 II 中被作为面孔刺激(老人)被认知。该研究发现,P200 波幅的潜伏期会随着双关图感知内容的变化而发生变化,面孔刺激(老人)的潜伏期比非面孔刺激(老鼠)分别延长 6.09 ms 和 7.39 ms,但波幅没有显著差异;就 P300 作为意义波而言,面孔刺激(老人)的潜伏期比非面孔刺激(老鼠)延长约 15 ms,且波幅亦无显著差异。我们认为,双关图和双关语的理解有共通之处,实验中的 A、C 图像就类似于双关语中的两个语境。被试对双关语的认知往往受制于启动语境的影响且存在反应时上的差异。

A:老鼠   B:双关图   C:老人

图 6.9　线条描绘的面孔与非面孔实验刺激材料

现有研究显示,双关语的理解涉及两种语境的激活,实验材料编制不易,实验设计需要考虑的控制因素也较多,因此相关的神经机制研究还相对匮乏。但双关语作为日常生活中独特的一种修辞现象,其研究价值及探索意义不言而喻。现有研究主要反映了以下两个方面:第一,双关理解涉及左右脑区的协同作用。在双关认知加工的早期阶段,双关的字面义和双关义均在左脑中得到激活,在右脑中激活的只有最相关义;而在双关认知加工的中后期,双关的字面义和双关义在左右脑中都得到了激活。另外,正常被试和自闭症患者的双关认知加工神经路线存在差异。第二,被试在双关不同语境启动状态下反应时可能呈现出一定差异。

综上所述,双关认知加工的神经机制研究存在以下不足之处:第一,与研究相对比较成熟的隐喻、反语的 ERPs 研究相比,国内外关于双关识解的电生理学证据都很少,随着研究的深入,或许会有新的脑电成分或对已有脑电成分新作用的进一步明析。第二,研究缺乏完整的理论框架作为基础。以往的研究一般未能提出一个双关识解的机制作为理论指导进行实验研究,即未提供一个汉语双关识解框架并通过实验研究来证明其可行性。第三,没有学者运用"可供性提取"研究范式对双关修辞话语识解过程进行过探讨,更没有从可供性提取的心理现实性角度涉入以探究双关识解机制。

二 汉语双关识解认知神经机制的 ERPs 研究

(一) 实验目的

基于第三章提出的 ADRIM,本研究采用 ERPs 技术,以母语为汉语的英语学习者为被试,进行汉语双关识解的认知神经机制研究,重点探讨汉语双关修辞识解过程中可能性特征提取的心理现实性。主要研究问题为:双关识解过程中是否存在可能性特征提取的电生理学证据?

(二) 实验方法

1. 被试

本研究的被试是来自四川外国语大学英语语言文学专业与外国语言学及应用语言学专业的 24 名研究生(16 名女生和 8 名男生),年龄在 23~28 岁,平均年龄 25 岁,母语为汉语,英语都已过专业八级,均为右利手,视力或矫正视力正常,无神经或精神障碍。实验结束后每名被试均获得适量报酬作为奖励。

2. 实验材料

实验材料(附录 3)共有 22 组,包括 16 组探测词为真词的语料和 6 组探测词为假词的填充材料。选用填充材料的目的是防止被试形成固定思维模式。同时,为了获得稳定和可靠的 ERPs 脑电结果,每种刺激材料不得少于 40 个,因此,22 组材料重复一次,最终有 44 组材料作为最终的实验材料,每组 6 个刺激材料,共 264 个刺激材料;每个刺激材料包含一个语篇(语境句+关键句)、一个探测词和一个陈述句;所有的语境句为 20~24 个字符,关键句为 8~12 个字符,探测词为 2~3 个字符,所有陈述句为

10~14个字符;语篇由语境句和关键句组成。

根据研究问题,每组材料包括三个小组作为三种不同条件:第一种是实验组,包含关联双关条件下高度和中度关联探测词;第二种是对照组1,包含无关双关条件下高度和中度无关探测词,用于检测探测词的物理属性诱发脑电是否有差异;第三种是对照组2,包含与实验组对应的无关直义句条件下高度和中度无关探测词,它用于与实验组相对比,看双关的识解是否存在可能性特征提取的过程。也就是说,关键句有三种类型:实验组是可能性特征可提取的双关句,对照组1是可能性特征不可提取的无关双关句,对照组2是可能性特征不可提取的无关直义句;可能性特征是否可提取具体由关键句中的关键词决定。在可能性特征可提取的双关句中的关键词可以提供相应的可能性特征,此可能性特征与前一段落相结合发展成一篇连贯的语篇,因此被试较容易提取可能性特征;相反,在可能性特征不可提取的无关句中的关键词不能提供可应用的可能性特征,因此语篇显得不连贯,可能性特征便不能被提取。

每组材料中的探测词是为了测试出被试在理解语篇时是否可以成功提取可能性特征。关于可能性特征可提取语篇,探测词揭示出核心可能性特征的关键词;而可能性特征不可提取的语篇,探测词无法揭示出核心可能性特征的关键词。每组实验材料末尾的陈述句是为了确保被试可以全神贯注并尽最大的努力理解语篇。正式实验材料中总共有36组陈述句,其中一半是对语篇的正确的陈述,而另一半则是错误的陈述。填充材料和练习材料的设计与实验材料完全相同。

为了确保实验材料的有效性,所有的材料都是经过仔细挑选和设计。请24名不参加正式实验的被试参与实验材料的筛选。我们最初共选取50个双关词结尾的汉语双关句作为预选材料。材料选取分为两步。第一步,请12名以汉语为母语的研究生来阅读并对双关的透明度进行打分:1、2和3分别表示完全不明显、相对明显和完全明显。根据他们的打分,每个平均值超过2的双关被选,最后选出30个双关语。在这30个双关语的基础上,每个双关语给出4个探测词,每两个探测词与双关的一层意思相关。第二步,请12名以汉语为母语的研究生对探测词和双关的关联度进行打分:1、2和3分别表示无关、中度相关和高度相关。根据他们的打分,发现平均值在1.5和2.2之间的探测词均与双关的非常规意义相关,平均值在2.3和3.0之间的探测词均与双关的常规意义相关。在这两种类型的探测词中,得分较高的探测词被选择,最终选择了24个双关语和48个探测词。结果表明,该材料符合实验设计的要求,且与实验预期一致。之后,我们通过将每个双关中的双关词用一个字面词替换来得到一个字面意义句。总体而言,所有的材料都是清楚、连贯的,较容易理解。实验材料样例如下:

实验组(a):

a1: 语　境:百事可乐自出世以来,一直畅销,因此它有这样一则
　　　　　　广告:
　　关键句:百事可乐让人口服心服。(关联双关)
　　探测词:钦佩(高度关联探测词)(Yes)
　　陈述句:百事可乐的销量让人口服心服。(Yes)

a2: 语　境:百事可乐自出世以来,一直畅销,因此它有这样一则
　　　　　　广告:
　　关键句:百事可乐让人口服心服。(关联双关)
　　探测词:喝下(中度关联探测词)(Yes)
　　陈述句:喝了百事可乐之后很不舒服。(No)

对照组1(b):

b1: 语　境:某集团作为世界五百强,它有这样一则著名的广告:
　　关键句:人类没有联想,世界将会怎样。(无关双关)
　　探测词:钦佩(高度无关探测词)(Yes)
　　陈述句:思维想象对人类发展极为重要。(Yes)

b2: 语　境:某集团作为世界五百强,它有这样一则著名的广告:
　　关键句:人类没有联想,世界将会怎样。(无关双关)
　　探测词:喝下(中度无关探测词)(Yes)
　　陈述句:联想集团不是世界五百强。(No)

对照组2(c):

c1: 语　境:百事可乐自出世以来,一直畅销,因此它有这样一则
　　　　　　广告:
　　关键句:百事可乐让人神清气爽。(无关直义句)
　　探测词:钦佩(高度无关探测词)(Yes)
　　陈述句:喝百事可乐让人精神百倍。(Yes)

c2: 语　境:百事可乐自出世以来,一直畅销,因此它有这样一则
　　　　　　广告:
　　关键句:百事可乐让人神清气爽。(无关直义句)
　　探测词:喝下(中度无关探测词)(Yes)

陈述句：喝百事可乐让人精神萎靡。（No）

（三）实验设计

本实验采用单因素六水平的被试内实验设计,设有三组分别为两种类型的句子: 两种类型是指可能性特征可提取和可能性特征不可提取;可能性特征可提取分为关联双关条件下的高度和中度关联探测词[实验组（a）],可能性特征不可提取分为无关双关条件下的高度和中度无关探测词[对照组 1(b)]、无关字面句条件下的高度和中度无关探测词[对照组2(c)]。根据内涵外延关联—传承模型,双关既体现了两种不同事物间的相邻关系又体现了相似关系。因此,被试在识解关联双关时,若能在语境作用下成功提取双关修辞表达的可能性特征,便说明被试已经依据常规关系（相邻/相似关系）找到显性和隐性表述之间的传承关系,这对探测词的真假判断具有促进作用;相反,无关字面句条件下的高度和中度无关探测词属于可能性特征不可提取的类型,关键词在可能性特征不可提取句中不能提供可应用的可能性特征,被试在无关句条件下,可能性特征便不能被提取,语篇显得不连贯,对探测词的真假判断无法产生促进作用甚至有阻碍作用。由于存在可能性特征可提取和不可提取（对探测词的真假判断产生促进和非促进作用）的差异,因此,我们预测关联双关条件下高度和中度关联探测词与相对应的无关字面句条件下高度和中度无关探测词之间的波幅就应该存在差异。

为了证实双关的意义被划分为常规意义和非常规意义的合理性,需对比关联双关条件下高度和中度条件下探测词的脑电差异。由于这两种条件下的探测词物理属性不同,不能直接比较,因此,为了排除探测词物理属性的差异造成的脑电差异,我们需要先对比无关双关条件下高度和中度无关探测词诱发的脑电;由于无关双关条件下无关探测词属于可能性特征不可提取的类型,同时,语境与探测词之间不存在任何联系,则该类句子条件下探测词的脑电就是由探测词本身的物理属性诱发的。若无关双关条件下高度和中度无关探测词诱发的脑电之间没有差异,则说明两种条件下探测词的物理属性一致,这样关联双关条件下高度和中度关联探测词的脑电就可以直接进行比较,而且得到的结果就是双关的常规义和非常规义之间识解的差异;若无关双关条件下高度和中度无关探测词诱发的脑电之间存在差异,则说明两种条件下探测词的物理属性不一致,两种条件不可以直接进行比较,因此需要将识解双关句子的脑电（关联双关条件下高度和中度关联探测词的脑电）减去探测词本身的物理属性差异诱发的脑电差异(相对应的无关双关条件下的高度和中度无关探测词诱发的脑电),才能得到识解双关的两个义项的真实脑电。

(四)实验过程

1. 刺激呈现

首先给每个被试戴上电极帽,让他们进入 ERPs 实验室并舒适地坐在电脑前。准备工作就绪后,告知被试要放松,深呼吸,平静下来,除了正常的眨眼动作,身体尽量不要有任何的移动。整个实验过程中,被试的动作幅度必须降到最小,只有在休息时被试才可以完全放松。之后,指引被试阅读屏幕上的指导语,以确保每名被试都清楚实验流程和实验任务。每个实验开始前,通过呈现练习材料让被试熟悉实验任务。

在确认被试完全清楚所有要求之后,实验正式开始。首先在屏幕中央呈现白色注视点"+"500 ms,然后呈现空屏 500 ms,接下来在屏幕中央呈现语境句,呈现时间为 3 500 ms,之后自动消失;之后呈现空屏 500 ms,接着呈现关键句,2 000 ms 后自动消失;之后呈现空屏 500 ms,接着呈现探测词 500 ms,设置为"反应消失"(若被试未能在 500 ms 内完成判断,呈现设置为"反应消失"的空屏以供被试判断),并记录探测词的脑电、反应时和准确率。之后,再呈现空屏 500 ms,接着呈现陈述句,同时设置"反应消失"。最后,呈现空屏 600~800 ms,进入下一试次。每个试次均要求受试在阅读理解语境句与关键句后,对探测词与陈述句分别做出"真假"和"正误"判断,并按"F"或"J"键做出反应,分别表示"真/正"和"假/误"。对于两个任务,被试的按键反应均在"F"与"J"之间做了平衡设计。实验前设有练习,中间设有休息。实验流程如图 6.10 所示。

2. 事件相关电位数据记录

本实验在四川外国语大学的认知神经科学和外语学习重点实验室进行。主要设备包含 Synamps 放大器和三台电脑。一台电脑在实验室,向被试呈现实验材料;另外两台电脑在控制室,分别用于实验程序运行和脑电数据记录。其他工具包含电极帽、导电膏、注射器和酒精片等。

本实验采用 Neuroscan 64 导联 Ag/AgCl 电极帽。双侧乳突作为参考电极,记录水平眼电和垂直眼电,记录 20 个电极脑电数据(见图 6.2):FPZ、FP1、FP2、FZ、FCZ、F3、F4、CZ、C3、C4、T7、T8、CPZ、PZ、P3、P4、POZ、OZ、O1 和 O2。脑电分析时程为 1 200 ms,含刺激前 200 ms 的基线。滤波带通为 0. 05~200 Hz,采样频率为 1 000 Hz,电极与头皮接触电阻小于5 kΩ。离线分析行为数据和脑电数据。

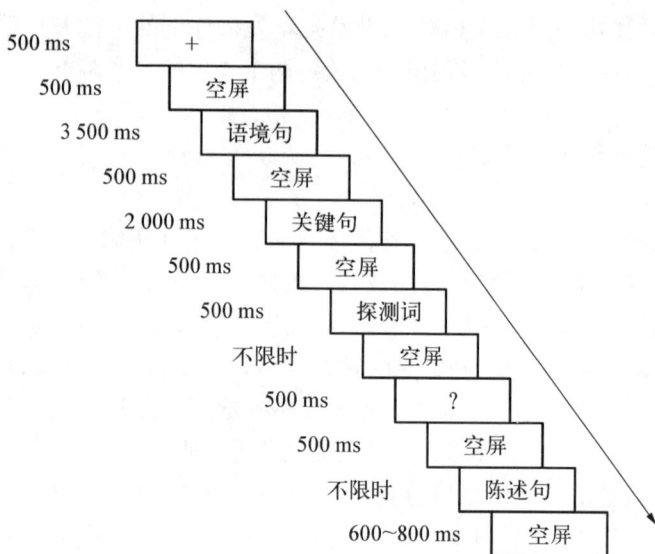

图 6.10　双关的实验流程图

（五）数据分析结果

1. 行为数据结果

24 个被试参加实验,其中 2 个被试的结果伪迹过多,因此最终有 22 个被试(7 名男性,15 名女性)的实验结果有效。使用 SPSS 19.0 对行为数据进行了统计分析,结果如表 6.22 和表 6.23 所示。

表 6.22　双关六种句子条件(a1、a2、b1、b2、c1、c2) 下探测词真假判断的行为数据结果

句子类别	被试数	平均反应时(ms)	探测词正确率(%)	陈述句正确率(%)
a1	22	1 089.15±398.78	94.89±0.047	96.59±0.050
a2	22	1 150.04±419.16	97.73±0.047	91.48±0.049
b1	22	1 014.31±333.15	97.16±0.036	94.32±0.076
b2	22	1 155.10±562.20	98.86±0.031	89.77±0.042
c1	22	1 132.42±514.12	97.16±0.043	95.45±0.033
c2	22	974.35±279.37	98.86±0.021	89.77±0.042

*　　差异显著($p \leqslant 0.05$)

**　　差异非常显著($p \leqslant 0.01$)

***　　差异极其显著($p \leqslant 0.001$)

注：
a1= 关联双关条件下高度关联探测词
a2= 关联双关条件下中度关联探测词
b1= 无关双关条件下高度无关探测词
b2= 无关双关条件下中度无关探测词
c1= 无关字面句条件下高度无关探测词
c2= 无关字面句条件下中度无关探测词

据表 6.22,六种句子条件下陈述句和探测词的总平均准确率分别为92.90%和97.44%,说明被试均积极参与实验。而就反应时而言,无关双关条件下中度无关探测词(1 155.10 ms)最长,然后依次为关联双关条件下中度关联探测词(1 150.04 ms)、无关字面句条件下高度无关探测词(1 132.42 ms)、关联双关条件下高度关联探测词(1 089.15 ms)、无关双关条件下高度无关探测词的反应时(1 014.31 ms),无关字面句条件下中度无关探测词的反应时(974.35 ms)最短。

表 6.23　双关六种句子条件(a1、a2、b1、b2、c1、c2)下探测词真假
　　　　　判断的反应时数据配对样本 T 检验结果

指　标	对比条件	T 值	自由度	显著值(双尾)
反应时	a1-c1	-0.880	21	.389
	a2-c2	2.987	21	.007**
	b1-b2	-2.241	21	.036*
	a2-b2	-0.075	21	.941
	a1-b1	1.808	21	.085
	a1-a2	-1.114	21	.278

　*　差异显著($p \leqslant 0.05$)
　**　差异非常显著($p \leqslant 0.01$)
***　差异极其显著($p \leqslant 0.001$)
注：
a1-a2=a1 对比 a2(依此类推)

关联双关条件下高度关联探测词的反应时比无关字面句条件下高度无关探测词的反应时稍短,两种条件下的反应时无显著差异[$t(21)$ = -0.880, $p = 0.389$];关联双关条件下中度关联探测词的反应时比无关字面句条件下中度无关探测词的反应时长,且两种条件下的反应时存在非

常显著差异[$t(21)=2.987$, $p=0.007$];关联双关条件下高度关联探测词的反应时与关联双关条件下中度关联探测词的反应时相接近,两种条件下的反应时无显著差异[$t(21)=-1.114$, $p=0.278$];无关双关条件下高度无关探测词的反应时比无关双关条件下中度无关探测词的反应时稍短,两种条件下的反应时存在显著差异[$t(21)=-2.241$, $p=0.036$]。关联双关条件下高度关联探测词的反应时比无关双关条件下高度无关探测词的反应时稍长,两种条件下的反应时无显著差异[$t(21)=1.808$, $p=0.085$]。关联双关条件下中度关联探测词的反应时与无关双关条件下中度无关探测词的反应时相接近,两种条件下的反应时无显著差异[$t(21)=-0.075$, $p=0.941$]。

2. 事件相关电位数据结果

本实验采用 Neuroscan 4.5 对采集的脑电数据进行离线分析。收集了 11 个电极(FP1、FP2、FPZ、F3、FZ、FCZ、F4、C3、CZ、CPZ、C4)的数据,表 6.24 显示了 11 个电极在脑区和半球上的分类。最后,我们选择了两个时间窗对脑电数据展开分析。这两个时间窗分别是 310~650 ms 和 650~1 000 ms。脑电数据分析采用 4×2×3 重复测量方差分析,即句子条件(关联双关条件下高度关联探测词、关联双关条件下中度关联探测词、无关字面句条件下高度无关探测词和无关字面句条件下中度无关探测词)、脑区(额区、中央区)与脑半球(左、中、右)。

表 6.24　双关六种句子条件(a1、a2、b1、b2、c1、c2)下 11 个电极分布情况

半球 \ 脑区	额 区	中央区
左	FP1,F3	C3
中	FPZ,FZ,FCZ	CZ,CPZ
右	FP2,F4	C4

2.1　关联双关条件下关联探测词和无关字面句条件下无关探测词的 ERPs 对比

对照组 2(无关字面句条件)是通过将实验组(关联双关条件)中的双关词(关键词)用一个与探测词无关的字面词替换得到。即对照组 2 和实验组唯一的差别就是关键词不同。因此,他们之间的对比就可以说明双

关词在语境的作用下是否对探测词的理解起到促进作用。若关联双关条件下高度或中度关联探测词分别与无关字面句条件下高度或中度无关探测词的脑电波形不同,那么就可以说明双关词在语境的作用下对探测词的理解有影响,也就能证明双关的识解需要依靠可能性特征提取。若他们之间的波形相同,说明双关词对探测词的理解没有影响,双关的识解不存在可能性特征提取过程。他们之间的脑电图和地形图分别如图 6.11、图 6.12、图 6.13 和图 6.14 所示。

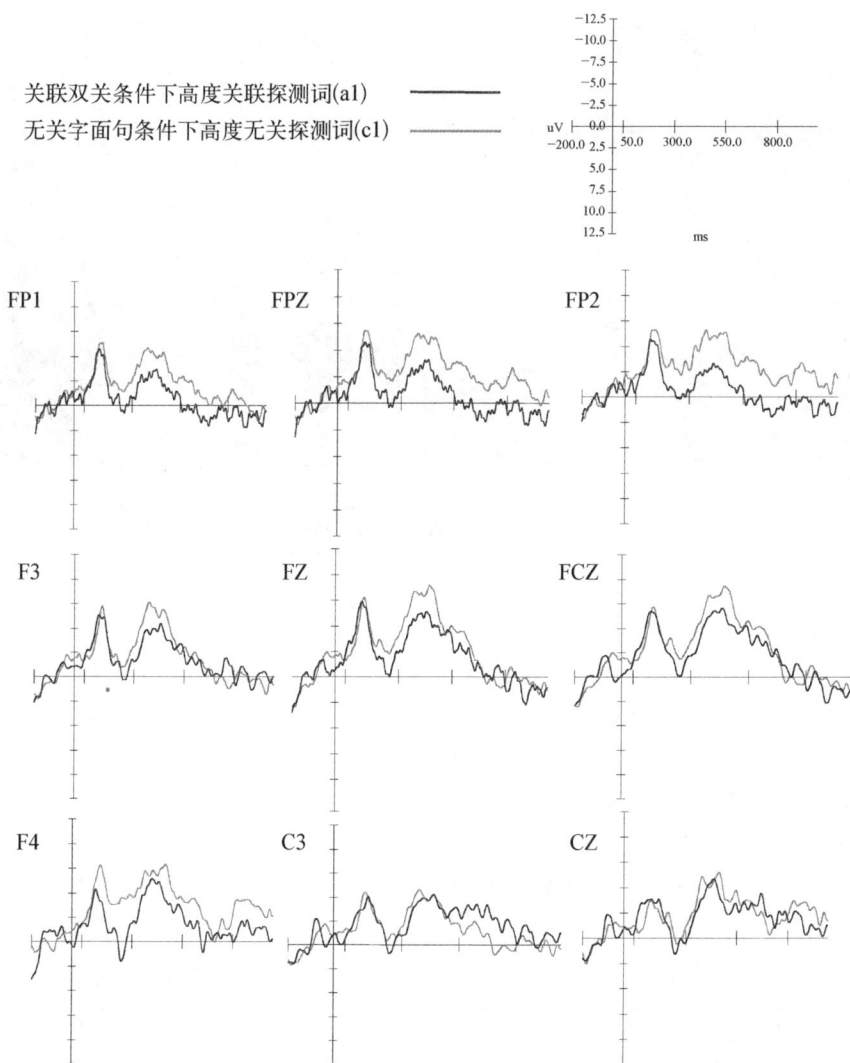

关联双关条件下高度关联探测词(a1)
无关字面句条件下高度无关探测词(c1)

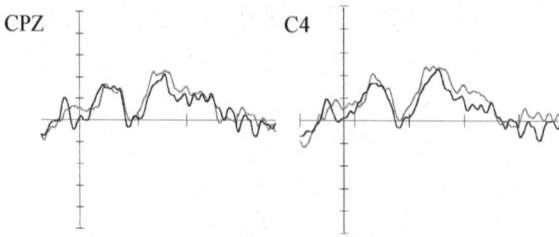

图 6.11 关联双关条件下高度关联探测词(a1)和无关字面句条件下高度无关探测词(c1)真假判断所诱发的脑电图对比

关联双关条件下高度关联探测词　　　　　　无关字面句条件下高度无关探测词

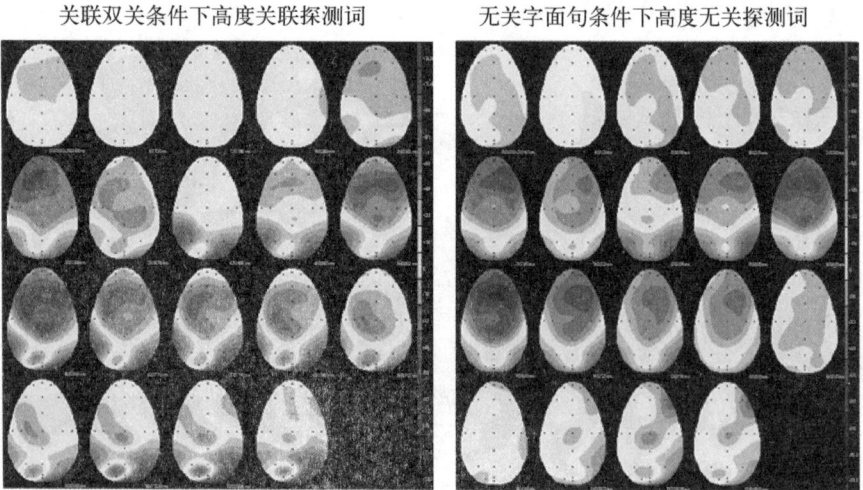

图 6.12 关联双关条件下高度关联探测词(a1)和无关字面句条件下高度无关探测词(c1)加工 0~1 000 ms 平均波幅的地形图对照 X: 60 Y: -13—+13

(1) 310~650 ms 时间窗

在 310~650 ms 间,主要成分是 N400。从脑电图可以看出关联双关条件下高度关联探测词比无关字面句条件下高度无关探测词诱发更小的 N400,关联双关条件下中度关联探测词比无关字面句条件下中度无关探测词诱发更小的 N400。对数据进行重复测量方差分析,发现四种句子条件主效应显著 $[F(3,63)=3.336, p=0.025]$,脑区主效应不显著 $[F(1,21)=1.784, p=0.196]$,半球主效应显著 $[F(2,42)=5.021, p=0.011]$,句子条件和脑区交互作用显著 $[F(3,63)=3.707, p=0.016]$,句子条件和半球交互作用显著 $[F(6,126)=2.559, p=0.023]$,脑区和半球交互作用显著 $[F(2,42)=5.034, p=0.011]$,句子条件、脑区和半球三者交互作用不显著 $[F(6,126)=0.923, p=0.481]$。结果如表 6.25 所示。

关联双关条件下中度关联探测词(a2) ————————

无关字面句条件下中度无关探测词(c2) ————————

-12.5
-10.0
-7.5
-5.0
-2.5
uV 0.0
-200.0 2.5   50.0   300.0   550.0   800.0
5.0
7.5
10.0
12.5
                    ms

FP1

FPZ

FP2

F3

FZ

FCZ

F4

C3

CZ

CPZ

C4

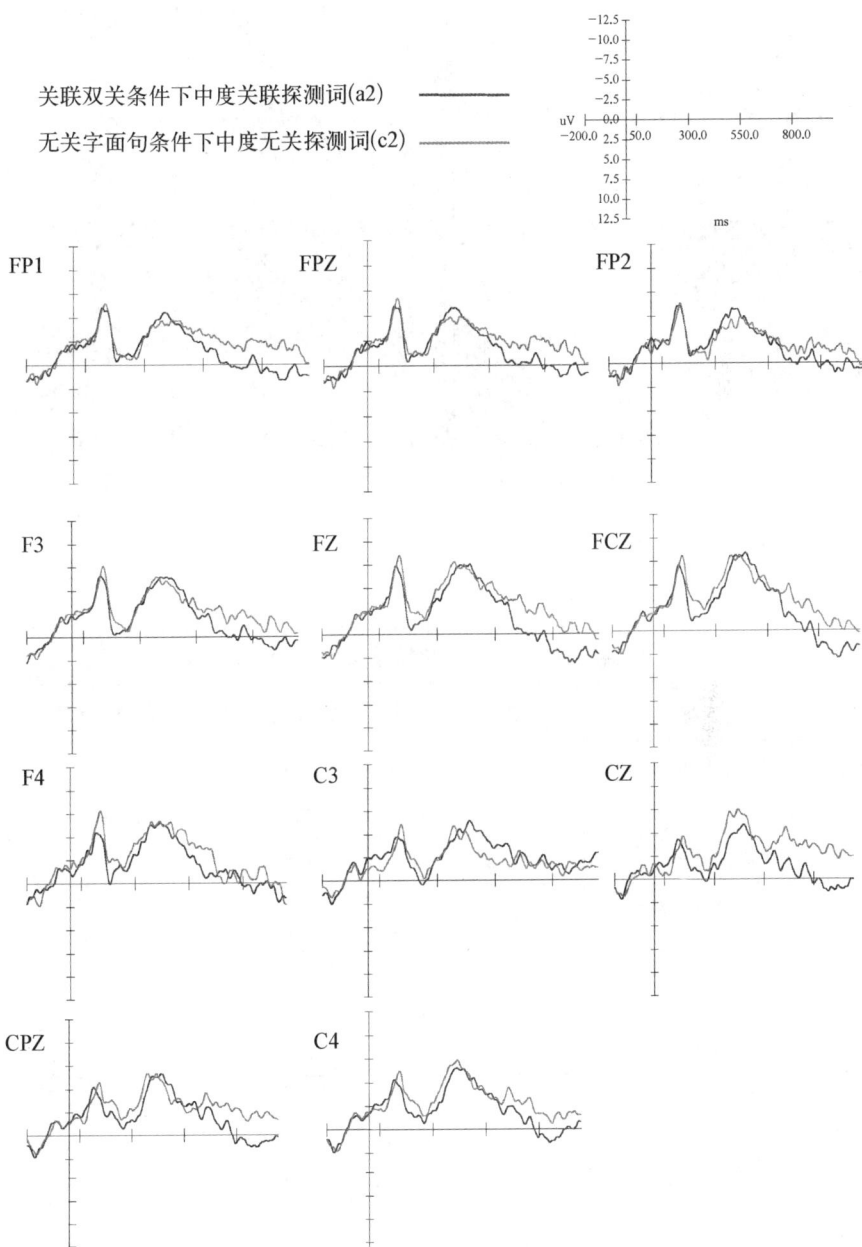

图 6.13　关联双关条件下中度关联探测词（a2）和无关字面句条件下
中度无关探测词（c2）真假判断所诱发的脑电图对比

第六章　语义修辞识解机制的 ERPs 研究范例

语义修辞的认知神经机制研究

关联双关条件下中度关联探测词　　　　无关字面句条件下中度无关探测词

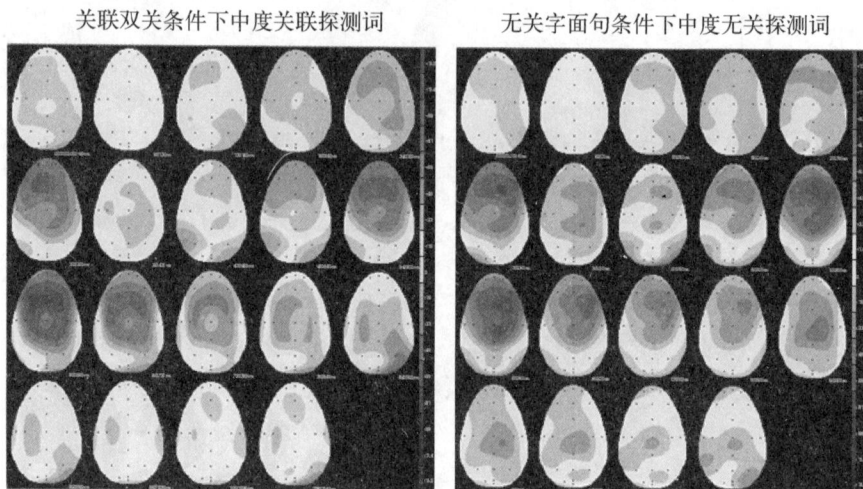

图 6.14　关联双关条件下中度关联探测词（a2）和无关字面句条件下中度无关探测词（c2）加工 0~1 000 ms 平均波幅的地形图对照 X：60 Y：−13—+13

表 6.25　双关四种句子条件下（a1、a2、c1、c2）探测词真假判断诱发的 N400 波幅重复测量方差分析

指　　　标	自由度	方　　差	显著值（双尾）
句子条件	3	3.336	.025*
脑　区	1	1.784	.196
半　球	2	5.021	.011*
句子条件 * 脑区	3	3.707	.016*
句子条件 * 半球	6	2.559	.023*
脑区 * 半球	2	5.034	.011*
句子条件 * 脑区 * 半球	6	0.923	.481

*　　差异显著（$p \leqslant 0.05$）
**　　差异非常显著（$p \leqslant 0.01$）
***　差异极其显著（$p \leqslant 0.001$）

　　由于句子条件和脑区交互作用显著，进一步对数据进行分析，发现关联双关条件下高度关联探测词与无关字面句条件下高度无关探测词条件下探测词的 N400 波幅在额区（FPZ、FP1、FP2、FZ、F3、F4、FCZ）和中央区（CZ）的八个电极存在显著甚至极其显著差异，且无关字面句条件下高度

无关探测词比关联双关条件下高度关联探测词诱发的 N400 波幅更大。关联双关条件下中度关联探测词与无关字面句条件下中度无关探测词条件下探测词诱发的 N400 波幅在中央区(CZ)存在极其显著差异,且无关字面句条件下中度无关探测词比关联双关条件下中度关联探测词诱发的 N400 波幅更大。结果如表 6.26 和表 6.27 所示。

表 6.26 关联双关条件下高度关联探测词(a1)与无关字面句条件下高度无关探测词(c1)真假判断诱发的 N400 波幅的配对样本 T 检验

电极 \ 指标	a1	c1	T 值	自由度	显著值(双尾)
FPZ	−5.42±2.41	−8.28±3.51	4.368	21	.000***
FP1	−5.31±2.76	−7.40±3.31	5.074	21	.000***
FP2	−5.12±2.84	−8.39±3.49	5.240	21	.000***
FZ	−8.47±2.76	−10.80±2.76	4.168	21	.008**
F3	−7.41±3.10	−8.96±3.00	2.354	21	.028*
F4	−7.98±3.48	−10.25±3.59	3.656	21	.001**
FCZ	−9.21±3.56	−10.93±2.93	4.151	21	.000***
CZ	−7.28±3.06	−9.06±2.32	2.283	21	.033*

* 差异显著($p \leqslant 0.05$)
** 差异非常显著($p \leqslant 0.01$)
*** 差异极其显著($p \leqslant 0.001$)

表 6.27 关联双关条件下中度关联探测词(a2)与无关字面句条件下中度无关探测词(c2)真假判断诱发的 N400 波幅的配对样本 T 检验

电极 \ 指标	a2	c2	T 值	自由度	显著值(双尾)
CZ	−6.62±4.35	−9.45±3.43	5.696	21	.000***

* 差异显著($p \leqslant 0.05$)
** 差异非常显著($p \leqslant 0.01$)
*** 差异极其显著($p \leqslant 0.001$)

(2) 650~1 000 ms 时间窗

在 650~1 000 ms 间,主要是 LPC。从脑电图可以看出关联双关条件下高度关联探测词比无关字面句条件下高度无关探测词诱发的 LPC 更大,关联双关条件下中度关联探测词比无关字面句条件下中度无关探测词诱发更大的 LPC。对数据进行重复测量方差分析,发现四种条件下句子条件主效应显著[$F(3,63)=3.376$, $p=0.024$],脑区主效应显著[$F(1,21)=5.629$, $p=0.027$],半球主效应不显著[$F(2,42)=0.000$, $p=1.000$],句子条件和脑区交互作用不显著[$F(3,63)=1.816$, $p=0.153$],句子条件和半球交互作用极其显著[$F(6,126)=5.907$, $p=0.000$],脑区和半球交互作用不显著[$F(2,42)=1.185$, $p=0.316$],句子条件、脑区和半球三者交互作用极其显著[$F(6,126)=4.750$, $p=0.000$]。结果如表 6.28 所示。

表 6.28　双关四种句子条件(a1、a2、c1、c2)探测词真假判断诱发的慢电位平均波幅重复测量方差分析

指　　标	自由度	方　　差	显著值(双尾)
句子条件	3	3.376	.024*
脑　区	1	5.629	.027*
半　球	2	0.000	1.000
句子条件 * 脑区	3	1.816	.153
句子条件 * 半球	6	5.907	.000***
脑区 * 半球	2	1.185	.316
句子条件 * 脑区 * 半球	6	4.750	.000***

　*　　差异显著($p \leqslant 0.05$)
　**　差异非常显著($p \leqslant 0.01$)
***　差异极其显著($p \leqslant 0.001$)

　　由于句子条件和半球交互作用显著,进一步对数据进行分析,发现关联双关条件下高度关联探测词与无关字面句条件下高度无关探测词诱发的慢电位在大脑右侧的激活区域(FP2)与左侧的激活区域(FP1)相当,而且在 FPZ、FP1 和 FP2 三个电极上存在非常显著差异;关联双关条件下中度关联探测词与无关字面句条件下中度无关探测词诱发的慢电位在大脑左侧的激活区域(FP1、F3)多于右侧的激活区域(C4),而且在额区(FPZ、FP1、FZ、F3、FCZ)和中央区(CPZ、CZ、C4)的八个电极上存在显著甚至极其显著差异;关联双关条件下高度关联探测词比无关字面句条件下高度无关探测词诱发的 LPC 平均波幅更大,关联双关条件下中度关联探测词比无关字面句条件下中度无关探测词诱发的 LPC 平均波幅更大。结果如表 6.29 和表 6.30 所示。

表 6.29　关联双关条件下高度关联探测词（a1）与无关字面句条件下高度无关探测词（c1）真假判断诱发的慢电位波幅的配对样本 T 检验

指标 电极	a1	c1	T 值	自由度	显著值 （双尾）
FPZ	0.86±3.00	−1.63±3.79	2.923	21	.008**
FP1	1.09±3.78	−0.31±2.86	2.820	21	.010**
FP2	0.88±3.16	−1.92±4.13	3.242	21	.004**

　＊　差异显著（$p \leqslant 0.05$）
　＊＊　差异非常显著（$p \leqslant 0.01$）
＊＊＊　差异极其显著（$p \leqslant 0.001$）

表 6.30　关联双关条件下中度关联探测词（a2）与无关字面句条件下中度无关探测词（c2）真假判断诱发的慢电位波幅的配对样本 T 检验

指标 电极	a2	c2	T 值	自由度	显著值 （双尾）
FPZ	0.12±3.43	−1.90±2.92	2.426	21	.024*
FP1	0.55±3.30	−1.94±2.41	3.204	21	.004**
FZ	1.72±4.45	−1.56±2.51	3.944	21	.001**
F3	0.56±4.98	−1.72±4.31	2.458	21	.023*
FCZ	1.15±4.26	−1.78±3.34	4.446	21	.000***
CZ	0.56±2.90	−3.21±3.03	6.893	21	.000***
C4	−0.11±4.67	−2.17±2.51	2.730	21	.013*
CPZ	0.01±3.87	−2.75±2.83	3.740	21	.001**

　＊　差异显著（$p \leqslant 0.05$）
　＊＊　差异非常显著（$p \leqslant 0.01$）
＊＊＊　差异极其显著（$p \leqslant 0.001$）

2.2　双关常规意义和非常规义的对比

为了证明双关的两层意思被划分为常规或字面意义和非常规或修辞意义的合理性,我们对比了实验组(关联双关条件下高度关联和中度关联)探测词诱发的脑电。两种条件下的脑电图和地形图分别如图6.15和图6.16所示。

从上图可以看出,关联双关条件下高度关联探测词比关联双关条件

语义修辞的认知神经机制研究

关联双关条件下高度关联探测词(a1) ━━━━━
关联双关条件下中度关联探测词(a2) ━━━━━

uV
-12.5
-10.0
-7.5
-5.0
-2.5
-200.0 0.0
2.5   -50.0   300.0   550.0   800.0
5.0
7.5
10.0
12.5   ms

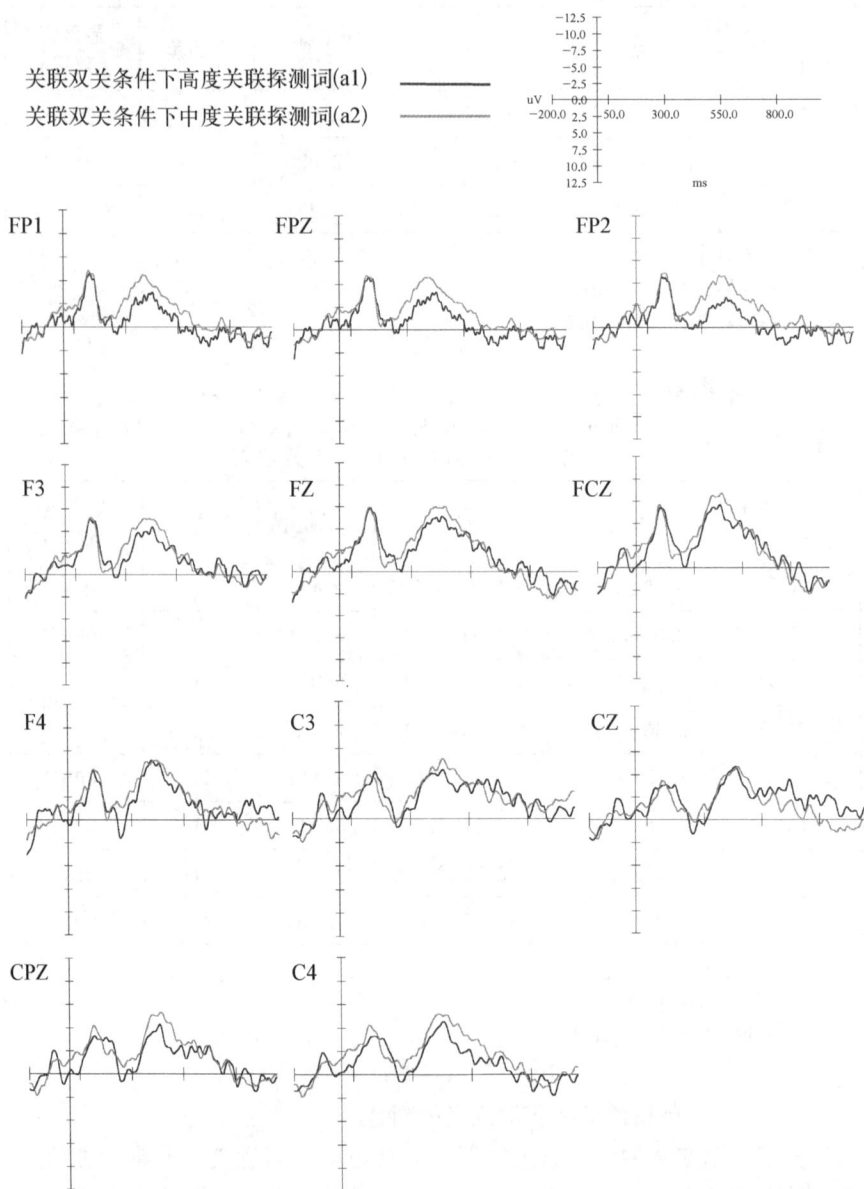

图 6.15　关联双关条件下高度关联探测词（a1）和关联双关条件下中度关联探测词（a2）真假判断所诱发的脑电图对比

关联双关条件下高度关联探测词　　　　　关联双关条件下中度关联探测词

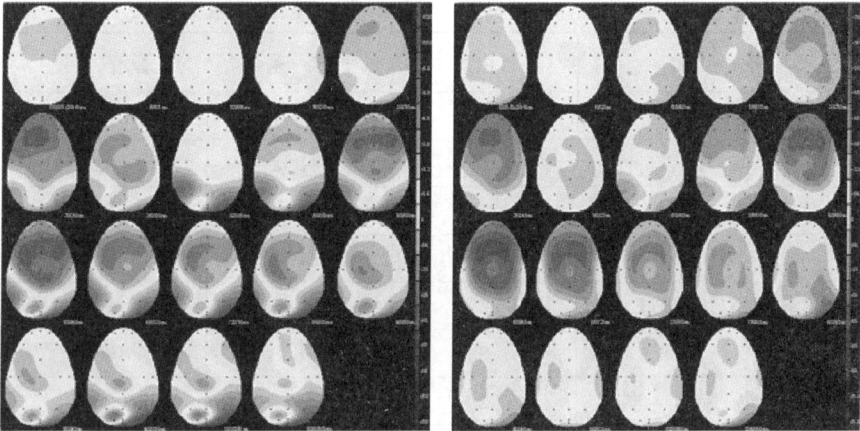

图 6.16　关联双关条件下高度关联探测词(a1)和中度关联探测词(a2)加工 0~1 000 ms 平均波幅的地形图对照
X: 60 Y: −13——+13

下中度关联探测词诱发更小的 N400。进一步对数据进行分析,对两种条件下诱发的 N400 平均波幅来说,句子条件主效应不显著$[F(1,21)=3.891, p=0.062]$,脑区主效应不显著$[F(1,21)=0.232, p=0.635]$,半球主效应不显著$[F(2,42)=0.504, p=0.607]$,句子条件和脑区交互作用不显著$[F(1,21)=1.022, p=0.324]$,句子条件和半球交互作用不显著$[F(2,42)=2.145, p=0.130]$,脑区和半球交互作用非常显著$[F(2,42)=6.358, p=0.004]$,句子条件、脑区和半球三者交互作用不显著$[F(2,42)=1.360, p=0.268]$。结果如表 6.31 所示。虽然句子主效应在 5%的显著水平下不显著,但是其在 10%显著水平条件下显著($p=0.062$),进一步进行 T-test 分析发现,关联双关条件下高度关联探测词诱发的 N400 平均波幅($M=-3.034$)比关联双关条件下中度关联探测词诱发的 N400 平均波幅($M=-3.937$)更小,说明被试理解常规意义时付出的努力更小。对两种条件下诱发的慢电位来说,句子条件主效应不显著$[F(1,21)=0.131, p=0.722]$,脑区主效应显著$[F(1,21)=5.782, p=0.026]$,半球主效应不显著$[F(2,42)=3.063, p=0.057]$,句子条件和脑区交互作用不显著$[F(1,21)=0.000, p=0.990]$,句子条件和半球交互作用非常显著$[F(2,42)=5.643, p=0.007]$,脑区和半球交互作用不显著$[F(2,42)=2.597, p=0.086]$,句子条件、脑区和半球三者交互作用不显著$[F(2,42)=1.608, p=0.212]$。结果如表 6.32 所示。

表 6.31　关联双关条件下高度关联探测词（a1）和中度关联
　　　　探测词（a2）N400 平均波幅的重复方差分析

指　标	自由度	方　差	显著值（双尾）
句子条件	1	3.891	.062
脑　区	1	0.232	.635
半　球	2	0.504	.607
句子条件＊脑区	1	1.022	.324
句子条件＊半球	2	2.145	.130
脑区＊半球	2	6.358	.004**
句子条件＊脑区＊半球	2	1.360	.268

　＊　　差异显著（$p \leqslant 0.05$）
　＊＊　差异非常显著（$p \leqslant 0.01$）
＊＊＊　差异极其显著（$p \leqslant 0.001$）

表 6.32　关联双关条件下高度关联探测词（a1）和中度关联
　　　　探测词（a2）慢电位平均波幅的重复方差分析

指　标	自由度	方　差	显著值（双尾）
句子条件	1	0.131	.722
脑　区	1	5.782	.026*
半　球	2	3.063	.057
句子条件＊脑区	1	0.000	.990
句子条件＊半球	2	5.643	.007**
脑区＊半球	2	2.597	.086
句子条件＊脑区＊半球	2	1.608	.212

　＊　　差异显著（$p \leqslant 0.05$）
　＊＊　差异非常显著（$p \leqslant 0.01$）
＊＊＊　差异极其显著（$p \leqslant 0.001$）

　　但是，这两种情况不能直接进行对比，因为他们的探测词不同，即探测词的物理属性不同（字形和发音不同）。因此我们无法得知这一差异是否是由他们之间物理属性的差异造成的。于是，我们需要利用无关双关条件下高度或中度无关探测词的两种条件来排除他们物理属性的差异。两种条件下的脑电图和地形图分别如图 6.17 和图 6.18 所示。

無关双关条件下高度无关探测词(b1)　————
无关双关条件下中度无关探测词(b2)　————

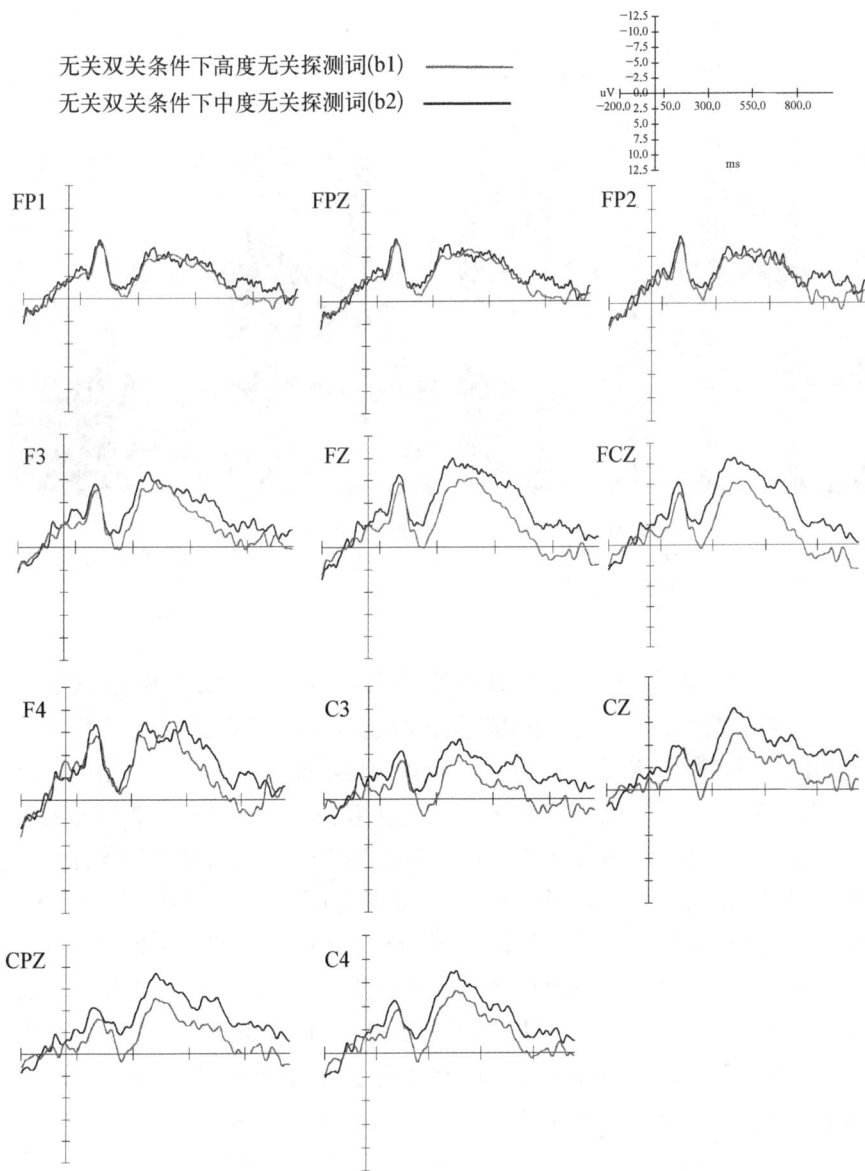

图 6. 17　无关双关条件下高度无关探测词（b1）和无关双关条件下中度无关探测词（b2）真假判断所诱发的脑电图对比

　　因为这两种条件下的双关和探测词之间无相关性，所以没有启动效应。因此，这两种条件下的 ERPs 波形是这两类探测词真假判断所诱发的原始波形图，即这两种条件下的波形图是这两类探测词的物理属性的表

无关双关条件下高度无关探测词　　　　　　无关双关条件下中度无关探测词

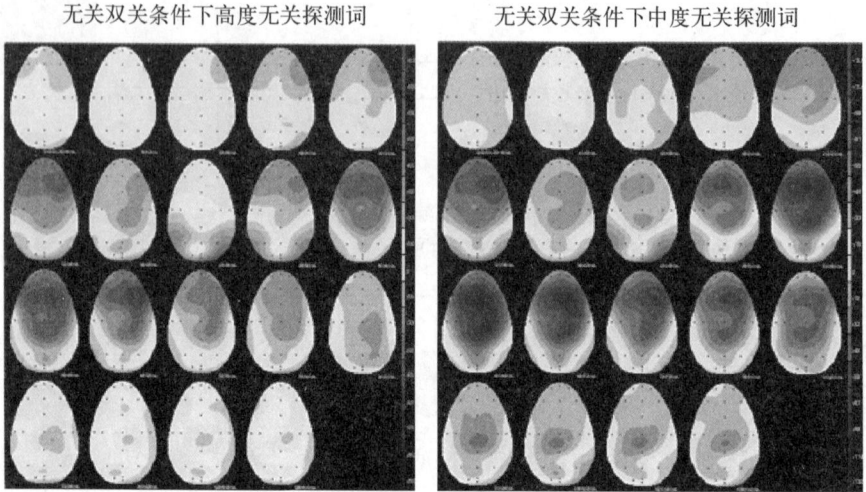

图 6.18　无关双关条件下高度关联探测词（b1）和无关双关条件下中度无关探测词（b2）加工 0～1 000 ms 平均波幅的地形图对照 X：60 Y：-13——+13

征。若这两个波形图相似，说明这两类探测词有着类似的物理属性，我们就可以直接比较关联双关条件下高度关联探测词和关联双关条件下中度关联探测词真假判断所诱发的脑电图。若不同，则不能直接相比较。脑电图显示，无关双关条件下高度无关探测词和无关双关条件下中度无关探测词真假判断所诱发的波形图有差异。进一步对数据进行分析，对两种条件下诱发的 N400 波幅来说，句子条件主效应非常显著[$F(1,21)=10.906, p=0.003$]，脑区主效应显著[$F(1,21)=5.445, p=0.030$]，半球主效应极其显著[$F(2,42)=12.373, p=0.000$]，句子条件和脑区交互作用不显著[$F(1,21)=2.763, p=0.111$]，句子条件和半球交互作用非常显著[$F(2,42)=5.490, p=0.008$]，脑区和半球交互作用不显著[$F(2,42)=0.087, p=0.917$]，句子条件、脑区和半球三者交互作用不显著[$F(2,42)=0.170, p=0.844$]。结果如表 6.33 所示。对两种条件下诱发的慢电位来说，句子条件主效应非常显著[$F(1,21)=9.488, p=0.006$]，脑区主效应不显著[$F(1,21)=0.670, p=0.422$]，半球主效应不显著[$F(2,42)=2.410, p=0.102$]，句子条件和脑区交互作用不显著[$F(1,21)=1.214, p=0.283$]，句子条件和半球交互作用不显著[$F(2,42)=2.099, p=0.135$]，脑区和半球交互作用显著[$F(2,42)=3.663, p=0.034$]，句子条件、脑区和半球三者交互作用不显著[$F(2,42)=1.654, p=0.203$]。结果如表 6.34 所示。

表 6.33　无关双关条件下高度无关探测词（b1）和中度无关
探测词（b2）N400 波幅的重复方差分析

指　　标	自由度	方　　差	显著值（双尾）
句子条件	1	10.906	.003**
脑区	1	5.445	.030*
半　球	2	12.373	.000***
句子条件＊脑区	1	2.763	.111
句子条件＊半球	2	5.490	.008**
脑区＊半球	2	0.087	.917
句子条件＊脑区＊半球	2	0.170	.844

　＊　差异显著（$p \leqslant 0.05$）
　＊＊　差异非常显著（$p \leqslant 0.01$）
＊＊＊　差异极其显著（$p \leqslant 0.001$）

表 6.34　无关双关条件下高度无关探测词（b1）和中度无关
探测词（b2）慢电位平均波幅的重复方差分析

指　　标	自由度	方　　差	显著值（双尾）
句子条件	1	9.488	.006**
脑　区	1	0.670	.422
半　球	2	2.410	.102
句子条件＊脑区	1	1.214	.283
句子条件＊半球	2	2.099	.135
脑区＊半球	2	3.663	.034*
句子条件＊脑区＊半球	2	1.654	.203

　＊　差异显著（$p \leqslant 0.05$）
　＊＊　差异非常显著（$p \leqslant 0.01$）
＊＊＊　差异极其显著（$p \leqslant 0.001$）

　　为了排除他们之间物理属性的差异,我们用关联双关条件下高度或
中度关联探测词的波形图分别减去无关双关条件下高度或中度无关探测
词的波形图(探测词无启动条件下的原始波形图),从而得到高度和中度
关联探测词在关联双关条件下关联探测词的波形差异。相减后的脑电图
和地形图分别如图 6.19 和图 6.20 所示。

关联双关条件下高度关联探测词减去无关双关条件下
高度无关探测词(a1−b1) —————

关联双关条件下中度关联探测词减去无关双关条件下
中度无关探测词(a2−b2) —————

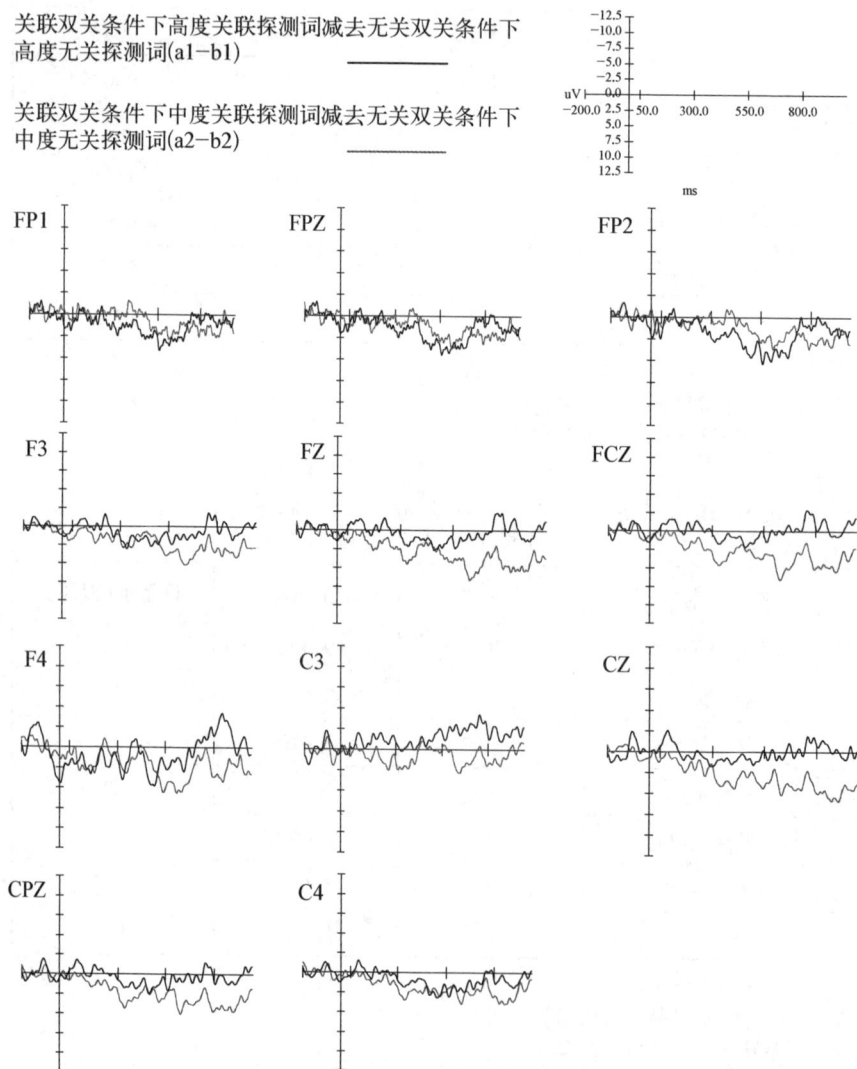

图 6.19　关联双关条件下高度关联探测词减去无关双关条件
　　　　下高度无关探测词(a1−b1)与关联双关条件下中度
　　　　关联探测词减去无关双关条件下中度无关探测词
　　　　(a2−b2)的脑电图对比

关联双关条件下高度关联探测词减   关联双关条件下中度关联探测词减
去无关双关条件下高度无关探测词   去无关双关条件下中度无关探测词

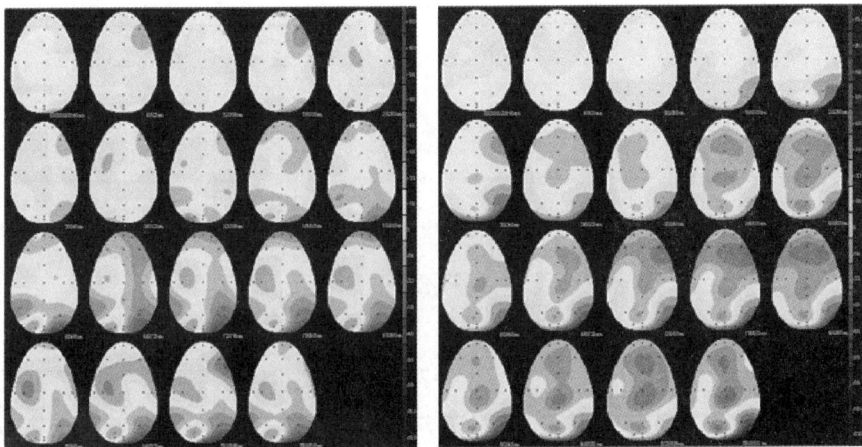

图 6.20 关 联 双 关 条 件 下 高 度 关 联 探 测 词 减 去 无 关 双 关 条 件
下 高 度 无 关 探 测 词(a1-b1)和 关 联 双 关 条 件 下 中 度
关 联 探 测 词 减 去 无 关 双 关 条 件 下 中 度 无 关 探 测 词
(a2-b2)0~1 000 ms 平 均 波 幅 的 地 形 图 对 照 X:60
Y:-13—+13

　　从上图可以看出关联双关条件下高度关联探测词减去无关双关条件
下高度无关探测词的 ERPs 在关联双关条件下中度关联探测词减去无关
双关条件下中度无关探测词的 ERPs 的上方。进一步对相减后的数据进
行分析,发现句子条件主效应不显著[$F(1,21)=2.600$, $p=0.122$],脑区
主效应不显著[$F(1,21)=3.768$, $p=0.066$],半球主效应非常显著
[$F(2,42)=8.512$, $p=0.001$],句子条件和脑区交互作用极其显著
[$F(1,21)=22.911$, $p=0.000$],句子条件和半球交互作用非常显著
[$F(2,42)=6.379$, $p=0.004$],脑区和半球交互作用非常显著
[$F(2,42)=7.354$, $p=0.002$],句子条件、脑区和半球三者交互作用不显
著[$F(2,42)=0.716$, $p=0.495$]。结果如表6.35 所示。这一结果说明关
联双关条件下高度关联探测词与无关双关条件下高度无关探测词之间的
变化量小于关联双关条件下中度关联探测词减去无关双关条件下中度无
关探测词之间的变化量。因此,我们可以推导出以下结论:在排除两者之
间物理属性的差异后,关联双关条件下高度关联探测词比关联双关条件
下中度关联探测词诱发了更小的 N400 和更大的 LPC。

语义修辞的认知神经机制研究

表 6.35　关联双关条件下高度关联探测词减去无关双关条件下高度无关探测词(a1-b1)和关联双关条件下中度关联探测词减去无关双关条件下中度无关探测词(a2-b2)的平均波幅的重复方差分析

指　　标	自由度	方　　差	显著值(双尾)
句子条件	1	2.600	.122
脑　区	1	3.768	.066
半　球	2	8.512	.001**
句子条件 * 脑区	1	22.911	.000***
句子条件 * 半球	2	6.379	.004**
脑区 * 半球	2	7.354	.002**
句子条件 * 脑区 * 半球	2	0.716	.495

　　*　　差异显著($p \leqslant 0.05$)
　*　*　　差异非常显著($p \leqslant 0.01$)
*　*　*　　差异极其显著($p \leqslant 0.001$)

(六) 分析与讨论

1. 行为数据结果显示双关识解过程中可能性特征提取具有心理现实性

　　行为数据结果证明了本研究的思辨性结论,即双关识解过程中可能性特征提取具有心理现实性。本研究的实验所得行为数据显示,被试在六种句子条件下探测词"真假"判断的正确率不存在显著差异,正确率均超过了99%。对反应时的结果分析如下:第一,关联双关条件下高度关联探测词的反应时(1 089.15 ms)比无关字面句条件下高度无关探测词的反应时(1 132.42 ms)稍短,两种条件下的反应时无显著差异;出现这一结果的可能原因是:在无关字面句条件下,因为语境句和关键句无法对探测词的真假判断产生促进作用,被试仅仅依靠其字形而没有通过复杂的语义渠道来判断探测词真假。第二,关联双关条件下中度关联探测词的反应时(1 150.04 ms)比无关字面句条件下中度无关探测词的反应时(974.35 ms)长,且两种条件下的反应时存在显著差异;造成这一差异的原因可能是:在关联双关条件下中度关联探测词的条件属于双关的非常规意义,由于非常规意义不常用,被试对它的识解有一定的困难,而无关字面句条件下中度无关探测词条件下虽然关键词和探测词无关联,但语境和探测词有一定的关联,再加之无关字面句条件下被试对探测词的判断可能仅仅基于其字形而没有通过复杂的语义渠道,从而使被试反应速度更快。第三,关联双关条件下中度关联探测词的反应时(1 150.04 ms)比关联双关条件下高度关联探测词的反应时(1 089.15 ms)长,且两种条件下的反应时存在显著差异;造成这一差异的原因可能是:在关联双关条件下双关的两层意义都被激活,中度关联和高度关联探测词分别对应双关的非常规意义和常规意义,由于常规意义使用频率高,被试对它的识解较容易。

基于上述分析,反应时直接或间接地符合第三章识解框架 ADRIM 的预期。根据框架 ADRIM,双关词继承了非常规意义的属性,而这一属性原本并不属于双关词。因此,为了获得双关的非常规意义,被试需经历一个内涵外延关联传承的过程。相应地,被试将耗费更大的努力和时间来获得非常规意义,即关联双关条件下中度关联探测词的反应时比关联双关条件下高度关联探测词的反应时稍长。

本实验结果表面上看与已有研究结果不相符合,或者不符合一般预期,但这一结果刚好证明了本研究的思辨性结论,即被试在双关的理解过程中发生了可能性特征的提取。根据本实验的原理,被试需要先阅读呈现的句子(语境句和关键句),然后完成对探测词真假性的判断;被试在语境句的作用下,对关键句的语义信息产生了一种心理期待,当所呈现的关键句为符合该语境下最常用的双关义表达时,被试成功提取了该双关信息的可能性特征,因此被试在完成了完整的语义通达之后,即当探测词与被试在理解双关时提取的可能性特征相符时,探测词的真假判断的反应时间会缩短,更快速地做出判断。如前所述,双关句与语境句之间的衔接是最紧密的,而此时的无关字面句属于无关句,当呈的关键句与语境信息无关时,被试需要一定的时间来"适应"该冲突,因此在进行探测词判断时会受到前面"适应"过程的影响,因而所需反应时较长。

综上所述,行为数据结果能够支持以下结论:双关句识解过程中可能性特征提取具有心理现实性,可能性特征提取有助于促进修辞话语的识解。

2. N400 和 LPC 反映了早期语义加工和晚期语义整合阶段的可能性特征提取情况

(1)关联双关条件下和无关字面句条件下探测词真假判断诱发的 N400 和 LPC 体现的差异

为了证明双关的识解具有可能性特征提取的过程,我们比较了关联双关条件下和无关字面句条件下探测词的 ERPs 波形。经过比较,数据显示关联双关条件下高度关联探测词比无关字面句条件下高度无关探测词诱发更小的 N400 和更大的 LPC,关联双关条件下中度关联探测词比无关字面句条件下中度无关探测词诱发更小的 N400 和更大的 LPC。上述结果说明在语境的作用下双关的两层意义都能够被预激活,从而使得在探测词呈现时,关联双关条件下关联探测词比无关字面句条件下无关探测词诱发更小的 N400 和更大的 LPC。如上文所述,N400 反映了阅读过程中的语义冲突,且他们之间存在正相关关系;LPC 反映大脑默认新信息与最近遇到的旧信息存在关联性,且他们之间也存在正相关关系。高度关联探测词是常规意义相关的探测词(如掌握—控制),在语境的作用下,相对于无关字面句条件下的高度无关探测词,被试对常规意义的识解更容易。虽然中度关联探测词是非常规意义相关的探测词(如掌握—手里),它是双关词的临时意义且只存在于某一特定语境,使其与语境有较大关联性,因此相对于无关字面句条件下的中度无关探测词,在语境的作用下被试对非常规意义的识解也较容易。这表明可能性特征的提取有助于关联双关的理解。

总之,在语境的作用下,关联双关条件下双关的两层意思均被激活且双关词对常规意义和非常规意义的理解都有促进作用。因此,我们认为双关的识解存在可能性特征提取的心理现实性。这一结果与 Coulson & Severens(2007)以及 McHugh & Buchanan(2016)的研究结论基本一致。在该研究中,他们也发现双关的两层意思均被激活。但是他们只选择每个双关的一层意义来考察,即一半的探测词与一半双关的常规意义相关,另一半的探测词与另一半双关的非常规意义相关。而且他们的目标语言是英语,而本研究的目标语言是汉语,且所有双关的两层意思都在考察范围之内。这是两个研究的差异之一。

(2)关联双关条件下高度和中度关联探测词真假判断诱发的 N400 和 LPC 体现的差异

本研究的 ERPs 数据显示,关联双关条件下高度关联探测词比关联双关条件下中度关联探测词真假判断诱发更小的 N400 和更大的 LPC。但是,这两类探测词有不同的物理属性,进行比较时必须将其排除。因为无关双关下的 ERPs 波形是两类探测词的原始波形或者说表征着他们的物理属性,因此我们需要用关联双关条件下高度和中度关联探测词诱发的 ERPs 波形分别减去无关双关条件下高度和中度无关探测词诱发的 ERPs 波形,相减后的 ERPs 波形显示出两类探测词在关联双关条件下关联探测词真正的波形差异。

实验结果还显示,在关联双关条件下,高度关联探测词比中度关联探测词诱发了更小的 N400 和更大的 LPC;而同时,在无关双关条件下,高度无关探测词比中度无关探测词真假判断诱发更小的 N400 和更大的 LPC。简单地说,关联双关条件下高度关联探测词和无关双关条件下高度无关探测词的 ERPs 波形分别在关联双关条件下中度关联探测词和无关双关条件下中度无关探测词的 ERPs 波形的下方(坐标轴:向下为正,向上为负)。因此,如果高度关联探测词和高度无关探测词在两种条件下的 ERPs 变化量与中度关联探测词和中度无关探测词在两种条件下的 ERPs 变化量一样,那么关联双关条件下高度关联探测词减去无关双关条件下高度无关探测词的 ERPs 波形应该与关联双关条件下中度关联探测词减去无关双关条件下中度无关探测词的 ERPs 波形无明显差异;如果高度关联探测词和高度无关探测词在两种条件下的 ERPs 变化量比中度关联探测词和中度无关探测词在两种条件下的 ERPs 变化量大,那么关联双关条件下高度关联探测词减去无关双关条件下高度无关探测词的 ERPs 波形应该在关联双关条件下中度关联探测词减去无关双关条件下中度无关探测词的 ERPs 波形的下方;如果高度关联探测词和高度无关探测词在两种条件下的 ERPs 变化量比中度关联探测词和中度无关探测词在两种条件下的 ERPs 变化量小,那么关联双关条件下高度关联探测词减去无关双关条件下高度无关探测词的 ERPs 波形应该在关联双关条件下中度关联探测词减去无关双关条件下中度无关探测词的 ERPs 波形的上方。此外,我们还排除了高度关联探测词和高度无关探测词或中度关联探测词和中度无关探测词无明显差异的那些电极,因为这些电极相减后的 ERPs 是无意义的。相减后的 ERPs 波形显示,关联双关条件下高度关联探测词减去无关双关条件下高度无关探测词的 ERPs 波形在关联双关条件下中度关联探测词减去无关双关条件下中度无关探测词的 ERPs 波形的上方。这一结果说明,高度关联探测词和高度无关探测词在两种条件下的 ERPs 变化量比中度关联探测词和中度无关探测词在两种条件下的 ERPs 变化量小。也就是说,高度关联探测词比中度关联探测词诱发了更小的 N400 和更大的 LPC。因此,可以得出结论认为,理解双关的非常规意义比理解其常规意义要付出更大的努力。

如上所述,理解高度关联探测词(常规意义)比中度关联探测词(非常规意义)诱发更小的 N400 和更大的 LPC。这说明高度关联探测词的激活程度要比中度关联探测词高。造成这一结果的可能原因是:高度关联探测词和中度关联探测词分别代表双关词的常规意义和非常规意义;双关两层意思理解的认知神经机制相同,但难易度不同,且这一差异主要是由双关词造成的。

以上情况进一步说明,将双关的两层意思分为常规或显性意义和非常规或隐性意义具有合理性,而且非常规意义理解起来更难;另外,根据第三章提出的 ADRIM,被试在理解非常规意义时需要经历一个依靠内涵外延关联—传承提取可能性特征的过程,也就意味着人们在理解双关的非常规意义时需要付出更大的努力。

本实验就双关两层意思理解进行了探讨,这也是与以往研究不同的,也是本实验的创新点。特别值得关注的是,被试大脑中中度关联探测词的预激活说明双关词的可能性特征在双关理解过程中被成功提取。

以上结果表明,在双关句条件下可能性特征的成功提取有助于促进双关的理解,这也说明双关理解时可能性特征提取的心理现实性。

第五节　综合讨论

一　语义修辞话语识解过程中可能性特征提取的心理现实性

本研究假设,对于语义修辞话语的识解,可能性特征提取是将分属于两个语义域的事物 A 和事物 B 联系起来的最核心的环节。本章的实验研究,目的是证实语义修辞识解过程中可能性特征提取的心理现实性。

第一,从本章第 2~4 节对三类语义修辞范例进行的实验研究可以看出,语义修辞识解过程中可能性特征提取具有心理现实性。三个实验结果显示:行为数据结果基本上都支持语义修辞识解过程中可能性特征提取具有心理现实性,可能性特征提取有助于促进语义修辞话语的识解;体现语义整合的 N400 和 LPC 等 ERPs 成分,都从不同层面支持修辞识解过程中可能性特征提取具有心理现实性这一假设。

可能性特征可提取的语义修辞话语对探测词的真假判断任务具有促进作用。对于可能性特征可提取的语义修辞话语,被试在理解过程中成功提取了语义修辞话语中关键词的"可能性特征";对于可能性特征不可提取话语,被试在理解过程中却无法从关键句中提取关键词的"可能性特征",因此无法对探测词真假判断任务产生促进作用。这表明,语义修辞话语识解过程中的可能性特征提取具有心理现实性。

可能性特征提取是一个精细的深加工过程。就本研究而言,可能性特征提取需要有效利用每个刺激的"语境段落"作为参照,需要参照此语境信息来激活并提取属于关键句中关键词的相关百科信息,并以最终提取到理解话语所需要的有关"可能性特征"的信息,等等。与可能性特征不可提取话语相比,可能性特征可提取的语义修辞话语,对真假词判断任务会产生促进效应。这表明,在可能性特征可提取语义修辞话语的理解过程中,被试成功地将关键句中的关键词映射到了大脑中相应的知觉符号上,并且成功地从该知觉符号中提取了理解该修辞话语所需要的"可能性特征"(廖巧云,2015,2018a,2018b)。

第二,可能性特征提取对于语义修辞话语与非语义修辞话语识解的影响存在差异。根据本研究的实验设计,被试的探测词真假判断任务涉及两个主要决定性因素。第一个是探测词"真假"判断的因素:在阅读探测词时,被试需要快速且有效地从大脑中提取该词的有关心理词条信息,以判断探测词的真假。心理词条信息被被试提取的速度,将决定探测词真假判断的速度。也就是说,探测词真假判断任务的反应时和脑电结果,会受到被试提取心理词条信息难易度的影响。第二个是有关实验话语理解的"预激活"因素。基于本实验设计,被试理解由语境句与关键句构成的实验话语时,必然成功地从关键句中的关键词中提取到合适的"可能性特征";对关键词可能性特征的提取,又必然会对探测词产生"预激活"作用,因为在可能性特征可提取话语条件下,"探测词"与"关键词"共享该可能性特征信息。对于可能性特征不可提取的修辞话语,探测词与关键词无法共享任何可能性特征,受试对语境句与关键句的阅读理解不会对随后的探测词判断任务产生任何"预激活"作用。

第三,"可能性特征是否可提取"对语义修辞识解加工具有明显的影响。在 N400 和 LPC 两个窗口内,ERPs 的波形表现出同样的梯度,即"可能性特征不可提取"语义修辞的振幅最大,"可能性特征可提取"语义修辞的振幅居中,"可能性特征无需提取"语义修辞的振幅最小。这说明对于"可能性特征可提取"的语义修辞而言,被试对"可能性特征"有强烈的期待,因为他们很熟悉修辞所处的语境,导致修辞含义的通达。但是,就"可能性特征不可提取"修辞而言,因被试不熟悉其所处语境,对"可能性特征"无法有所期待,其修辞义无法直接通达,而需通过重构两事物间的"可能性特征"才能够达成,因而所用心理努力就大,所耗时也就更长。我们的结果与王小潞(2009)的研究结果不一致,她选取了句法完全一致的本义句和隐喻句比较发现,450 ms 之后出现了较明显差异,即隐喻加工的

LPC 大于本义句加工的 LPC;而我们的结果刚好相反,其语义整合需求大小不同,即直义句大于隐喻句。因为实验范式不同,在语境的作用下,两者后期加工过程中,隐喻句的语义整合需求小于直义句。因此,我们认为,这从另一个侧面说明了可能性特征提取对修辞话语理解的促进作用。

二 语境对修辞话语理解的限定作用

众所周知,语境在话语识解包括语义修辞识解过程中的重要作用已是不争的事实;而且语境对于语义修辞话语识解的影响也已经从实证研究的角度得到了较好的论证。我们在此探讨的语境因素涉及的是广义的语境,既包括语言知识如上下文等,也包括语言外知识如背景知识和情景知识等(何兆熊,2000)。就语义修辞识解而言,语境的制约作用,主要体现在有助于指称确定、歧义消除、语义充实等方面。也就是说,语境能帮助受话人理解话语的多义现象中到底哪一个意义是说话人要表达的意义。心理语言学的研究表明,话语所处的语境可以为意义的理解解除歧义(Gibbs, 1994)。许多研究也表明,在不合适的语境中我们遇到的话语常常被理解为摒弃了其真值,而同样的话语出现在合适的语境中则常常被看做是一种支持或认可,结果这一话语常常被看做是一个隐喻(Katz, 1996)。Cornejo, et al. (2007)采用 ERPs 技术发现,当被试运用整体性策略判断尾句是否合理时诱发了显著的反语 N400 效应。Cornejo, et al. 认为这一 N400 成分是由上文语境信息的不够充分所诱发的,而非语义违反所引起的;很有可能语境信息越充分,反语 N400 的波幅越小。Katz, et al. (2004)的 ERPs 研究发现,诸如社会、文化、性别、职业等非语言方面的语境信息在反语认知加工的早期已对反语理解有着一定的制约作用。Regel, et al. (2010)的研究也发现,说话人相关的语用知识会显著影响反语的认知难度,人们只能获得语境合适的解释。在一定的语境制约下,与语境一致的解释一般会成为话语的唯一解释(张辉,2016:148)。总之,语境在所有话语包括语义修辞话语理解过程中的重要作用已经得到了证明。

本研究的三个实验的每一个刺激材料均设置了明晰的语境,这对语义修辞话语理解过程中可能性特征提取并构建 A 与 B 两事物之间的关系起到了较大促进作用。

第一,我们的研究结果与以往的研究结果体现出的差异说明了语境的作用。以往的研究基本证明隐喻句包括熟悉和不熟悉的隐喻句加工一般都难于本义句。王小潞(2009:180)的研究显示,与隐喻句相比,被试不仅对本义句加工的平均反应时短,而且准确率比隐喻句高出近10个百分点,说明理解本义句比理解隐喻句更容易。但是,我们的结论与此有差异,我们的研究结果显示,语义修辞句与直义句总体差异不显著或边缘显著,或者只在某些电极或脑区体现出差异,也或者甚至存在刚好相反的情况,如,直义句比修辞句诱发更大的慢电位。这正好说明了在给定的语境下,可能性特征可提取对语义修辞话语理解的促进作用。语义修辞句条件下和无关句条件下探测词真假判断的情况相比,无关句条件下的反应时长于修辞句条件下的反应时,也就是说被试更容易理解修辞句。

第二,常规关系即相邻/相似关系是有效把握语境,从而达成可能性特征提取的重要依托。根据基于模型的语用推理理论,人们以关系的方式把握世界:凡是具有常规关系的两事物,提到一关系体就可能意味着另一关系体的存在(徐盛桓,2007a,2007b)。根据关联理论,最大关联指的是,听话人在话语理解过程中,通过最小的处理努力获得最大的语境效果;而最佳关联指的是,听话人付出适当的处理努力便可获得足够的语境效果(Sperber & Wilson, 1995/2001: 260 – 278)。常规关系是世界上一事物与另一事物之间的一种联系;常规关系不仅存在于语言内,同时也存在于语言外(何兆熊,2000: 170)。常规关系是事物之间规约性地建立起来的关系;常规关系储存在人们的记忆中或知识库里,所以在话语理解中便不点自明。基于常规关系,被试在语义修辞话语识解过程中,可能性特征的提取不仅成为可能,而且变得容易。三类语义修辞范例的实验研究结果之所以存在差异,第一可能是由于它们尽管都是语义修辞,但各自都属于不同类别,也就是说不同修辞的两事物 A 与 B 之间的关系体现为相似性、相邻性、相似性+相邻性;第二可能是语境的制约作用:隐喻修辞话语的语境对直义无干扰,反语修辞话语的语境对直义没有干扰,双关修辞话语的语境对双关两层意义有较大干扰。

第三,修辞识解过程是认知主体在已有意象的基础上对现实的信息进行整合而完成的。根据 Bruner, et al. 的观点,我们的知觉能感知到事物的各种特征之间的关系,并可确定类别与类别系统的匹配问题(Bruner, et al., 1956: 84)。人们的知觉所具有的理解性和恒常性心理特征,很大程度上需依赖感知主体的知识和经验。由于客观事物的结构和特征是相对稳定的,因此,我们对这些事物的经验,有助于我们对所感知的事物保持稳定的认识状态。

第四,熟悉度和语境这两个因素共同作用于语义修辞话语的加工。我们的研究与 Ferretti, et al. (2007)以及 Katz & Ferretti(2001)都发现,人们在具有足够制约的语境下会在加工非字面义句子的初期就开始构建比喻性的解释;在一定的语境作用下,N400 效应反映出,快速的以记忆为媒介的预测在语言理解过程中起到了重要的作用(Van Berkum,2008:378);根据张辉(2016:173-174)的发现,熟悉度在不同的语境中对谚语的加工有一定的影响。在偏向字面义语境中,熟悉度对谚语加工的影响不明显,但在偏向非字面义语境中,熟悉度对谚语加工的影响明显;熟悉谚语在偏向非字面义语境中更容易与语境进行整合。我们关于语义修辞的实验研究也说明了这一点。对于熟悉的语义修辞,其突显的意义应是非字面义,突显的非字面义很容易与语境整合在一起。可能性特征可提取的语义修辞话语条件下探测词真假判断的实验结果与 Giora(2003)的突显义优先模式是一致的。

三 修辞理解过程中左右脑存在不对称现象

通过对比三种语义修辞范例的实验研究结果存在的脑区差异,我们得出结论认为,不同脑区的激活状态体现出一定差异甚至明显差异。语义修辞话语和直义话语加工时的左右脑存在不对称现象。

我们的研究结果与王小潞(2009:188)的研究结论基本一致,即"对于汉语隐喻的理解左右脑加工不对称是绝对的,而在某些情境下的一致是相对的"。谭力海等(Tan, et al., 2000)用汉字做的 fMRI 实验证明,汉语书写文字在额叶和颞叶的左侧、视觉系统的右侧、顶叶和小脑得到加工。在另一项实验中,谭力海等(Tan, et al., 2001)发现,朗读汉字与右脑的活动,包括额下回和颞上回,有更加紧密的联系。

本研究三类修辞的实验研究结果显示,左右脑存在一定差异。

首先,隐喻的三种句子类型条件下探测词的脑区加工显示了差异。本实验选取电极 FP1、F3、C3(左侧)和 FP2、F4、C4(右侧)的分析表明,右侧的 N400 波幅差异大于左侧的波幅差异,反映了右脑在隐喻理解中的优势,但是这不代表左脑不参与隐喻理解过程,只是激活的程度有差异而已。本研究并没有得出支持单一半球优势的结论。在整个加工过程中,大脑都有激活,而且在加工的不同阶段,两半球的激活状态呈现出显著差异。

三种不同句子类型条件下的 N400 波幅出现了明显的差异;右脑的差异要比左脑显著。考虑到本实验的语料呈现形式为汉语,并且实验任务为判断真假词,因此可以做出假设:右脑在汉语的隐喻修辞话语识解过程中扮演主要角色,并且汉语独特的组词形式和字形识别主要由右脑负责。

其次,反语的三种句子类型条件下探测词的脑区加工显示了差异。关于脑区,在反语和无关句条件下存在的显著差异主要表现在额区和中央区;在直义和无关句条件下存在的显著差异主要体现在额区、中央区和顶区;反语和直义句条件下存在的显著差异主要表现在顶区。

与反语句条件下和直义句条件下相比,无关句条件下诱发了较大的负波。反语句条件下和直义句条件下在额区和中央区的波幅差异不大,但是它们在顶区的波幅差异较大,即反语句条件下比直义句条件下诱发了更大的负波。

在早期语义加工阶段,反语句和直义句条件下探测词诱发的 N400 波幅没有差异,未表现出左右脑加工优势,说明左右脑均参与加工。但反语句和直义句条件下探测词诱发的慢电位在右侧顶区有显著差异,体现了整合加工阶段右侧脑区具有加工优势。

再次,双关的三种句子类型条件下探测词的脑区加工显示了差异。关联双关条件下关联探测词、无关双关条件下无关探测词和无关字面句条件下无关探测词在脑区上存在差异。

就双关词对探测词真假判断的作用而言,本研究发现关联双关条件下高度关联探测词和无关字面句条件下高度无关探测词在额区和中央区诱发的 N400 波幅存在显著差异,在额区诱发的 LPC 存在显著差异;这说明双关词在这些区域促进了双关常规意义的理解或者预激活了高度关联探测词。就关联双关条件下中度关联探测词和无关字面句跟中度无关探测词而言,在中央区诱发的 N400 波幅存在显著差异,而在左脑额区和右脑中央区的 LPC 存在显著差异;这说明双关词在这些区域促进了双关非常规意义的理解或者预激活了中度关联探测词。

值得注意的是,双关词对探测词的预激活作用是本研究关注的重点。上述结果显示,高度和中度关联探测词在左、右脑均有激活。这说明两个脑半球都获得了双关的常规意义和非常规意义。这一结果支持如 Coulson & Severens(2007)等前人研究的发现,双关的两层意思在两个半球均被激活。

总之,本实验研究发现双关理解过程中两层意思在左、右两个脑半球都有激活。

四　修辞范例实验研究论证了本研究的思辨性结论

1. 可能性特征提取反映了语义修辞理解的心智过程

我们认为,虽然语义修辞表达从一定意义上讲有悖于有效的交际,但却可达到一般字面义话语无法达到的交际意图。心智哲学的研究已经发现,语言运用这一思维活动均开始于表达某个意向性的意义,而意义的表达都是通过人身体的活动图式或心理意象或言语来呈现,而它们都是由"大脑—身体"这个统一的系统进行神经调节来完成的(李恒威等,2008:26)。

语义修辞是由心理语言外化为具体语义修辞表达式的。心理语言很可能是外部语言生成前的以意义为中心的内部思维,意义是思维生成、记忆和理解的基本单位;外部语言是由最初的动作思维所感受到的意义来进行加工的。从内部语言外化为合乎修辞格的具体表达,是保留了语义而使语言的构式性逐渐形成、加强、固化的过程。因此,可以说人类不同水平的思维活动直至语言思维活动是主要以语义内容的方式在大脑中进行抽象、加工、简化并向外表征的一连串过程,语义修辞就是在语言思维的水平上表征心理活动的约定俗成的构式化了的概念符号、象征符号,它使人类突破了个人感受的个体性的局限。因此,语义修辞表达的内容与形式并不精密对应,这也使得语义修辞话语的识解过程有异于字面义识解过程,因此需要耗费更多的心力。

语义修辞识解过程中的可能性特征提取是一种心智活动。听话人需要将显性表述补足阐释为隐性表述,将显性表述隐含的内容甚至许多在该语境中难以用语言明言的知识呈现出来,用以解释语义修辞的意义和推导说话人的意图。在语义修辞理解中,一个重要的方面是听话人/读者必须识别共享的指称物(shared referents)。该指称物一般是一个不断变化的意义,所以共享的环境必须不断地在心理上重新建构。语言主体觉知到一个现实的或想象中的事物与本体有同一性;该同一性就是指主体在面对表象相异的对象时,对其某一方面的共同特征做出概括(徐盛桓,2014)。认知主体的信念和对事件的理解,是解释的一个本质性因素。意向性解释来自人的意向性。意向性既是语义修辞表达的发端,也是其识解的目标,贯穿修辞活动过程的始终。因为"感觉信息的表达是语言运用的基础"(徐盛桓,2011b),因此,语义修辞表达了说话人的感觉和感受。也就是说,语义修辞表达了主体感觉到了修辞对象 A 之后所产生的那种既不像 A 又在某方面有点像 A 的感受;用这种感受来解释语义修辞话语,就成为体现了主体意向性的解释。

可能性特征提取实际上就是一个选择的过程,受到意向性操控的一个选择过程,是在一个系统中进行的选择。据韩礼德(Halliday,2004),能够进入"同一个系统"的入列条件就是所有选项"既相同又相异",既要有共同的语义域,也要有差异,否则就无法进行选择。也就是说,"相异点"为选择提供了可能性,也是进行选择的原因之一。我们能够在众多不同特征中进行选择,是可能性特征提取的必要条件;选择实际上是一个受意向性操控的过程。

语义修辞识解过程中的可能性特征提取是人类基于心—物随附性形成的对外界纷繁复杂的世界认知性的关联总结,不仅是一种语言现象和修辞手段,更是一种认识世界的方式,是对人类有限的语言表达的创造性拓展。

2. 修辞话语的通达体现了格式塔效应

在感知世界中,人倾向于把相邻和/或相似的对象识别为一个关系体,从而对这一客观关系的表征也会体现相邻/相似这一特点,因此,事物间的常规关系可以简化为事物间的相邻/相似关系(徐盛桓,2006a,2006b,2007a,2007b,2007c;廖巧云,2011:126-127)。相邻/相似原则是格式塔心理学的重要原则:相邻原则指距离很近的个体常常被感知为彼此相关;相似原则指相似的个体往往被感知为共同整体的部分(Ungerer & Schmid, 2001:33)。在修辞话语加工过程中,格式塔效应将具有常规关系的对象表征为一个整体,因此"使得零碎的、不相关的、缺乏逻辑关系的对象形成一个具有良好形状的整体"(廖巧云,2008b)。具有常规关系的两事物有可能连成一个可以理解、解释或预测的网络。

语义修辞话语识解过程有效依赖格式塔转换。在该过程中,可能性特征提取并非一蹴而就,而是要经历心—物随附性作用下的概念内涵多次的传承转换等过程。不过,对熟悉的语义修辞而言,这样的转换过程较为快速而不被特别关注。格式塔转移大致是这样的:在意向性的作用之下,认知主体通过感觉器官,感知语义修辞本体的物理属性,可以获得对它的原初意识;然后基于个人记忆和经验,经过格式塔转换,形成联想和想象的反思,再形成对该事件的心理属性,最后涌现为语言表达式,如夸张话语的"夸体"或隐喻话语的"喻体"。需要指出的是,格式塔转换涉及可能性特征的选择问题,也就是说,认知主体需要在心—物随附性作用下选择合适的可能性特征并依此构建两个不同事物之间的关系。

3. 内涵外延关联—传承是修辞识解的有效手段

语义修辞是语义变异的结果,也就意味着认知关系的改变是一种非常规的认知方式。语义变异意味着语义修辞表达与常规意义是不同的,由此也带来识解过程的差异,使得可能性特征提取过程变得更为复杂。所谓语义变异,其实就是人们关于大脑中已有心理模型受到一定方式或一定程度的改变。

内涵外延关联—传承在语义修辞话语识解过程中起到了核心作用。因为有内涵外延关联—传承的主导作用，语义修辞话语所涉及的两个事物之间的关系得以构建，因而可能性特征得以提取。例如，"The surgeon is a butcher."中，"A is B"是"把 A 看作 B"。"外科医生"这一概念与隐喻有关的部分内涵内容，"是以百科知识为基础的"（Croft & Cruse，2004：208）。"屠宰者"也一样。通过"外延内涵传承"，人们便能提取构建"外科医生"和"屠宰者"之间关系的可能性特征。

总之，基于"依赖"与"自主"并存的心—物随附性，一方面，一个物理事件不能随意激发出任何心理属性，以避免让世界变得不可知；另一方面，一个物理事件能够激发出不同的心理感受，从而使语言表达丰富多彩。也因此，我们能够基于一定语境，有效提取语义修辞相关的可能性特征。

第六节 小 结

本章的实验研究，目的是证实语义修辞识解过程中可能性特征提取的心理现实性。从本章第 2~4 节对三类修辞范例进行的实验研究可以看出，语义修辞识解过程中可能性特征提取具有心理现实性。研究初步得出了如下结论：汉语母语学习者在汉语修辞话语理解过程中的可能性特征提取具有心理现实性，即支持本书第三章提出的语义修辞识解机制模型。本实验研究达到了研究目的，在一定程度上证实了本研究的思辨性结论，并有如下主要发现：

第一，语义修辞话语背后的机理，总体来说就是灵活运用相邻/相似关系。隐喻、反语、双关都是修辞学做过大量研究的，三个修辞格联系修辞表述式和目的表述的都是相邻/相似关系，隐喻涉及相似关系，反语涉及的是反向相邻关系，双关涉及的是相邻+相似关系（徐盛桓，2008d；黄缅，2008；何爱晶，2013）。

第二，本实验研究是语义修辞话语认知识解机制 ERPs 研究新范式的有益尝试。本研究是首次从 ERPs 的角度，研究报道以汉语为母语的被试在理解汉语语义修辞表达时可能性特征提取是否具有心理现实性的问题,为汉语本族语者在汉语语义修辞话语理解过程中可能性特征提取的心理现实性增加了证据,同时也对深入研究汉语语义修辞话语识解的可能性特征提取的机制等有所启迪。

第三,在可能性特征提取过程中,左右脑都有激活,起到了不同的作用。而其中右脑似有特殊的作用。

第四,本实验研究对已有研究结论进行了进一步的论证。我们的研究说明语义修辞性话语加工的影响因素是多方面的,而且许多因素如熟悉度、突显度和语境等都不会单一地影响它们的加工,这些因素通常会交织在一起,对修辞语言的加工产生作用。

第七章

总结与展望

　　本书以心智哲学和生成整体论为主要理论指导,为语义修辞识解研究构建了一个语义修辞识解机制的分析框架,并运用框架对部分语义修辞范例进行了分析,从一个侧面验证了框架的可操作性;成果又进一步运用认知神经心理学最为成熟的 ERPs 技术手段进行了实验研究,论证了语义修辞识解认知神经机制即在心—物随附性作用下提取可能性特征的心理现实性。

　　本成果主要内容如下:

　　第一,构建了语义修辞话语识解机制分析框架。在对心智哲学和认知语用学的实践进行反思之基础上,以心智哲学和生成整体论为理论指导,构建了语义修辞识解机制分析框架。针对整体性认知语用模型下辖的话语识解框架在分析修辞话语识解机制时难以构建起修辞话语所涉及的两个域之间关系的问题和基于模型的语用推理理论下辖的内涵外延传承框架无法解释为什么能够说"A 是 B"以及两个概念的内涵外延属性是如何传承的等问题,运用后者对前者进行修补,并运用心智哲学理论对框架进行拓展,提出了意向性视域下的"内涵外延关联—传承模型"(ADRIM)。

该识解框架可以简述为：修辞话语的识解过程是在意向性主导下，在整体性框架内，依靠相邻/相似性，在心—物随附性作用下，从显性表述溯因推导出隐性表述并推导出交际意图的过程。更具体地讲，通过关联—传承手段寻求修辞话语涉及的事物间的内涵外延关系，并依靠在心—物随附性作用下形成的能够体现 A 与 B 两事物之间关系的可能性特征，即发现一事物从逻辑语义角度本不具备的特征即可能性特征，以构建体现两事物之间关系的"A 是 B"表达式；并依据话语所在的整体性语境推导出两事物之间能够构成修辞关系的相关特征，以获得相对完备的表达，最后推导出讲话人交际意图的过程。其中，在心—物随附性作用下提取可能性特征是关键，也是语义修辞话语识解区别于一般话语的焦点。在修辞识解过程中，我们需要依靠心—物随附性推导出讲话人的主观心理映像，即对外部世界的心理表征，确定修辞所涉及的两事物之间的关系；而且两事物之间的关系要通过一事物本不具备但在具体语境中能够被接受的可能性特征来建立，这也就是内涵外延关联—传承的过程。语义修辞话语背后的机理，总体来说就是灵活运用相邻/相似关系。语义修辞话语识解是一个溯因推理过程，而且全过程受到意向性的操控。

第二，运用 ADRIM 探索语义修辞的识解机制，用范例分析方法验证了模型的合理性和可操作性，即从定性研究角度对框架的可操作性进行验证。根据研究目标，常见的八种语义修辞话语即隐喻、转喻、比拟、反语、夸张、移就、委婉、双关被分为三类，即基于"相似性""相邻性""相似性+相邻性"三类，进行逐一分析。并以此说明本研究所构建的 ADRIM 的可操作性及对修辞识解机制的解释力。通过对主要的八类语义修辞的分析，说明本研究所构建的"内涵外延关联—传承模型"能够有效地用于语义修辞话语识解机制的分析，具有较强的可操作性。

第三，探讨了语义修辞识解的认知神经机制 ERPs 实验研究的方案，并确定以语言理解涉身认知理论模型"索引假设"为理论框架，采用语言理解的可供性提取的研究范式。本研究的重点是要对语义修辞识解过程中可能性特征提取的心理现实性进行实验研究。可能性特征提取反映了语义修辞理解的心智过程；修辞是由心理语言外化为具体修辞表达式的。语义修辞识解过程中的可能性特征提取是一种心智活动，是人类基于心—物随附性形成的对外界纷繁复杂的世界认知性的关联总结。因此，可供性提取的实验研究范式符合本实验研究需求。

第四，应用 ERPs 技术对语义修辞话语识解机制假设进行实证性研究，进一步验证了语义修辞识解过程的关键环节，即内涵外延关联—传承过程中心—物随附性作用下可能性特征提取的心理现实性。从三类语义修辞中各选取一种修辞话语即隐喻、反语、双关作为实验研究对象,以母语为汉语的外语学习者为被试,设计了三个实验分别探讨三种语义修辞识解的认知神经机制的核心环节即可能性特征提取的心理现实性。三个实验结果显示:不论是行为数据结果还是反映早期语义整合加工的 N400 和反映晚期语义整合加工的 LPC 等 ERPs 成分,都从不同层面支持修辞识解过程中可能性特征提取的心理现实性这一假设,可能性特征提取有助于促进修辞话语的识解。

本研究的主要发现如下:

第一,建设性后现代哲学思潮为当代语言研究开启了新方向。建设性后现代哲学视域下语言研究的主要特征,如语言研究的多元性和多维性、语言研究的"体验人本观"和"意义体认观"、语言的人类独有性和人的主体性等,使一切与语言使用相关的东西都进入了研究者的视野,不仅需要有更为广阔的视野和更加多元的视角,而且还需要有跨学科或超学科的眼光。本研究便是该研究方向的初步尝试。

第二,心智哲学为深化语言研究也为修辞的认知神经机制研究提供了理论支撑。认知科学的进一步发展为语言跨学科研究带来了新的机遇(邱惠丽,2006)。认知科学涵盖了哲学、神经科学、语言学、心理学、计算机科学、人类学等众多学科,具有明显的跨学科性。认知科学家们通过协作与整合多学科理论及实验,有效促进了人类对心智本质的研究。心智哲学研究也因认知科学的推动而获得了突破性进展,已经发展成为当今西方哲学领域充满活力的研究领域之一,也因此为语言研究带来了新的突破。

第三,感受性是修辞运用的意识基础,是修辞识解的有力支撑。感受性是人们对于感觉对象的感觉经验中最为微妙的部分;感受性是主观的,是个体感受和生发意义的最初起源,人们在研究中通常强调的是个人一时一地的感受性,强调个体自身体验到的为了"自我"的感受性;感受性又具有一定的普遍性,这使我们能够在语言运用中恰当地运用感受性,达成相互交流、相互沟通。修辞的建构或识解反映了人们对有关事件的感受性。就修辞生成而言,主体所形成的某一修辞表达是主体在感知外部世界的基础上形成的主观感受;此感受是主体通过感知事件的物理属性获得的心理属性。这也是一个意识过程,即从原初意识转变成反思意识的过程,主体便是通过反思意识构建起具体修辞表达的。与此相对,就修辞识解而言,感受性是我们运用修辞的意识基础。因为世世代代普遍感受性积淀而成的修辞已经成为一种集体无意识,一种不言而喻的存在,因而这一修辞所指涉的场景在我们的意识中就有了定向,也就能使其识解过程更容易被听话人把握。

第四,修辞话语的通达体现了格式塔效应,修辞话语识解过程中需要有效依赖格式塔转换。在该过程中,可能性特征提取并非一蹴而就,而是要经历心—物随附性作用下的概念内涵多次的传承转换等过程。不过,对熟悉修辞而言,这样的转换过程较为快速而不被特别关注。格式塔转换大致是这样的:在意向性作用下,认知主体通过感觉器官,感知语义修辞本体的物理属性,可以获得对它的原初意识;然后基于个人记忆和经验,经过格式塔转换,形成联想和想象的反思,再形成对该事件的心理属性,最后涌现为语言表达式,如夸张话语的"夸体"或隐喻话语的"喻体"。需要指出的是,格式塔转换涉及可能性特征的选择问题,也就是说,认知主体需要在心—物随附性作用下选择合适的可能性特征并依此构建两个不同事物之间的关系。

第五,可能性特征的获取是在事物的心—物随附性作用下涌现出来的。人类的语言活动是通过感知、感受、意识、意志等一系列心理活动对客观信息进行处理并创造出新信息的过程。该过程涉及语言世界、外部世界及心理世界三个"世界";其关系为:语言世界表征心理世界并进一步表征外部世界;也就是说,语言世界所表征的是心理表征,是心理世界面对外部世界产生的主观心理映像,是主客体的统一(徐盛桓,2011b)。因此,一个修辞话语不是直接表征外界发生的事件;修辞话语的内容是经过人们"反思"处理而得到的概念化的事件。

第六,修辞理解过程中左右脑存在不对称现象。在可能性特征提取过程中,左右脑都有激活,起到了不同的作用。通过对比三种修辞范例的实验研究结果,我们发现修辞理解过程中存在着脑区差异。也就是说,修辞话语和非修辞话语加工时的左右脑存在不对称现象。首先,隐喻的三种句子类型脑区加工显示了差异,三种不同的句子类型条件下探测词诱发的 N400 波幅出现了明显的差异,右脑的差异要比左脑显著。其次,反语的三种句子类型条件下探测词脑区加工显示了差异,反语句条件下比直义句条件下诱发了更大的负波,而且它们在顶区的波幅差异较大。再次,双关理解过程中双关的两层意思在左、右两个脑半球都有激活,同时常规意义比非常规意义在大脑正中央区的激活程度更高,但在左右脑区并没有显著差异。

第七,修辞性话语加工的影响因素是多方面的。许多因素如熟悉度、突显度和语境等都不会单一地影响它们的加工,这些因素通常会交织在一起,对修辞话语的加工产生作用。

本研究让我们获得了如下启示:

第一,跨学科研究已经成为当今语言研究的一大趋势。本研究采用交叉学科的视角,跳出语言的小框架,结合哲学、神经科学、语言学、心理学、计算机科学等认知科学,在认知的大背景下,探索语言的特殊现象——语义修辞的认知神经机制。这是从大脑神经活动的视角来探究修辞认知的一种新的尝试。认知神经语言学的主要目标是从心理、认知与神经视角探讨语言的本质特征及其内在机制,以揭示语言作为一种心智现象的奥秘(廖巧云,2013),明显具有跨学科性。近年来,认知神经科学的大发展为语言学的发展带来了机遇。这一趋势要求语言学既要从学科内部向纵深发展,也要在外部同认知科学的相关学科发生交叉融合;特别是与哲学、人类学、神经科学、心理学、人工智能、教育学等多个学科之间形成的多层次、多维度的互动关系和动态的交叉融合,为语言学发展带来了广阔的发展空间(周频,2013)。语言在本质上是人脑的认知机能,因此语言研究就必不可少地要涉及认知科学和神经科学,也因此产生了认知神经语言学。由是观之,认知神经语言学自诞生之初就是跨学科研究的产物(廖巧云,2013)。作为一门以语言认知为研究方向的新兴语言学学科,认知神经语言学不但要将语言学与大脑神经科学联系起来,还需要将语言学同计算科学和人工智能的研究联系起来。我们因此可以认为,认知神经语言学理论具有广阔的发展前景和可观的应用价值(廖巧云,2013)。

第二,修辞话语可能存在除字面义和含义之外的感受义。感受义不同于句子字面义和含义,因此,语言还应蕴含有感受义。也就是说,我们可以认为,语言可能存在意义三分的情况:句子字面义、含义和感受义。根据经验,我们认为修辞话语的意义更多地属于感受义,这是因为修辞表达大多是外在于话语所陈述的事态本身的。感受质和感受义两者存在着密切关系,既相同又相异。感受质主要与身体感觉有关,而感受义则一般同概念经验有关;感受质仅仅涉及心理现象,而感受义则除了涉及心理现象还要涉及语言现象(Lewis,1929;徐盛桓,2011b)。例如,话语里本身看不到"血"或"花",但"地上有血"和"后院有很多花"这样的表达却能引发"血"或"花"这样的心理现象,即感受义。这可以说是心智哲学关于感受质的研究给予我们的一个启发。

第三,语言学观点与大脑观点相结合(张辉,2016)将成为未来语言研究的重要趋势。神经语言学和理论语言学携手,必将推进整个语言学的科学进程。虽然认知神经语言学研究的目标、旨趣各异,但这些不同进路的研究各自揭示了语言—认知—神经三者关系的不同侧面,使研究的领域愈趋广泛和深入。本研究是将语言学的观点与脑的研究观点相结合的研究模式的有益尝试。研究的出发点基于语言学视角,分析材料、解释实验结果时都自觉运用语言学理论,目的在于探讨语言本身的性质和规律;结论需要借助脑科学研究方法才能得出,即是说,研究结论主要通过运用脑成像等技术得到,以探讨语言学问题。这一研究在一定程度上拓宽了认知神经语言学的研究领域。

本研究关于语义修辞的识解机制分析框架及其应用和实证研究还是初步的,具有广阔的探索空间。第一,囿于时间和实验条件,本研究只选取分别代表三类语义修辞的三种修辞话语即隐喻、反语和双关进行实验研究,因此,其他语义修辞的实验研究还有待展开。第二,对于语义修辞的认知神经机制的实验研究而言,不同年龄段、不同种族、不同社团等作为被试的研究也是未来研究的方向。第三,本研究只对语义修辞进行了探讨,众多其他修辞还有待研究,汉外修辞的对比研究也有待进一步开展。第四,在今后的研究中,我们应该更多关注各种语义修辞话语的自动加工,即运用 ERP 的失匹配负波(MMN)成分,考察语义修辞的自动加工问题。因此,修辞的认知神经机制研究,还有很多工作需要开展,具有广阔的研究前景。

参 考 文 献

Adolphs, R. (1999). Social cognition and the human brain. *Trends in Cognitive Sciences*, 3(12): 469 - 479.

Amenta, S. & M. Balconi. (2008). Understanding irony: An ERP analysis on the elaboration of acoustic ironic statements. *Neuropsychological Trends*, 3: 7 - 27.

Anderson, J. R. (1983). *The Architecture of Cognition*. Cambridge, Mass.: Harvard University Press.

Aristotle. (1954[1457b]). *Rhetoric and Poetics*. New York: The Modern Library.

Arzouan, Y., A. Goldstein & M. Faust. (2007a). Brainwaves are stethoscopes: ERP correlates of novel metaphor comprehension. *Brain Research*, 1160: 69 - 81.

Arzouan, Y., A. Goldstein & M. Faust. (2007b). Dynamics of hemispheric activity during metaphor comprehension: Electrophysiological measures. *NeuroImage*, 36 (1): 222 - 231.

Barrière, C. & F. Popowich. (2000). Expanding the type hierarchy with nonlexical concepts. In H. Hamilton & Q. Yang (eds.), *Lecture Notes in Computer Science*, *Vol. 1822, Proceedings of the 13th Biennial Conference of the Canadian Society on Computational Studies of Intelligence: Advances in Artificial Intelligence* (pp. 53 - 68). London: Springer-Verlag.

Beeman, M., E. M. Bowden & M. A. Gernsbacher. (2000). Right and left hemisphere cooperation for drawing predictive and coherence inferences during normal story comprehension. *Brain Language*, 71: 310 - 336.

Bender, J. & D. E. Wellbery. (eds.). (1990). *The Ends of Rhetoric: History, Theory, Practice*. Stanford: Stanford University Press.

Bonnaud, V., R. Gil & P. Ingrand. (2002). Metaphorical and non-metaphorical links: A behavioral and ERP study in young and elderly adults. *Neurophysiologie Clinique*, 32: 258 - 268.

Bornkessel-Schlesewsky, I., F. Kretzschmar, S. Tune, L. Wang, S. Genç, M. Philipp, et al. (2011). Think globally: Cross-linguistic variation in electrophysiological activity during sentence comprehension. *Brain and Language*, 117(3): 133 - 152.

Bowdle, B. & D. Gentner. (2005). The career of metaphor. *Psychological Review*, 112: 193 - 216.

Briner, S. W., L. M. Joss & S. Virtue. (2011). Hemispheric processing of sarcastic text. *Journal of Neurolinguistics*, 24(4): 466 - 475.

Brouwer, H. , H. Fitz & J. Hoeks. (2012). Getting real about semantic illusions: Rethinking the functional role of the P600 in language comprehension. *Brain Research*, 1446: 127 – 143.

Bruner, J. S. , J. Goodnow & G. A. Austin. (1956). *A Study of Thinking*. New York: Wiley.

Burke, K. (1950). *A Rhetoric of Motives*. New York: Prentice Hall.

Carston, R. (1988). Implicature, explicature, and truth-theoretic semantics. In R. Kempson (eds.), *Mental Representations: The Interface between Language and Reality* (pp. 155 – 181). Cambridge: Cambridge University Press.

Chesebro, J. (1996). Dramatism. In T. Enos (eds.), *Encyclopedia of Rhetoric and Composition: Communication from Ancient Times to the Information Age* (p. 200). New York: Garland Publishing, Inc.

Chomsky, N. (1968). *Language and Mind*. New York: Harcourt Brace Jovanovich, Inc.

Clark, H. H. & R. J. Gerrig. (1984). On the pretense theory of irony. *Journal of Experimental Psychology: General*, 113(1): 121 – 126.

Connolly, J. F. & N. A. Philips. (1994). Event-related potential components reflect phonological and semantic processing of the terminal word of spoken sentences. *Journal of Cognitive Neuroscience*, 6: 256 – 266.

Connolly, J. F. , N. A. Phillips, S. H. Stewart & W. G. Brake. (1992). Event-related potential sensitivity to acoustic and semantic properties of terminal words in sentences. *Brain and Language*, 43: 1 – 18.

Corbett, E. P. J. & R. J. Connors. (1999). *Classical Rhetoric for the Modern Student*. New York: Oxford University Press.

Cornejo, C. , F. Simonetti, N. Aldunate, A. Ibáñez, V. López & L. Melloni. (2007). Electrophysiological evidence of different interpretative strategies in irony comprehension. *Journal of Psycholinguistic Research*, 36(6): 411 – 430.

Coulson, S. & C. Van Petten. (2002). Conceptual integration and metaphor: An event-related potential study. *Memory & Cognition*, 30(6): 958 – 968.

Coulson, S. & C. Van Petten. (2007). A special role for the right hemisphere in metaphor comprehension? ERP evidence from hemifield presentation. *Brain Research*, 1146: 128 – 145.

Coulson, S. & E. Severens. (2007). Hemispheric asymmetry and pun comprehension: When cowboys have sore calves. *Brain and Language*, 100(2): 172 – 187.

Coulson, S. , J. King & M. Kutas. (1998). Expect the unexpected: Event-related brain response to morphsyntactic violations. *Language and Cognitive Process*, 13(1): 21 – 58.

Croft, W. & D. A. Cruse. (2004). *Cognitive Linguistics*. Cambridge: Cambridge University Press.

Crowley, K. E. & I. M. Colrain. (2004). A review of the evidence for P2 being an independent component process: Age, sleep and modality. *Clinical*

Neurophysiology, 115: 732 - 744.

Dambacher, M. , R. Kliegl, M. Hofmann & A. M. Jacobs. (2006). Frequency and predictability effects on event-related potentials during reading. *Brain Research*, 1084: 89 - 103.

Davidson, D. (1970). Mental events. In L. Foster & J. W. Swanson (eds.), *Experience and Theory* (pp. 79 - 101). Amhert: University of Massachusetts Press.

Dennett, D. (1987). *The Intentional Stance*. Cambridge, Mass. : The MIT Press.

Dholakia, A. , G. Meade & D. Coch. (2016). The N400 elicited by homonyms in puns: Two primes are not better than one. *Psychophysiology*, 53: 1799 - 1810.

Ehninger, D. (1972). *Contemporary Rhetoric: A Reader's Coursebook*. Glenview: Scott, Foresman & Company.

Evans, V. A. (2007). *Glossary of Cognitive Linguistics*. Salt Lake City: The University of Utah Press.

Eviatar, Z. & M. A. Just. (2006). Brain correlates of discourse processing: An fMRI investigation of irony and conventional metaphor comprehension. *Neuropsychologia*, 44(12): 2348 - 2359.

Fauconnier, G. & M. Turner. (1998). Conceptual integration networks. *Cognitive Science*, 22(2): 133 - 187.

Faust, M. & S. Weisper. (2000). Understanding metaphoric sentences in the two cerebral hemispheres. *Brain and Cognition*, 43: 186 - 191.

Federmeier, K. D. & M. Kutas. (1999). Right words and left words: Electrophysiological evidence for hemispheric differences in meaning processing. *Cognitive Brain Research*, 8(3): 373 - 392.

Federmeier, K. D. , R. Kluender & M. Kutas. (2003). Aligning linguistic and brain views on language comprehension. In A. Zani & A. M. Proverbio (eds.), *The Cognitive Electrophysiology of Mind*. Amsterdam: Academic Press.

Feldman, J. A. (2006). *From Molecule to Metaphor: A Neural Theory of Language*. Cambridge, Mass. : MIT Press.

Ferretti, T. R. , C. A. Schwint & A. N. Katz. (2007). Electrophysiological and behavioral measures of the influence of literal and figurative contextual constraints on proverb comprehension. *Brain and Language*, 101: 38 - 49.

Fiebach, C. J. , M. Schlesewsky & A. D. Friederici. (2002). Separating syntactic memory costs and syntactic integration costs during parsing: The processing of German WH-questions. *Journal of Memory and Language*, 47: 250 - 272.

Filik, R. & L. M. Moxey. (2010). The on-line processing of written irony. *Cognition*, 116(3): 421 - 436.

Fogarty, D. (1968). *Roots for a New Rhetoric*. New York: Russell & Russell, Inc.

Friederici, A. D. (1995). The time course of syntactic activation during language processing: A model based on neuropsychological and neurophysiological data. *Brain and Language*, 50(3): 259 - 281.

Friederici, A. D. (2011). The brain basis of language processing: From structure to function. *Physiological Reviews*, 91(4): 1357 – 1392.

Friederici, A. D. , E. Pfeifer & A. Hahne. (1993). Event-related brain potential during natural speech processing: Effects of semantic, morphological and syntactic violations. *Cognitive Brain Research*, 1: 183 – 192.

Friedman, D. (1990). ERPs during continuous recognition memory for words. *Biological Psychology*, 30 (1): 61 – 87.

Friedman, D. & R. E. Johnson. (2000). Event-related potential (ERP) studies of memory encoding and retrieval: A selective review. *Microscopy Research and Technique*, 51: 6 – 28.

Gallagher, S. (2006). *How the Body Shapes the Mind*. Oxford: Oxford University Press.

Gibbs, R. (1994). *The Poetics of Mind: Figurative Thought, Language, and Understanding*. Cambridge: Cambridge University Press.

Gigerenzer, G. (2007). *Gut Feelings: The Intelligence of the Unconscious*. New York: Viking Press.

Giora, R. (1997). Understanding figurative and literal language: The graded salience hypothesis. *Cognitive Linguistics*, 8(3): 183 – 206.

Giora, R. (2003). *On Our Mind: Salience, Context, and Figurative Language*. New York: Oxford University Press.

Giora, R. , E. Zaidel, N. Soroker, G. Batori & A. Kasher. (2000). Differential effects of right- and left-hemisphere damage on understanding sarcasm and metaphor. *Metaphor and Symbol*, 15(1 – 2): 63 – 83.

Giora, R. , O. Fein & T. Schwartz. (1998). Irony: Grade salience and indirect negation. *Metaphor and Symbol*, 13(2): 83 – 101.

Glenberg, A. & D. Robertson. (1999). Indexical understanding of instructions. *Discourse Processes*, 28: 1 – 26.

Glenberg, A. & D. Robertson. (2000). Symbol grounding and meaning: A comparison of high-dimensional and embodied theories of meaning. *Journal of Memory & Language*, 43: 379 – 401.

Glenberg, A. & M. Kaschak. (2002). Grounding language in action. *Psychonomic Bulletin and Review*, 9: 558 – 565.

Gold, R. , M. Faust & A. Goldstein. (2010). Semantic integration during metaphor comprehension in Asperger syndrome. *Brain and Language*, 113: 124 – 134.

Goldstein, A. , Y. Arzouan & M. Faust. (2012). Killing a novel metaphor and reviving a dead one: ERP correlates of metaphor conventionalization. *Brain and Language*, 123(2): 137 – 142.

Grice, H. P. (1975). Logic and conversation. In P. Cole & J. Morgan (eds.), *Syntax and Semantics: Speech Acts*, 3: 41 – 58. New York: Academic Press.

Gunter, T. C. , A. D. Friederici & A. Hahne. (1999). Brain responses during sentence ed.). Boston: Allyn and Beacon.

trans.). The Hague: Nijhoff.

evidence. Neuroscience Letters, 471: 48-52.

Discourse Processes, 35(3): 241-279.

Neuropsychology (pp. 134-164). Amsterdam: Elsevier Science Publishers.

Language, Inference, and Consciousness. Cambridge: Cambridge University Press.

Philosophy, Technology. Cambridge: Cambridge University Press.

hemisphere uniquely involved? Brain and Language, 100(2): 188-207.

reading: Visual input affects central processes. *NeuroReport*, 10: 3175-3178.

Hagoort, P. , C. Brown & J. Groothusen. (1993). The syntactic positive shift as an ERP measure of syntactic processing. *Language and Cognitive Processes*, 8: 439.

Halliday, M. A. K. (2004). *An Introduction to Functional Grammar*. London: Hodder Arnold.

Halliday, M. A. K. & C. Matthiessen. (1999). *Construing Experience through Meaning: A Language-based Approach to Cognition*. London: Cassell.

Hauser, G. (1986). *Introduction to Rhetorical Theory*. New York: Happer & Row Publishers, Inc.

Herrick, J. A. (2005). *The History and Theory of Rhetoric: An Introduction (3rd ed.)*. Boston: Allyn and Beacon.

Holcomb, P. J. & H. Neville. (1990). Auditory and visual semantic priming in lexical decision: A comparison using event-related brain potentials. *Language and Cognitive Processes*, 5: 281-312.

Hopper, P. J. & E. C. Traugott. (1993). *Grammaticalization*. Cambridge: Cambridge University Press.

Hunter, J. (1968). Wittgenstein's forms of life. *American Philosophical Quarterly*, 5 (4): 233-243.

Husserl, E. (1969). *Formal and Transcendental Logic* (pp. 168-176) (D. Cairns, trans.). The Hague: Nijhoff.

Ibanez, A. , F. Manes, J. Escobar, N. Trujillo, P. Andreucci & E. Hurtado. (2010). Gesture influences the processing of figurative language in non-native speakers: ERP evidence. *Neuroscience Letters*, 471: 48-52.

Ivanko, S. L. & P. M. Pexman. (2003). Context incongruity and irony processing. *Discourse Processes*, 35(3): 241-279.

Jackendoff, R. (1983). *Semantics and Cognition*. Cambridge, Mass. : MIT Press.

Jackman, H. (1999). Modern Holism and instability thesis. *American Philosophical Quarterly*, 36(4): 1-11.

Johnson, R. , Jr. (1995). Event-related potential insights into the neurobiology of memory systems. In F. Boller & J. Grafman (eds.), *The Handbook of Neuropsychology* (pp. 134-164). Amsterdam: Elsevier Science Publishers.

Johnson-Laird, P. N. (1983). *Mental Models: Towards a Cognitive Science of Language, Inference, and Consciousness*. Cambridge: Cambridge University Press.

Josephson, J. R. & S. G. Josephson. (1994). *Abductive Inference: Computation, Philosophy, Technology*. Cambridge: Cambridge University Press.

Kacinik, N. A. & C. Chiarello. (2005). Understanding metaphors: Is the right hemisphere uniquely involved? *Brain and Language*, 100(2): 188-207.

Kalat, J. W. (2008). *Biological Psychology*. 北京: 人民邮电出版社.

Kana, R. K. & H. M. Wadsworth. (2012). "The archeologist's career ended in ruins": Hemispheric differences in pun comprehension in autism. *NeuroImage*, 62:

77 – 86.

Kaschak, M. P. & A. M. Glenberg. (2000). Constructing meaning: The role of affordances and grammatical constructions in sentence comprehension. *Journal of Memory and Language*, 43: 508 – 529.

Katz, A. N. (1996). On interpreting statements as metaphor or irony: Contextual heuristics and cognitive consequences. In J. S. Mio & A. N. Katz (eds.), *Metaphor: Implications and Applications* (pp. 1 – 22). Mahwah, NJ: Erlbaum.

Katz, A. N., D. G. Blasko & V. A. Kazmerski. (2004). Saying what you don't mean: Social influences on sarcastic language processing. *Current Directions in Psychological Science*, 13: 186 – 189.

Katz, A. N. & T. Ferretti. (2001). Moment-by-moment reading of proverbs in literal and nonliteral contexts. *Metaphor and Symbol*, 16(3): 193 – 221.

Kiefer, M., M. Weisbrod, I. Kern, S. Maier & M. Spitzer. (1998). Right hemisphere activation during indirect semantic priming: Evidence from event-related potentials. *Brain and Language*, 64: 377 – 408.

Kim, J. (1978). Supervenience and nomological incommensurables. *American Philosophical Quarterly*, 15: 149 – 156.

Kim, J. (1979). Causality, identity and supervenience in the mind-body problem. *Midwest Studies in Philosophy*, 4(1): 31 – 49.

Kim, J. (1990). Supervenience as a philosophical concept. *Metaphilosophy*, 21(1 – 2): 1 – 27.

Kolk, H. H. J., D. J. Chwilla, M. van Herten & P. J. W. Oor. (2003). Structure and limited capacity in verbal working memory: A study with event-related potentials. *Brain and Language*, 85: 1 – 36.

Kuperberg, G. R. (2007). Neural mechanisms of language comprehension: Challenges to syntax. *Brain Research*, 1146: 23 – 49.

Kuperberg, G. R., P. J. Holcomb, T. Sitnikova, D. Greve, A. M. Dale & D. Caplan. (2003). Distinct patterns of neural modulation during the processing of conceptual and syntactic anomalies. *Cognitive Brain Research*, 17: 117 – 129.

Kutas, M. & C. Van Petten. (1994). Psycholinguistics electrified: Event-related brain potential investigations. *Handbook of Psycholinguistics*. New York: Academic Press, Inc.

Kutas, M. & K. D. Federmeier. (2000). Electrophysiology reveals semantic memory use in language comprehension. *Trends in Cognitive Sciences*, 4: 463.

Kutas, M. & S. A. Hillyard. (1980). Reading senseless sentences: Brain potential reflect semantic incongruity. *Science*, 207: 161 – 163.

Kutas, M. & S. A. Hillyard. (1984). Brain potentials during reading reflect word expectancy and semantic association. *Nature*, 307: 161.

Lai, V. T. & T. Curran. (2013). ERP evidence for conceptual mappings and comparison processes during the comprehension of conventional and novel

参
考
文
献

metaphors. *Brain and Language*, 127(3): 484 - 496.

Lakoff, G. (1987). *Women, Fire, and Dangerous Things: What Categories Reveal about the Mind*. Chicago: The University of Chicago Press.

Lakoff, G. (2008). The neural theory of metaphor. In R. Gibbs (eds.), *The Metaphor Handbook* (pp. 17 - 38). London: Cambridge University Press.

Lakoff, G. & M. Johnson. (1980). *Metaphors We Live By*. Chicago: The University of Chicago Press.

Lakoff, G. & M. Johnson. (1999). *Philosophy in the Flesh: The Embodied Mind and Its Challenge to Western Thought*. New York: Basic books.

Lakoff, G. & M. Turner. (1989). *More than Cool Reason: A Field Guide to Poetic Metaphor*. Chicago: University of Chicago Press.

Landi, N. & C. A. Perfetti. (2007). An electrophysiological investigation of semantic and phonological processing in skilled and less-skilled comprehenders. *Brain and Language*, 102(1): 935 - 945.

Lanham, R. A. (1991). *A Handlist of Rhetorical Terms*. Berkeley & Los Angeles: University of California Press.

Lapointe, J. S. (1985). A theory of verb form use in the speech of agrammatic aphasics. *Brain and Language*, 24(1): 100 - 155.

Lattner, S. & A. D. Friederici. (2003). Talker's voice and gender stereotype in human auditory sentence processing — Evidence from event-related brain potentials. *Neuroscience Letter*, 339: 191 - 194.

Leech, G. N. (1983). *Principles of Pragmatics*. London: Longman.

Leeuwen, C. (2007). Synchrony, binding, and consciousness. *Theory & Psychology*, 17(6): 779 - 790.

Lewis, C. I. (1929). *Mind and the World Order: Outline of a Theory of Knowledge*. New York: Dover Publications, Inc.

Lyotard, J. F. (1984). *The Postmodern Condition*. Manchester: Manchester University Press.

Martin-Loeches, M., J. A. Hinoyosa, G. Gomez-Jarabo & F. J. Rubia. (1999). The recognition potential: An ERP index of lexical access. *Brain and Language*, 70: 364 - 384.

McCarthy, G. & A. C. Nobres. (1994). Language-related ERPs: Scalp distributions and modulations by word type and semantic priming. *Journal of Cognitive Neuroscience*, 6: 233 - 255.

McCarthy, G., A. C. Nobres, S. Bentin & D. D. Spencer. (1995). Language-related field potentials in the anterior-medial temporal lobe: Intracranial distribution and neural generators. *Journal of Neuroscience*, 15: 1080 - 1089.

McHugh, T. & L. Buchanan. (2016). Pun processing from a psycholinguistic perspective: Introducing the Model of Psycholinguistic Hemispheric Incongruity Laughter (M. PHIL). *Laterality: Asymmetries of Body, Brain and Cognition*,

21(4−6): 455−483.

Meade, G. & D. Coch. (2017). Word-pair priming with biased homonyms: N400 and LPC Effects. *Journal of Neurolinguistics*, 41: 24−37.

Merleau P. (1970). *Phenomenology of Perception* (C. Smith, trans.). London: Routledge & Kegan / The Humanities Press.

Metusalem, R., M. Kutas, T. P. Urbach & J. L. Elman. (2016). Hemispheric asymmetry in event knowledge activation during incremental language comprehension: A visual half-field ERP study. *Neuropsychologia*, 84: 252−271.

Mountford, S. J. (1990). Tools and techniques for creative design. In B. Laurel (eds.), *The Art of Human Computer Interface Design* (pp. 17−30). Boston: Addison Wesley Professional.

Muecke, D. C. (1969). *The Compass of Irony*. London: Methuen.

Munte, T. F., T. P. Urbach, E. Duzel & M. Kutas. (2000). Event-related brain potentials in the study of human cognition and neuropsychology. In F. Boller, J. Grafman & G. Rizzolatti (eds.), *Handbook of Neuropsychology*, Vol. 1, 2nd edition (p. 97). Amsterdam: Elsevier Science Publishers B. V.

Neville, H. J., D. L. Mills & D. L. Lawson. (1992). Fractionating language: Different neural subsystems with different sensitive periods. *Cerebral Coetex*, 2: 244−258.

Osherson, D. N. (1995). *An Invitation to Cognitive Science* (*Vol. 1*): *Language*. Massachusetts: MIT Press.

Osterhout, L. & P. Hagoort. (1999). A superficial resemblance does not necessarily mean you are part of the family: Counterarguments to Coulson, King and Kutas (1998) in the P600/SPS − P300 Debate. *Language and Cognitive Processes*, 14 (1): 1−14.

Osterhout, L., P. J. Holcomb. (1994). Event-related brain potentials elicited by syntactic anomaly. *Journal of Memory and Language*, 31: 785−804.

Osterhout, L., P. J. Holcomb & D. A. Swinney. (1994). Brain potentials elicited by garden-path sentences: Evidence of the application of verb information during parsing. *Journal of Experimental Psychology: Learning, Memory and Cognition*, 20: 786.

Paller, K. A. & M. Kutas. (1992). Brain potentials during memory retrieval provide neurophysiological support for the distinction between conscious recollection and priming. *Journal of Cognitive Neuroscience*, 4(4): 375−392.

Paller, K. A., M. Kutas & H. K. McIsaac. (1995). Monitoring conscious recollection via the electrical activity of the brain. *Psychological Science*, 6: 107−111.

Perelman, C. & L. Olbrechts-Tyteca. (1969). *The New Rhetoric: A Treatise on Argumentation* (John Wilkinson & Purcell Weaver, trans.). Indiana: University of Notre Dame Press.

Petersen, S., M. Posner, P. Fox, M. Mintum & M. Raichle. (1988). Positron

参
考
文
献

emission tomographic studies of the cortical anatomy of single word processing. *Nature*, 331: 585 – 589.

Picton, T. W. & S. A. Hillyard. (1974). Human auditory evoked potentials II: Effects of attention. *Electroencephalography and Clinical Neurophysiology*, 36: 191 – 200.

Poulakos, J. (1999). Toward a sophistic definition of rhetoric. In J. L. Lucaites, et al. (eds.), *Contemporary Rhetorical Theory: A Reader* (pp. 25 – 26). New York: The Guilford Press.

Pynte, J., M. Besson, F. H. Robichon & J. Poli. (1996). The time-course of metaphor comprehension: An event-related potential study. *Brain and Language*, 55 (3): 293 – 316.

Rapp, A. M., D. T. Leube, M. Erb, W. Grodd & T. T. J. Kircher. (2004). Neural correlates of metaphor processing. *Cognitive Brain Research*, 20: 395 – 402.

Regel, S. (2009). *The Comprehension of Figurative Language: Electrophysiological Evidence on the Processing of Irony*. Ph. D. dissertation, Leipzig: Max Planck Institute for Human Cognitive and Brain Sciences.

Regel, S., S. Coulson & T. C. Gunter. (2010). The communicative style of a speaker can affect language comprehension? ERP evidence from the comprehension of irony. *Brain Research*, 1311: 121 – 135.

Regel, S., T. C. Gunter & A. D. Friederici. (2011). Isn't it ironic? An electrophysiological exploration of figurative language processing. *Journal of Cognitive Neuroscience*, 23(2): 277 – 293.

Richards, I. A. (1936). *The Philosophy of Rhetoric*. New York: Oxford University Press.

Richards, I. A. (1955). *Speculative Instruments*. Chicago: University of Chicago Press.

Richards, I. A. & C. K. Ogden. (1923). *The Meaning of Meaning*. New York: Harcourt, Brace & World, Inc.

Ricoeur, P. (1997). *The Rule of Metaphor* (Robert Czerny, trans.). Toronto: University of Toronto Press.

Rigoulot, S., K. Fish & M. D. Pell. (2014). Neural correlates of inferring speaker sincerity from white lies: An event-related potential source localization study. *Brain Research*, 1565: 48 – 62.

Rosch, E. (1973). Natural categories. *Cognitive Psychology*, 4: 328 – 350.

Rose, F. (1985). The black night of AI. *Science*, 6: 46 – 51.

Rudell, A. P. (1990). The recognition potential: A visual response evoked by recognizable images. *Neurosciences Abstracts*, 16: 106.

Rugg, M. D. (1995). Memory and consciousness: A selective review of issues and data. *Neuropsychologia*, 33(9): 1131 – 1141.

Rugg, M. D., C. Cox, M. C. Doyle & T. Wells. (1995). Event-related potentials and the recollection of low and high frequency words. *Neuropsychologia*, 33: 471 – 484.

Rugg, M. D. , L. J. Otten & R. N. Henson. (2002). The neural basis of episodic memory: Evidence from functional neuroimaging. *Philosophical Transactions of the Royal Society of London. Series B: Biological Sciences*, 357(1424): 1097 – 1110.

Rugg, M. D. , R. E. Mark & P. Walla. (1998). Dissociation of the neural correlates of implicit and explicit memory. *Nature*, 392: 595 – 598.

Rugg, M. D. & T. Curran. (2007). Event-related potentials and recognition memory. *Trends in Cognitive Sciences*, 11: 251 – 257.

Saban-Bezalel, R. & N. Mashal. (2015). The effects of intervention on the comprehension of irony and on hemispheric processing of irony in adults with ASD. *Neuropsychologia*, 77: 233 – 241.

Saeed, J. I. (1997). *Semamtics*. Oxford: Blackwell Publishers, Ltd.

Sapir, E. (1921). The elements of speech. In E. Sapir (eds.), *Language: An Introduction to the Study of Speech* (pp. 24 – 41). New York: Harcourt Brace & World.

Sassenhagen, J. , M. Schlesewsky & I. Bornkessel-Schlesewsky. (2014). The P600 – as – P3 hypothesis revisited: Single-trial analyses reveal that the late EEG positivity following linguistically deviant material is reaction time aligned. *Brain and Language*, 137: 29 – 39.

Schmidt, G. L. , C. J. DeBuse & C. A. Seger. (2007). Right hemisphere metaphor processing? Characterizing the lateralization of semantic processes. *Brain and Language*, 100(2): 127 – 141.

Scot, R. L. (1967). On viewing rhetoric as epistemic. *Central States Speech Journal*, 18(1): 9 – 17.

Searle, J. R. (1983). *Intentionality: An Essay in the Philosophy of Mind*. Cambridge: Cambridge University Press.

Searle, J. R. (1999). The Future of Philosophy. *The Royal Society*, 354: 20 – 75.

Shapiro, L. , E. Zurif & J. Grimshaw. (1987). Sentence processing and the mental representation of verbs. *Cognition*, 27: 219 – 246.

Shibata, M. , A. Toyomura, H. Itoh & J. I. Abe. (2010). Neural substrates of irony comprehension: A functional MRI study. *Brain Research*, 1308: 114 – 123.

Simons, H. W. (1990). *The Rhetoric Turn*. Chicago: University of Chicago Press.

Simos, P. G. , L. F. Basile & A. C. Papanicolaou. (1997). Source localization of the N400 response in a sentence-reading paradigm using evoked magnetic fields and magnetic resonance imaging. *Brain Research*, 762 (1 – 2): 29 – 39.

Skrandies, W. (1998). Evoked potential correlates of semantic meaning: A brain mapping study. *Cognitive Brain Research*, 6: 173 – 183.

Smith, M. E. & K. Guster. (1993). Decomposition of recognition memory event-related potentials yields target, repetition, and retrieval effects. *Electroencephalography and Clinical Neurophysiology*, 86: 335 – 343.

Sotillo, M. , L. Carretié, J. A. Hinojosa, M. Tapia, F. Mercado, S. López-Martín &

J. Albert. (2005). Neural activity associated with metaphor comprehension: Spatial analysis. *Neuroscience Letters*, 373(1): 5 - 9.

Sperber, D. (1984). Verbal irony: Pretense and echoic mention? *Journal of Experimental Psychology*, 113(1): 130 - 136.

Sperber, D. & D. Wilson. (1981). Irony and the use-mention distinction. In P. Cole (eds.), *Radical Pragmatics* (pp. 295 - 318). New York: Academic Press.

Sperber, D. & D. Wilson. (1995/2001). *Relevance: Communication and Cognition*. Oxford: Basil Blackwell; 北京: 外语教学与研究出版社.

Spotorno, N., A. Cheylus, J. B. Van Der Henst & I. A. Noveck. (2013). What's behind a P600? Integration operations during irony processing. *Plos One*, 8(6): 1 - 10.

Steinhauer, K. & J. E. Drury. (2012). On the early left-anterior negativity (ELAN) in syntax studies. *Brain and Language*, 120: 135 - 162.

Stoffregen, T. A. (2000). Affordances and events. *Ecological Psychology*, 12: 1 - 28.

Summers, D. (1987). *Longman Dictionary of Contemporary English* (2nd Edition). London: Longman Group UK, Ltd.

Swartz, O. (1998). *The Rise of Rhetoric and Its Intersections with Contemporary Critical Thought*. Boulder: Westview Press.

Szewczyk, J. M. & H. Schriefers. (2011). Is animacy special? ERP correlates of semantic violations and animacy violations in sentence processing. *Brain Research*, 1368: 208 - 221.

Tan, L. H., H. L. Liu, C. A. Perfetti, J. A. Spinks, P. T. Fox & J. H. Gao. (2001). The neural system underlying Chinese logograph reading. *NeuroImage*, 13: 836 - 846.

Tan, L. H., J. A. Spinks, J. H. Gao, A. Liu, C. A. Perfetti, J. Xiong, Y. Pu, Y. Liu, K. A. Stofer & P. T. Fox. (2000). Brain activation in the processing of Chinese characters and words: A functional MRI study. *Human Brain Mapping*, 10: 16 - 27.

Tan, L. H., R. Hoosain & D. L. Peng. (1995). Role of early presemantic phonological code in Chinese character identification. *Journal of Experimental Psychology: Learning, Memory, and Cognition*, 21(1): 30 - 42.

Tartter, V. C., H. Gomes, B. Dubrovsky, S. Molholm & R. V. Stewart. (2002). Novel metaphors appear anomalous at least momentarily: Evidence from N400. *Brain and Language*, 80(3): 488 - 509.

Thelen, E. & E. Bates. (2003). Connectionism and dynamic systems: Are they really different? *Developmental Science*, 4: 378 - 391.

Tompkins, C. A. & C. A. Mateer. (1985). Right hemisphere appreciation of prosodic and linguistic indications of implicit attitude. *Brain and Language*, 24(2): 185 - 203.

Ungerer, F. & J. Schmid. (2001). *An Introduction to Cognitive Linguistics*. 北京: 外

语教学与研究出版社.

Van Berkum, J. J. (2008). Understanding sentences in context: What brain waves can tell us. *Current Directions in Psychological Science*, 17(6): 376 – 380.

Van Berkum, J. J., P. Hagoort & C. M. Brown. (1999). Semantic integration in sentences and discourse: Evidence from the N400. *Journal of Cognitive Neuroscience*, 11(6): 657 – 671.

Van Petten, C., M. Kutas, R. Kluender, M. Mitchiner & H. McIsaac. (1991). Fractionating the word repetition effect with event-related potentials. *Journal of Cognitive Neuroscience*, 3(2): 131 – 150.

Wagner, A. D., B. J. Shannon, I. Kahn & R. L. Buckner. (2005). Parietal lobe contributions to episodic memory retrieval. *Trends in Cognitive Science*, 9: 445 – 453.

Wells, S. (1996). *Sweet Reason: Rhetoric and the Discourse of Modernity*. Chicago: University of Chicago Press.

Wilding, E. L. & M. D. Rugg. (1996). An event-related potential study of recognition memory with and without retrieval of source. *Brain*, 119: 889 – 905.

Wilson, D. & D. Sperber. (1992). On verbal irony. *Lingua*, 87 (1/2): 53 – 76.

安军、郭贵春. (2007). "隐喻的逻辑特征".《哲学研究》,2: 100 – 106.

蔡曙山. (2009). "认知科学框架下心理学、逻辑学的交叉融合与发展".《中国社会科学》,2: 25 – 38.

常昌富. (1998). "导论:当代修辞学批评模式概述".《当代西方修辞学:批评模式与方法》.大卫·宁等著;常昌富、顾宝桐译. 北京:中国社会科学出版社.

常欣. (2009).《认知神经语言学视野下的句子理解》. 北京:科学出版社.

陈宏俊. (2013).《汉语隐喻脑机制对比研究》. 广州:世界图书出版广东有限公司.

陈汝东. (1997). "论修辞的社会心理原则".《北京大学学报(哲学社会科学版)》,1: 108 – 115.

陈汝东. (2004).《当代汉语修辞学》. 北京:北京大学出版社.

陈望道. (1932).《修辞学发凡》(第一版). 上海:上海大江书铺.

陈望道. (1997). "我对研究文法、修辞的意见".《陈望道语文论集》. 上海:上海教育出版社.

陈望道. (2012).《修辞学发凡》(修订版). 上海:复旦大学出版社.

陈晓平. (2010). "随附性概念辨析".《哲学研究》,4: 71 – 79.

陈雅. (2007). "双关的认知特点分析".《语言学研究》,12: 135 – 139.

程琪龙. (2004).《认知语言学概论——语言的神经认知基础》. 北京:外语教学与研究出版社.

《辞海》编辑委员会. (1979).《辞海》(缩印本). 上海:上海辞书出版社.

从莱庭、徐鲁亚. (2007).《西方修辞学》. 上海:上海外语教育出版社.

崔刚. (1994). "布鲁卡氏失语症实例研究——兼谈词汇障碍对大脑词库研究的启示".《外语教学与研究》,1: 27 – 33.

崔刚. (2002).《失语症的语言学研究》. 北京:外语教学与研究出版社.

范琪.(2014).《汉语隐喻具身认知加工神经机制的 ERP 研究》(博士论文).南京：南京师范大学.

奉先武.(2011).《中文熟悉反语心理加工过程：来自 ERP 的研究》(硕士论文).长沙：湖南师范大学.

高名凯.(1955).《普通语言学》(下册).上海：东方书店出版社.

高素荣(主编).(1993).《失语症》.北京：北京医科大学、中国协和医科大学联合出版社.

郭锡良.(1999).《古代汉语》.北京：商务印书馆.

郭秀梅.(1985).《实用英语修辞学》.南京：江苏人民出版社.

韩在柱、毕彦超.(2009)."无需语音中介的阅读理解机制——来自一例汉语失语症个案的新证据".《中国科学 C 辑：生命科学》,39(3)：279-286.

何爱晶.(2011)."歇后语研究新论——心智哲学的观点".《现代外语》,34(4)：356-363.

何爱晶.(2013)."英语修辞格系统新探".《天津外国语大学学报》,20(4)：30-37.

何兆熊.(2000).《新编语用学概要》.上海：上海外语教育出版社.

何自然等(编著).(2006).《认知语用学——言语交际的认知研究》.上海：上海外语教育出版社.

胡超群.(1989)."失读病人阅读过程中汉语词的形、音、义三维关系的探讨".《心理学报》,1：41-46.

胡世雄.(1999)."诗歌隐喻上下文及其类型".《外语学刊》,3：22-27.

黄彬瑶.(2015).《语境制约汉语反语认知加工的神经心理机制研究》(博士论文).杭州：浙江大学.

黄汉生(编著).(1981).《现代汉语语法修辞》.北京：书目文献出版社.

黄家裕.(2016)."根植认知及其难题".《哲学研究》,7：114-119.

黄缅.(2008)."反语新论".《外语教学》,3：18-23.

黄缅.(2009).《相邻关系——汉语反语的认知语用研究》.北京：中国社会科学出版社.

黄民裕.(1984).《辞格汇编》.长沙：湖南人民出版社.

黄任.(1996).《英语修辞与写作》.上海：上海外语教育出版社.

霍涌泉、段海军.(2008)."认知科学范式的意识研究：进路与发展前景".《陕西师范大学学报(哲学社会科学版)》,6：109-116.

姜孟、赵思思.(2014)."话语理解过程的可供性提取研究".《外语教学与研究》,4：584-595.

蒋严.(2002)."论语用推理的逻辑属性——形式语用学初探".《外国语》,3：18-29.

蒋严.(2009)."关联理论与汉语修辞研究".载陈汝东,《修辞学论文集》(第 12 集)(pp.76-84).哈尔滨：黑龙江人民出版社.

江怡.(2009)."感受质与知识的表达".《社会科学战线》,9：28-34.

金立鑫.(2007).《语言研究方法导论》.上海：上海外语教育出版社.

鞠玉梅.(2003)."从西方修辞学的新理论看修辞学的发展趋势".《四川外语学院学报》,1：63-66.

克伯雷,E. P. (1991).《外国教育史料》.武汉：华中师范大学出版社.

蓝纯. (2010).《修辞学：理论与实践》.北京：外语教学与研究出版社.

雷卿. (2008)."基于心理模型的隐喻理解".《外语教学》,3：8－12.

李恒威. (2011).《意识：从自我到自我感》.杭州：浙江大学出版社.

李恒威、黄华新. (2006)."第二代认知科学的认知观".《哲学研究》,6：92－99.

李恒威、王小璐、唐孝威. (2008)."表征、感受性和言语思维".《浙江大学学报(人文社会科学版)》,38(5)：26－33.

李金苓、易蒲. (2002)."陈望道先生的理解修辞论——纪念《修辞学发凡》问世70周年".《修辞学习》,1：14－15,24.

李曙华. (2006)."当代科学的规范转换——从还原论到生成整体论".《哲学研究》,11：89－94.

梁丹丹. (2004)."中国神经语言学的回顾与前瞻".《当代语言学》,6(2)：139－153.

梁丹丹、韩笑. (2010)."名动分离原因综述".《当代语言学》,2：136－147.

廖国锋、沈政. (1993)."双关图作为面孔刺激与非面孔刺激对大脑事件相关电位的影响".《心理学报》,3：272－276.

廖巧云. (2006)."合作·关联·顺应模式再探".《外语教学》,3：20－23.

廖巧云. (2008a)."相邻关系视角下的'夸张'".《外语教学》,3：13－17.

廖巧云. (2008b)."基于'心理模型'的语篇识解模型".《外语学刊》,4：91－95.

廖巧云. (2011).《因果构式的运作机理研究》.北京：中国社会科学出版社.

廖巧云. (2013)."后现代哲学视域中的认知神经语言学进路".《外语学刊》,5：8－13.

廖巧云. (2015)."语义修辞识解机制分析框架：ADRIM".第九届全国认知语言学研讨会论文.北京：北京师范大学.

廖巧云. (2018a)."语义修辞的识解机制".《现代外语》,1：1－11.

廖巧云. (2018b)."语义修辞的生成机制研究".《外语教学》,3：11－14.

廖巧云、胡权、潘翔、邱晋、姜孟. (2018)."隐喻识解过程中可能性特征提取的心理现实性：来自ERPs的证据".载董洪川(主编),《英语研究》(第七辑)(pp. 77－90).上海：上海交通大学出版社.

廖巧云、蒋勇. (2013)."量化最高级涌现性极性特征研究".《外语教学与研究》,4：505－517.

廖巧云、孟利君. (2011)."因果构式研究的整体性认知语用框架：HCPM".《外国语文》,6：58－63.

廖巧云、邱晋. (2009)."'内涵外延传承'视角下的'脑筋急转弯'".《外国语文》,5：13－17.

廖巧云、涂志成. (2009)."'内涵外延传承'视角下的双关".《外语研究》,6：12－16.

廖巧云、涂志成. (2014)."隐喻的概念层表达式'X BE Y'研究".《外国语文》,29(5)：47－54.

林元龙. (2009)."突显、关联与英语双关认知解读机制".《外语与外语教学》,8：19－22.

刘大为. (2001).《比喻、近喻与自喻——辞格的认知性研究》.上海：上海教育出版社.

刘焕辉.(1997).《修辞学纲要》(修订本).南昌:百花文艺出版社.

刘建稳.(2009)."词语修辞格中格莱斯准则的违反".《重庆文理学院学报(社会科学版)》,28(6):152-154.

刘腊梅.(2008)."从范畴理论看英语语义修辞".《外语学刊》,4:69-71.

刘涛等.(2008)."语法语境下汉语名动分离的 ERP 研究".《心理学报》,40(6):671-680.

刘燕妮、舒华.(2003)."ERP 与语言研究".《心理科学进展》,3:296-302.

刘瑜.(2013)."反语的语用修辞学解读".《外国语文》,3:50-53.

鲁忠义、陈笕桥、邵一杰.(2009)."语篇理解中动允性信息的提取".《心理学报》,9:793-801.

罗跃嘉.(2006).《认知神经科学教程》.北京:北京大学出版社.

罗跃嘉、魏景汉.(1997)."跨通路识别汉字形音的偏差相关成分研究".《心理学报》,4:400-408.

罗跃嘉、魏景汉.(1998)."中西文的事件相关电位 N400 研究现状".《心理学动态》,3:1-5,9.

吕熙.(2004).《实用英语修辞》.北京:清华大学出版社.

倪宝元(主编).(1994).《大学修辞》.上海:上海教育出版社.

彭聃龄.(2004)."汉语信息加工及其认知神经机制的研究——20 年研究工作的回顾".《当代语言学》,4:302-320.

彭艳虹.(2007)."后现代视野中的西方哲学语言学".《求索》,7:143-145.

齐品、杨立斌.(2002)."委婉语的语用分析".《哈尔滨学院学报》,5:100.

齐振海、彭聃龄.(2007)."第三代认知科学下的语言研究".《中国外语》,2:17-24.

戚雨村等(主编).(1993).《语言学百科词典》.上海:上海辞书出版社.

钱冠连.(2008)."西语哲在外语界的传播与未来的发展".《外语学刊》,2:1-16.

邱惠丽.(2006)."当代心智哲学研究的 12 个问题及其他".《哲学动态》,1:46-50.

邱晋、廖巧云.(2014)."心智哲学视域下的夸张修辞研究".《当代修辞学》,4:74-80.

邵军航.(2007).《委婉语研究》(博士论文).上海:上海外国语大学.

疏德明、刘电芝.(2009)."隐喻认知机制的 ERP 研究".《心理科学》,1:161-163.

孙维张.(1989).《汉语熟语学》.长春:吉林教育出版社.

孙毅、呼云婷.(2016)."汉英反语的隐喻新释要".《当代语言学》,194(2):69-76.

谭学纯、唐跃、朱玲.(1992).《接受修辞学》.上海:上海教育出版社.

谭永祥.(1992).《修辞精品六十格》.太原:山西人民出版社.

唐孝威等.(2008).《脑与心智》.杭州:浙江大学出版社.

唐钺.(1923).《修辞格》.上海:商务印书馆.

汪堂家.(2004)."隐喻诠释学:修辞学与哲学的联姻——从利科的隐喻理论谈起".《哲学研究》,9:71-77.

王德春.(2008)."中国修辞学会第十三届年会暨 2006 年国际学术研讨会开幕词".载周建民(主编).《修辞学论文集》(第 11 集)(pp.1-4).北京:中国社会科学出

版社.

王松亭.(1996)."隐喻的感悟及其文化背景".《外语学刊》,4:63－66.

王希杰.(2004).《汉语修辞学》(修订版).北京:商务印书馆.

王小潞.(2009).《汉语隐喻认知与ERP神经成像》.北京:高等教育出版社.

王小潞、黄彬瑶、李宏汀.(2016)."汉语篇章阅读中反语认知的心理机制:反语表达对肯定/否定数量词'聚焦效应'的影响".《外国语》,1:12－22.

王寅.(2008)."认知语言学的'体验概念化'对翻译主客观性的解释力———一项基于古诗'枫桥夜泊'40篇英译文的研究".《外语教学与研究》,3:211－217.

王寅.(2010)."主客主多重互动理解模式(SOS):理论建设与语料实证".《语言哲学研究》,1:39－50.

王寅.(2012)."哲学的第四转向:后现代主义".《外国语文》,2:9－15.

王寅.(2014).《语义理论与语言教学》(第二版).上海:上海外语教育出版社.

维特根斯坦著,陈嘉映译.(2001).《哲学研究》.上海:上海人民出版社.

魏景汉、匡培梓.(1995)."全视野汉字词义联想的ERP特征与汉字认识的ERP甄别".《心理学报》,4:413－421.

魏景汉、阎克乐.(2008).《认知神经科学基础》.北京:人民教育出版社.

温科学.(2006).《20世纪西方修辞学理论研究》.北京:中国社会科学出版社.

文军.(1992).《英语修辞格词典》.重庆:重庆大学出版社.

邬焜.(2011)."哲学基本问题与哲学的根本转向".《河北学刊》,4:11－21.

吴炳章.(2009).《交际博弈论———一种认知语用学的理论框架》(博士论文).开封:河南大学.

吴念阳、陈俊卿、居银、白洁、马子凤.(2012)."汉语隐喻理解时程的ERPs研究".《心理学报》,35(4):811－816.

谢之君.(2000)."隐喻:从修辞格到认知".《外语与外语教学》,3:9－12.

徐盛桓.(2006a)."相邻与补足".《四川外语学院学报》,2:107－111.

徐盛桓.(2006b)."相邻和相似".《暨南大学华文学院学报》,3:32－41.

徐盛桓.(2007a)."自主与依存".《外语学刊》,2:33－40.

徐盛桓.(2007b)."基于模型的语用推理".《外国语》,3:2－9.

徐盛桓.(2007c)."认知语用学研究论纲".《外语教学》,3:1－6.

徐盛桓.(2007d)."心理模型和类层级结构".认知语言学讲习班讲课提纲,(2007.05,长沙).

徐盛桓.(2008a)."转喻为什么可能".《上海交通大学学报(哲学社会科学版)》,1:69－77.

徐盛桓.(2008b)."转喻与分类逻辑".《外语教学与研究》,2:93－99.

徐盛桓.(2008c)."修辞研究的认知视角".《西安外国语大学学报》,2:1－5.

徐盛桓.(2008d)."隐喻为什么可能".《外语教学》,3:1－7.

徐盛桓.(2009)."外延内涵传承说———转喻机理新论".《外国语》,3:2－9.

徐盛桓.(2010)."心智哲学与语言研究".《外国语文》,5:30－35.

徐盛桓.(2011a)."移就为什么可能".《外语教学与研究》,3:323－334,479.

徐盛桓.(2011b)."语言研究的心智哲学视角———'心智哲学与语言研究'之五".《河

南大学学报(社科版)》,4：1-12.

徐盛桓.(2011c)."语言表达式的涌现属性". 全国认知语言学会第三次暑期讲习班
　　(2011.07,上海).

徐盛桓.(2012)."从心智到语言——心智哲学与语言研究的方法论问题".《当代语言
　　研究》,4：6-10.

徐盛桓.(2014)."隐喻的起因、发生和建构".《外语教学与研究》,3：364-374.

徐盛桓、陈香兰.(2010)."感受质和感受意".《现代外语》,4：331-338.

徐盛桓、何爱晶.(2014)."转喻隐喻机理新论——心智哲学视域下修辞研究之一".
　　《外语教学》,1：1-6.

徐盛桓、廖巧云.(2013)."意向性解释视域下的隐喻".《外语教学》,1：1-6.

许国璋.(1997).《论语言和语言学》. 北京：商务印书馆.

许力生.(2008)."从现代语言学走向后现代语言学".《浙江大学学报(人文社会科学
　　版)》,5：160-168.

雅可布森.(1989)."隐喻和转喻的两极". 载胡经之、张首映(主编),《西方二十世纪
　　文论选》(第二卷). 北京：中国社会科学出版社.

杨波、张辉.(2007)."跨感觉感知与通感形容词研究".《外语研究》,1：16-21.

杨鸿儒.(1997).《当代中国修辞学》. 北京：中国世界语出版社.

杨洁、舒华.(2010)."习语理解的大脑半球机制".《心理科学》,33(5)：1171-1173.

杨亦鸣、曹明.(1997)."汉语皮质下失语患者主动句式与被动句式理解、生成的比较
　　研究".《中国语文》,4：282-288.

杨亦鸣、曹明.(1998)."中文大脑词库形、音、义码关系的认知神经语言学研究".《中
　　国语文》,6：417-424.

杨亦鸣、曹明.(2000)."基于神经语言学的中文大脑词库初探".《语言文字应用》,3：
　　91-98.

杨亦鸣、梁丹丹、顾介鑫、翁旭初、封世文.(2002)."名动分类：语法的还是语义
　　的——汉语名动分类的神经语言学研究".《语言科学》,1：31-46.

杨治良、周颖、李林.(2003)."无意识认知的探索".《心理与行为研究》,3：161-165.

姚喜明等(编著).(2009).《西方修辞学简史》. 上海：上海大学出版社.

于爽.(2009)."当前国内分析哲学研究的几个主要问题".《哲学研究》,6：
　　125-126.

于鑫.(2004)."后现代主义背景下的语言符号研究——读福柯的《词与物》有感".
　　《解放军外国语学院学报》,2：33-37.

曾衍桃.(2001)."反语提述论——关联理论论反语述评". 载何自然、冉永平(主编),
　　《语用与认知——关联理论研究》. 北京：外语教学与研究出版社.

张涤华等(主编).(1988).《汉语语法修辞词典》. 合肥：安徽教育出版社.

张弓.(1963).《现代汉语修辞学》. 天津：天津人民出版社.

张辉.(2016).《熟语表征与加工的神经认知研究》. 上海：上海外语教育出版社.

张积家、陈栩茜.(2005)."句子背景下缺失音素的中文听觉词的音、义激活过程".《心
　　理学报》,37(5)：575-581.

张丽萍.(2008)."反语语用研究初探".《湖北广播电视大学学报》,28(2)：113-114.

张志公.(1994).《张志公语文教育论集》.北京：人民教育出版社.

赵海云.(2010)."汉英双关语认知对比研究".《现代语文》,11：100－102.

赵仑.(2010).《ERP实验教程》(修订版).南京：东南大学出版社.

赵艳芳.(2001).《认知语言学概论》.上海：上海外语教育出版社.

郑远汉.(1982).《辞格辨异》.武汉：湖北人民出版社.

中国社会科学院语言研究所词典编辑室.(2002).《汉英双语现代汉语词典》.北京：
　　外语教学与研究出版社.

周达生.(1988)."比拟的定义——兼论比拟的成分".《佛山大学佛山师专学报》,6：
　　41－47.

周频.(2013)."语言科学研究方法学探索——以认知神经科学为基础".《外语学
　　刊》,1：37－45.

周统权、舒华、柯友平.(2010)."动词的复杂性及其对言语加工的影响——失语症研
　　究综观".《武汉大学学报》,6：767－773.

周晓林.(1997)."语义激活中语音的有限作用".载彭聃龄、舒华、陈烜之(主编),《汉
　　语认知研究》.山东：山东教育出版社.

周晓林、曲延轩、舒华.(2004)."汉语听觉词汇加工中声调信息对语义激活的制约作
　　用".《心理学报》,36(4)：379－392.

周晓林、武宁宁、舒华.(1998)."中文阅读中语音与词义激活的相对时间进程：来自
　　儿童发展的证据".《心理科学》,21(6)：498－501.

周晓林、叶铮.(2006)."语言认知的脑基础".载罗跃嘉、姜扬、程康(主编),《认知神
　　经科学教程》.北京：北京大学出版社.

附 录

附录1：隐喻的实验材料

关键句a：可能性特征可提取的隐喻句

关键句b：可能性特征无需提取的直义句

关键句c：可能性特征不可提取的无关句

语境句：北京四合院结构类似于一个长方形，四面住人。可以说，

关键句a(隐喻)：四合院是个<u>盒子</u>。

关键句b(直义)：四合院是个<u>建筑</u>。

关键句c(无关)：四合院是个<u>名字</u>。

探测词：封闭 （Yes）

陈述句：四合院是一种圆形的构造。 （No）

语境句：小兴安岭总体面积巨大，其中的稀有植被繁多，可以说

关键句a(隐喻)：小兴安岭是<u>宝库</u>。

关键句b(直义)：小兴安岭是<u>森林</u>。

关键句c(无关)：小兴安岭是<u>地点</u>。

探测词：珍贵 （Yes）

陈述句：小兴安岭植被面积非常大。 （No）

语境句：当前公司准备解雇一些老员工并招一批新人。对公司而言，

关键句a(隐喻)：这就是<u>大换血</u>。

关键句b(直义)：这就是<u>大换人</u>。

关键句c(无关)：这就是<u>耍花样</u>。

探测词：更新 （Yes）

陈述句：目前公司正在调整人才结构。 （Yes）

语境句：青少年的教育必须下大力气，要舍得投资，因为在将来，

关键句a(隐喻)：少年是<u>栋梁</u>。

关键句b(直义)：少年是<u>人才</u>。

关键句c(无关)：少年是<u>仆人</u>。

探测词：精英 （Yes）

陈述句：青少年的教育是至关重要的。 （Yes）

语境句：王老师一生都献给了教育事业，奋战在教学一线，

关键句a(隐喻)：<u>桃李</u>遍布全国。

关键句b(直义)：<u>弟子</u>遍布全国。

关键句c(无关)：<u>亲戚</u>遍布全国。

探测词：徒弟 （Yes）

陈述句：王老师教书一生,至今尚未谈婚论嫁。 （No）

语境句：他帮董事长摆平了好几件棘手的事情,深得器重,现在,

关键句a(隐喻)：他是公司的<u>骨干</u>。

关键句b(直义)：他是公司的<u>人才</u>。

关键句c(无关)：他是公司的<u>厨师</u>。

探测词：杰出 （Yes）

陈述句：他能力很强,老总很看好。 （Yes）

语境句：北京自古在中国的历史上就具有重要地位,在当今中国,

关键句a(隐喻)：北京是<u>心脏</u>。

关键句b(直义)：北京是<u>首都</u>。

关键句c(无关)：北京是<u>城市</u>。

探测词：核心 （Yes）

陈述句：北京在当代中国具有重要地位。 （Yes）

语境句：科学家们奋战了三年时间,终于成功研制出了新药,

关键句a(隐喻)：这是努力的<u>结晶</u>。

关键句b(直义)：这是努力的<u>收获</u>。

关键句c(无关)：这是努力的<u>弊端</u>。

探测词：收获 （Yes）

陈述句：科学家们奋战多年最终以失败告终。 （No）

语境句：科比经常会送出恰到好处的助攻,让人叫好,人们都说:

关键句a(隐喻)：他是<u>瞄准器</u>。

关键句b(直义)：他是<u>好后卫</u>。

关键句c(无关)：他是<u>饲养员</u>。

探测词：精准 （Yes）

陈述句：科比传球传得非常到位。 （Yes）

语境句：当今工厂效率低下,再不提高效率就会倒闭,要记住:

关键句a(隐喻)：效率是<u>金钱</u>。

关键句b(直义)：效率是<u>关键</u>。

关键句c(无关)：效率是<u>数字</u>。

探测词：重要 （Yes）

陈述句：低效率会让企业越来越好。 （No）

语境句：谁也没想到琳琳竟然把自己的养父母害死了，在大家眼里，

关键句 a(隐喻)：琳琳是<u>毒蛇</u>。

关键句 b(直义)：琳琳是<u>杀手</u>。

关键句 c(无关)：琳琳是<u>成人</u>。

探测词：残忍 (Yes)

陈述句：琳琳狠心地谋害了养父母。(Yes)

语境句：有人总想着去忘记一些不好的事情，但却是徒劳，毕竟

关键句 a(隐喻)：记忆是<u>烙印</u>。

关键句 b(直义)：记忆是<u>往事</u>。

关键句 c(无关)：记忆是<u>过程</u>。

探测词：深刻 (Yes)

陈述句：记忆是轻而易举就可以忘掉的。 (No)

语境句：他四年资助了五个贫困儿童，给予各种关爱，对孩子而言，

关键句 a(隐喻)：关爱是<u>甘露</u>。

关键句 b(直义)：关爱是<u>善举</u>。

关键句 c(无关)：关爱是<u>行为</u>。

探测词：滋润 (Yes)

陈述句：他这几年帮助了五个贫困儿童。 (Yes)

语境句：王总经商多年，为防自己公司垮掉，他已经想好了后路，

关键句 a(隐喻)：真是个<u>老狐狸</u>。

关键句 b(直义)：真是个<u>生意人</u>。

关键句 c(无关)：真是个<u>老司机</u>。

探测词：精明 (Yes)

陈述句：王总准备好去买一块地皮了。(No)

语境句：红梅今天跟男朋友打了两小时电话了，室友都戏称：

关键句 a(隐喻)：她在<u>煲粥</u>。

关键句 b(直义)：她在<u>漫谈</u>。

关键句 c(无关)：她在<u>说谎</u>。

探测词：费时 (Yes)

陈述句：红梅跟老总电话打了很久。(No)

语境句：领导收受了不少贿赂，但秘书却装作什么也不知道，

关键句 a(隐喻)：给贪污提供<u>温床</u>。

关键句 b(直义)：给贪污提供<u>机会</u>。

关键句 c(无关)：给贪污提供<u>书本</u>。

探测词：助长 (Yes)

陈述句：领导秘书明天要去北京。 (No)

语境句:小丽是村里第一美女,长相和身材都很完美,都说:

关键句a(隐喻):小丽就是<u>天仙</u>。

关键句b(直义):小丽就是<u>美女</u>。

关键句c(无关):小丽就是<u>学生</u>。

探测词:漂亮　(Yes)

陈述句:小丽相貌是村里最出众的。　(Yes)

语境句:胡教授在核心期刊上发表了很多论文,在大家眼里,

关键句a(隐喻):肚里有不少<u>墨水</u>。

关键句b(直义):肚里有不少<u>学问</u>。

关键句c(无关):肚里有不少<u>器官</u>。

探测词:知识　(Yes)

陈述句:胡教授今年去了一趟韩国。　(No)

语境句:赵老板这些年生意越做越大,赚了一大笔钱,大家都说:

关键句a(隐喻):赵老板是<u>金库</u>。

关键句b(直义):赵老板是<u>富人</u>。

关键句c(无关):赵老板是<u>丈夫</u>。

探测词:有钱　(Yes)

陈述句:赵老板这些年生意屡屡碰壁。　(No)

语境句:年轻人需要多学习文化知识,不断去充实自己,毕竟

关键句a(隐喻):知识是<u>武器</u>。

关键句b(直义):知识是<u>技能</u>。

关键句c(无关):知识是<u>物理</u>。

探测词:辅助　(Yes)

陈述句:年轻人要多学知识,多出去旅游。　(No)

语境句:班长在紧要关头牺牲自己保全了全营战士,在大家心里,

关键句a(隐喻):他是<u>一座丰碑</u>。

关键句b(直义):他是<u>一位英雄</u>。

关键句c(无关):他是<u>一个厨子</u>。

探测词:伟大　(Yes)

陈述句:班长为战士献出了自己的生命。　(Yes)

语境句:中国人民解放军作风优良,能打胜仗。在百姓的心里,

关键句a(隐喻):军人就是<u>盾牌</u>。

关键句b(直义):军人就是<u>保障</u>。

关键句c(无关):军人就是<u>职业</u>。

探测词:年苏　(No)

陈述句:军队时刻保护着人们的安全。　(Yes)

语境句：王嫂自小就被卖到丁家，每天劈柴洗衣干活，在邻居看来，

关键句 a(隐喻)：王嫂就是<u>牛马</u>。

关键句 b(直义)：王嫂就是<u>仆人</u>。

关键句 c(无关)：王嫂就是<u>演员</u>。

探测词：副尔　(No)

陈述句：王嫂被卖给丁家做劳工。　(Yes)

语境句：老师一直以来都是一个奉献的职业，在学生和家长眼里，

关键句 a(隐喻)：老师是<u>园丁</u>。

关键句 b(直义)：老师是<u>好人</u>。

关键句 c(无关)：老师是<u>演员</u>。

探测词：发慢　(No)

陈述句：老师是一个比较轻松的职业。　(No)

语境句：老婆婆竟把香灰当灵药吃下去导致中毒身亡，大伙说：

关键句 a(隐喻)：迷信是<u>可怕毒药</u>。

关键句 b(直义)：迷信是<u>封建思想</u>。

关键句 c(无关)：迷信是<u>美好愿景</u>。

探测词：语如　(No)

陈述句：老婆婆喝了灵药后身体恢复健康。　(No)

语境句：老张炒股亏了不少，准备再投几十万，家人劝他说：

关键句 a(隐喻)：冲动是<u>幽灵魔鬼</u>。

关键句 b(直义)：冲动是<u>消极行为</u>。

关键句 c(无关)：冲动是<u>稳定情绪</u>。

探测词：美取　(No)

陈述句：大家劝老张要保持清醒的头脑。　(Yes)

语境句：这些年他仗着县令的官威四处欺压百姓，在百姓眼里，

关键句 a(隐喻)：他是县令的<u>爪牙</u>。

关键句 b(直义)：他是县令的<u>帮凶</u>。

关键句 c(无关)：他是县令的<u>亲戚</u>。

探测词：西扬　(No)

陈述句：他和县令联手为百姓造福。　(No)

语境句：少爷无论走到哪，管家都跟在后面，人们都戏称：

关键句 a(隐喻)：他是少爷的<u>影子</u>。

关键句 b(直义)：他是少爷的<u>随从</u>。

关键句 c(无关)：他是少爷的<u>老板</u>。

探测词：快脆　(No)

陈述句：管家总是陪在少爷身边。　(Yes)

附录 2：反语的实验材料

关键句 a：可能性特征可提取的反语句

关键句 b：可能性特征无需提取的直义句

关键句 c：可能性特征不可提取的无关句

语境句：小明在考试期间天天上网打游戏，朋友说道：

关键句 a(反语)：你可真是用功！

关键句 b(直义)：你可真是贪玩！

关键句 c(无关)：你可真是吝啬！

探测词：偷懒　（Yes）

陈述句：小明考试期间没有认真复习。　（Yes）

语境句：他三句话不和就跟人动手，妻子无奈道：

关键句 a(反语)：他的脾气很是温和。

关键句 b(直义)：他的脾气很是暴躁。

关键句 c(无关)：他的脾气很是幽默。

探测词：易怒　（Yes）

陈述句：他的脾气不好。　（Yes）

语境句：孩子一有不懂，他就大发雷霆，妻子不满道：

关键句 a(反语)：你真是有耐心。

关键句 b(直义)：你真是急性子。

关键句 c(无关)：你真是胆小鬼。

探测词：暴躁　（Yes）

陈述句：他很有耐心。　（No）

语境句：听说总经理只给灾区捐了 50 元，同事们议论道：

关键句 a(反语)：总经理真是慷慨。

关键句 b(直义)：总经理真是抠门。

关键句 c(无关)：总经理真是整洁。

探测词：吝啬　（Yes）

陈述句：总经理很小气。　（Yes）

语境句：我一旦遇到困难，他就消失，我也只能说：

关键句 a(反语)：他真是够朋友。

关键句 b(直义)：他真是没义气。

关键句 c(无关)：他真是有骨气。

探测词：不靠谱　（Yes）

陈述句：他这个人很厚道。　（No）

语境句：朋友在看一部电影时昏昏欲睡，结束后对我说：

关键句 a(反语)：这部电影实在是<u>精彩</u>！

关键句 b(直义)：这部电影实在是<u>无聊</u>！

关键句 c(无关)：这部电影实在是<u>团结</u>！

探测词：乏味　（Yes）

陈述句：这部电影不好看。　（Yes）

语境句：这条路坑坑洼洼的，根本无从下脚，小丽抱怨道：

关键句 a(反语)：这条路还真是<u>平坦</u>。

关键句 b(直义)：这条路还真是<u>崎岖</u>。

关键句 c(无关)：这条路还真是<u>宁静</u>。

探测词：凹凸不平　（Yes）

陈述句：这条路很坎坷。　（Yes）

语境句：这个孩子，让他别吵偏要吵，母亲便生气道：

关键句 a(反语)：你可真是<u>听话</u>。

关键句 b(直义)：你可真是<u>淘气</u>。

关键句 c(无关)：你可真是<u>刻苦</u>。

探测词：调皮　（Yes）

陈述句：这孩子很听话。　（No）

语境句：王太太天天遛狗逛街晒太阳，邻居不禁说道：

关键句 a(反语)：你可真是<u>忙碌</u>。

关键句 b(直义)：你可真是<u>悠闲</u>。

关键句 c(无关)：你可真是<u>团结</u>。

探测词：自在　（Yes）

陈述句：王太太每天都很忙。　（No）

语境句：新来的记者写篇稿子，错别字一个接一个，主编说道：

关键句 a(反语)：你可真是<u>仔细</u>。

关键句 b(直义)：你可真是<u>粗心</u>。

关键句 c(无关)：你可真是<u>温柔</u>。

探测词：马虎　（Yes）

陈述句：新来的记者写文章不太细心。　（Yes）

语境句：一点小失败就使他一蹶不振，队友们说道：

关键句 a(反语)：你真是够<u>坚强</u>。

关键句 b(直义)：你真是够<u>脆弱</u>。

关键句 c(无关)：你真是够<u>迷人</u>。

探测词：怯懦　（Yes）

陈述句：他很坚强。　（No）

语境句：这个饭店里苍蝇到处乱飞，顾客们都说道：

关键句a（反语）：这店还真是<u>卫生</u>。

关键句b（直义）：这店还真是<u>恶心</u>。

关键句c（无关）：这店还真是<u>宽敞</u>。

探测词：肮脏　（Yes）

陈述句：这个饭店环境很好。　（No）

语境句：小明思虑很久，还没决定是否参加比赛，室友说道：

关键句a（反语）：你还真是<u>果断</u>。

关键句b（直义）：你还真是<u>拖沓</u>。

关键句c（无关）：你还真是<u>谦虚</u>。

探测词：犹豫　（Yes）

陈述句：小明做事优柔寡断。　（Yes）

语境句：这个医生居然收病人的红包，同医院的护士说道：

关键句a（反语）：这种行为真是值得<u>赞美</u>。

关键句b（直义）：这种行为真是值得<u>抨击</u>。

关键句c（无关）：这种行为真是值得<u>想念</u>。

探测词：批判　（Yes）

陈述句：医生收红包的行为应受到谴责。　（Yes）

语境句：就两个人吃饭，他却点了这么多菜，女友说道：

关键句a（反语）：你还真是<u>节俭</u>。

关键句b（直义）：你还真是<u>败家</u>。

关键句c（无关）：你还真是<u>时尚</u>。

探测词：浪费　（Yes）

陈述句：他很节俭。　（No）

语境句：小高超出约定时间整整一个小时，朋友不耐烦道：

关键句a（反语）：你真是个<u>守时</u>的人。

关键句b（直义）：你真是个<u>拖沓</u>的人。

关键句c（无关）：你真是个<u>腼腆</u>的人。

探测词：迟到　（Yes）

陈述句：小高很有时间观念。　（No）

语境句：看着闺蜜日渐丰满的腰身，小王感叹道：

关键句a（反语）：你又变<u>苗条</u>了。

关键句b（直义）：你又变<u>臃肿</u>了。

关键句c（无关）：你又变<u>幽默</u>了。

探测词：肥胖　（Yes）

陈述句：闺蜜越来越瘦了。　（No）

语义修辞的认知神经机制研究

语境句：老李三年来受贿五百多万，邻居们感慨道：

关键句 a(反语)：他这官当得真是<u>清廉</u>。

关键句 b(直义)：他这官当得真是<u>腐败</u>。

关键句 c(无关)：他这官当得真是<u>悠闲</u>。

探测词：贪污　（Yes）

陈述句：老李为官不廉。　（Yes）

语境句：老师喜欢好学生，做错事也不惩罚，其他同学不满道：

关键句 a(反语)：老师真是<u>公正</u>。

关键句 b(直义)：老师真是<u>偏心</u>。

关键句 c(无关)：老师真是<u>优雅</u>。

探测词：袒护　（Yes）

陈述句：老师对学生一视同仁。　（No）

语境句：昨天才发生的事他都已经不记得了，女友感叹道：

关键句 a(反语)：你真是<u>好记性</u>。

关键句 b(直义)：你真是<u>爱忘事</u>。

关键句 c(无关)：你真是<u>乱弹琴</u>。

探测词：健忘　（Yes）

陈述句：他记性很好。　（No）

语境句：这可是施工重地，就这么让他们进去了，老板呵斥道：

关键句 a(反语)：你们也太<u>谨慎</u>了。

关键句 b(直义)：你们也太<u>大意</u>了。

关键句 c(无关)：你们也太<u>清高</u>了。

探测词：疏忽　（Yes）

陈述句：施工重地，闲人免进。　（Yes）

语境句：王明支持的球队连输了五场球，他很郁闷，说道：

关键句 a(反语)：我真是很<u>开心</u>。

关键句 b(直义)：我真是很<u>伤心</u>。

关键句 c(无关)：我真是很<u>朴素</u>。

探测词：难过　（Yes）

陈述句：王明支持的球队输了，因此很难过。　（Yes）

语境句：小王五音不全，唱歌跟杀猪一样，朋友说道：

关键句 a(反语)：你的歌声真是<u>天籁</u>。

关键句 b(直义)：你的歌声真是<u>难听</u>。

关键句 c(无关)：你的歌声真是<u>机灵</u>。

探测词：色难　（No）

陈述句：小王唱歌很好听。　（No）

语境句：小白说一句英语要停顿好几次，同学说道：

关键句a(反语)：你英语说得真<u>流利</u>。

关键句b(直义)：你英语说得真<u>结巴</u>。

关键句c(无关)：你英语说得真<u>冷漠</u>。

探测词：鲜空　(No)

陈述句：小白说英语很不流利。　（Yes）

语境句：这里充满各种生活垃圾和工业垃圾，县长感叹道：

关键句a(反语)：这里的空气真是<u>清新</u>。

关键句b(直义)：这里的空气真是<u>污浊</u>。

关键句c(无关)：这里的空气真是<u>端庄</u>。

探测词：落利　(No)

陈述句：这里的空气被严重污染。　（Yes）

语境句：小明从来不愿意帮助别人，同学们不满道：

关键句a(反语)：他真是个<u>助人为乐</u>的人。

关键句b(直义)：他真是个<u>自私自利</u>的人。

关键句c(无关)：他真是个<u>博学多才</u>的人。

探测词：明漠　(No)

陈述句：小明是一个热心的人。　（No）

语境句：甲经常炫耀自己知识渊博，周围的人议论道：

关键句a(反语)：他还真是<u>谦虚</u>。

关键句b(直义)：他还真是<u>自大</u>。

关键句c(无关)：他还真是<u>无情</u>。

探测词：墙天　(No)

陈述句：甲是一个自命不凡的人。　（Yes）

语境句：儿子每门课成绩都没有及格，父亲无奈道：

关键句a(反语)：你的学习成绩真是<u>优异</u>。

关键句b(直义)：你的学习成绩真是<u>糟糕</u>。

关键句c(无关)：你的学习成绩真是<u>寂寞</u>。

探测词：板气　(No)

陈述句：儿子的学习成绩很好。　（No）

语境句：甲从厨房中端出两盘烧焦的菜，乙评价道：

关键句a(反语)：你的厨艺真是<u>高超</u>。

关键句b(直义)：你的厨艺真是<u>拙劣</u>。

关键句c(无关)：你的厨艺真是<u>随和</u>。

探测词：劳快　(No)

陈述句：甲的厨艺不佳。　（Yes）

附录3：双关的实验材料

实验组(a)：可能性特征可提取的双关句

对照组1(b)：可能性特征不可提取的无关双关句

对照组2(c)：可能性特征不可提取的无关直义句

实验组(a)：

a1：语　境：银燕空调质量可靠,曾经打过这样一则有趣的广告：

　　关键句：银燕空调,"<u>冷静</u>"的选择。(关联双关)

　　探测词：理智(高度关联探测词)(Yes)

　　陈述句：选择银燕空调是理智的。(Yes)

a2：语　境：银燕空调质量可靠,曾经打过这样一则有趣的广告：

　　关键句：银燕空调,"<u>冷静</u>"的选择。(关联双关)

　　探测词：凉爽(中度关联探测词)(Yes)

　　陈述句：银燕空调制冷效果差、噪声大。(No)

对照组1(b)：

b1：语　境：马英九竞选台湾地区领导人时,台湾正处于萧条时期,他的竞选口号是：

　　关键句：不用担心,"<u>马上</u>就好"。(无关双关)

　　探测词：理智(高度无关探测词)(Yes)

　　陈述句："马上就好"可指"立刻就好"。(Yes)

b2：语　境：马英九竞选台湾地区领导人时,台湾正处于萧条时期,他的竞选口号是：

　　关键句：不用担心,"<u>马上</u>就好"。(无关双关)

　　探测词：凉爽(中度无关探测词)(Yes)

　　陈述句："马上"不可指"马英九上台"。(No)

对照组2(c)：

c1：语　境：银燕空调质量可靠,曾经打过这样一则有趣的广告：

　　关键句：银燕空调,"<u>大家</u>"的选择。(无关直义句)

　　探测词：理智(高度无关探测词)(Yes)

　　陈述句：人人愿意选择银燕空调。(Yes)

c2：语　境：银燕空调质量可靠,曾经打过这样一则有趣的广告：

　　关键句：银燕空调,"<u>大家</u>"的选择。(无关直义句)

　　探测词：凉爽(中度无关探测词)(Yes)

　　陈述句：无人愿意选择银燕空调。(No)

实验组(a)：

a1：语　境：马英九竞选台湾地区领导人时,台湾正处于萧条时期,他的竞选口号是：

　　关键句：不用担心,"<u>马上</u>就好"。(关联双关)

　　探测词：立刻(高度关联探测词)(Yes)

　　陈述句："马上就好"可指"立刻就好"。(Yes)

a2：语　境：马英九竞选台湾地区领导人时,台湾正处于萧条时期,他的竞选口号是：

关键句:不用担心,"马上就好"。(关联双关)

探测词:任职(中度关联探测词)(Yes)

陈述句:"马上"不可指"马英九上台"。(No)

对照组1(b):

b1:语　境:银燕空调质量可靠,曾经打过这样一则有趣的广告:

关键句:银燕空调,"冷静"的选择。(无关双关)

探测词:立刻(高度无关探测词)(Yes)

陈述句:选择银燕空调是理智的。(Yes)

b2:语　境:银燕空调质量可靠,曾经打过这样一则有趣的广告:

关键句:银燕空调,"冷静"的选择。(无关双关)

探测词:任职(中度无关探测词)(Yes)

陈述句:银燕空调制冷效果差、噪声大。(No)

对照组2(c):

c1:语　境:马英九竞选台湾地区领导人时,台湾正处于萧条时期,他的竞选口号是:

关键句:不用担心,"改革就好"。(无关直义句)

探测词:立刻(高度无关探测词)(Yes)

陈述句:马英九非常想竞选台湾地区领导人。(Yes)

c2:语　境:马英九竞选台湾地区领导人时,台湾正处于萧条时期,他的竞选口号是:

关键句:不用担心,"改革就好"。(无关直义句)

探测词:任职(中度无关探测词)(Yes)

陈述句:马英九不愿意竞选台湾地区领导人。(No)

实验组(a):

a1:语　境:百事可乐自出世以来,一直畅销,因此它有这样一则广告:

关键句:百事可乐让人口服心服。(关联双关)

探测词:钦佩(高度关联探测词)(Yes)

陈述句:百事可乐的销量让人口服心服。(Yes)

a2:语　境:百事可乐自出世以来,一直畅销,因此它有这样一则广告:

关键句:百事可乐让人口服心服。(关联双关)

探测词:喝下(中度关联探测词)(Yes)

陈述句:喝了百事可乐之后很不舒服。(No)

对照组1(b):

b1:语　境:某集团作为世界五百强,有这样一则著名的广告:

关键句:人类没有联想,世界将会怎样。(无关双关)

探测词:钦佩(高度无关探测词)(Yes)

陈述句:思维想象对人类发展极为重要。(Yes)

b2:语　境:某集团作为世界五百强,有这样一则著名的广告:

关键句:人类没有联想,世界将会怎样。(无关双关)

探测词：喝下（中度无关探测词）（Yes）

陈述句：联想集团不是世界五百强。（No）

对照组2（c）：

c1：语　境：百事可乐自出世以来，一直畅销，因此它有这样一则广告：

关键句：百事可乐让人神清气爽。（无关直义句）

探测词：钦佩（高度无关探测词）（Yes）

陈述句：喝百事可乐让人精神百倍。（Yes）

c2：语　境：百事可乐自出世以来，一直畅销，因此它有这样一则广告：

关键句：百事可乐让人神清气爽。（无关直义句）

探测词：喝下（中度无关探测词）（Yes）

陈述句：喝百事可乐让人精神萎靡。（No）

实验组（a）：

a1：语　境：某集团作为世界五百强，有这样一则著名的广告：

关键句：人类没有联想，世界将会怎样。（关联双关）

探测词：思维（高度关联探测词）（Yes）

陈述句：思维想象对人类发展极为重要。（Yes）

a2：语　境：某集团作为世界五百强，有这样一则著名的广告：

关键句：人类没有联想，世界将会怎样。（关联双关）

探测词：电脑（中度关联探测词）（Yes）

陈述句：联想集团不是世界五百强。（No）

对照组1（b）：

b1：语　境：百事可乐自出世以来，一直畅销，因此它有这样一则广告：

关键句：百事可乐让人口服心服。（无关双关）

探测词：思维（高度无关探测词）（Yes）

陈述句：百事可乐的销量让人口服心服。（Yes）

b2：语　境：百事可乐自出世以来，一直畅销，因此它有这样一则广告：

关键句：百事可乐让人口服心服。（无关双关）

探测词：电脑（中度无关探测词）（Yes）

陈述句：喝了百事可乐之后很不舒服。（No）

对照组2（c）：

c1：语　境：某集团作为世界五百强，有这样一则著名的广告：

关键句：人类没有进步，世界将会怎样。（无关直义句）

探测词：思维（高度无关探测词）（Yes）

陈述句：该集团属于世界五百强。（Yes）

c2：语　境：某集团作为世界五百强，有这样一则著名的广告：

关键句：人类没有进步，世界将会怎样。（无关直义句）

探测词：电脑（中度无关探测词）（Yes）

陈述句：该集团不是世界五百强。（No）

实验组（a）：

a1：语　境：某美发店发型师技艺高超，为了吸引顾客，在门口写道：

关键句：美丽人生，从头开始。（关联双关）

探测词：重新（高度关联探测词）（Yes）

陈述句：该店的发型师能够让你焕然一新。（Yes）

a2：语　境：某美发店发型师技艺高超，为了吸引顾客，在门口写道：

关键句：美丽人生，从头开始。（关联双关）

探测词：脑袋（中度关联探测词）（Yes）

陈述句：该店广告忽视发型的重要性。（No）

对照组1（b）：

b1：语　境：爱立信手机功能强大、小巧玲珑，因此它有这样一则广告：

关键句：爱立信，一切尽在掌握。（无关双关）

探测词：重新（高度无关探测词）（Yes）

陈述句：爱立信手机让你掌握大量信息。（Yes）

b2：语　境：爱立信手机功能强大、小巧玲珑，因此它有这样一则广告：

关键句：爱立信，一切尽在掌握。（无关双关）

探测词：脑袋（中度无关探测词）（Yes）

陈述句：爱立信手机不能轻松握在手里。（No）

对照组2（c）：

c1：语　境：某美发店发型师技艺高超，为了吸引顾客，在门口写道：

关键句：美丽人生，随时开始。（无关直义句）

探测词：重新（高度无关探测词）（Yes）

陈述句：这是一则理发店的广告。（Yes）

c2：语　境：某美发店发型师技艺高超，为了吸引顾客，在门口写道：

关键句：美丽人生，随时开始。（无关直义句）

探测词：脑袋（中度无关探测词）（Yes）

陈述句：这是一则快餐店的广告。（No）

实验组（a）：

a1：语　境：爱立信手机功能强大、小巧玲珑，因此它有这样一则广告：

关键句：爱立信，一切尽在掌握。（关联双关）

探测词：控制（高度关联探测词）（Yes）

陈述句：爱立信手机让你掌握大量信息。（Yes）

a2：语　境：爱立信手机功能强大、小巧玲珑，因此它有这样一则广告：

关键句：爱立信，一切尽在掌握。（关联双关）

探测词：手里（中度关联探测词）（Yes）

陈述句：爱立信手机不能轻松握在手里。（No）

对照组1(b)：

b1：语　　境：某美发店发型师技艺高超，为了吸引顾客，在门口写道：

　　关键句：美丽人生，<u>从头</u>开始。（无关双关）

　　探测词：控制（高度无关探测词）（Yes）

　　陈述句：该店的发型师能够让你焕然一新。（Yes）

b2：语　　境：某美发店发型师技艺高超，为了吸引顾客，在门口写道：

　　关键句：美丽人生，<u>从头</u>开始。（无关双关）

　　探测词：手里（中度无关探测词）（Yes）

　　陈述句：该店广告忽视发型的重要性。（No）

对照组2(c)：

c1：语　　境：爱立信手机功能强大、小巧玲珑，因此它有这样一则广告：

　　关键句：爱立信，一切尽在<u>屏幕</u>。（无关直义句）

　　探测词：控制（高度无关探测词）（Yes）

　　陈述句：爱立信手机携带很方便。（Yes）

c2：语　　境：爱立信手机功能强大、小巧玲珑，因此它有这样一则广告：

　　关键句：爱立信，一切尽在<u>屏幕</u>。（无关直义句）

　　探测词：手里（中度无关探测词）（Yes）

　　陈述句：爱立信手机功能不强大。（No）

实验组(a)：

a1：语　　境：某理发店为了宣传理发师的技艺，写了这样一条广告：

　　关键句：虽属毫发技艺，却是<u>顶上</u>功夫。（关联双关）

　　探测词：高超（高度关联探测词）（Yes）

　　陈述句：理发师的技艺非常高超。（Yes）

a2：语　　境：某理发店为了宣传理发师的技艺，写了这样一条广告：

　　关键句：虽属毫发技艺，却是<u>顶上</u>功夫。（关联双关）

　　探测词：头部（中度关联探测词）（Yes）

　　陈述句：理发师的技术不体现在头发上。（No）

对照组1(b)：

b1：语　　境：某冰箱公司作为合资企业，有这样一则极其有趣的广告：

　　关键句：中意冰箱，人人<u>中意</u>。（无关双关）

　　探测词：高超（高度无关探测词）（Yes）

　　陈述句：人人愿意选择中意冰箱。（Yes）

b2：语　　境：某冰箱公司作为合资企业，有这样一则极其有趣的广告：

　　关键句：中意冰箱，人人<u>中意</u>。（无关双关）

　　探测词：头部（中度无关探测词）（Yes）

　　陈述句：中意冰箱不是合资品牌。（No）

对照组2(c)：

c1：语　境：某理发店为了宣传理发师的技艺,写了这样一条广告:
　　关键句：虽属毫发技艺,却是<u>手上</u>功夫。(无关直义句)
　　探测词：高超(高度无关探测词)(Yes)
　　陈述句：理发师的技艺靠的是手法。(Yes)

c2：语　境：某理发店为了宣传理发师的技艺,写了这样一条广告:
　　关键句：虽属毫发技艺,却是<u>手上</u>功夫。(无关直义句)
　　探测词：头部(中度无关探测词)(Yes)
　　陈述句：理发师的技艺靠的不是手法。(No)

实验组(a):

a1：语　境：某冰箱公司作为合资企业,有这样一则极其有趣的广告:
　　关键句：中意冰箱,人人<u>中意</u>。(关联双关)
　　探测词：看好(高度关联探测词)(Yes)
　　陈述句：人人愿意选择中意冰箱。(Yes)

a2：语　境：某冰箱公司作为合资企业,有这样一则极其有趣的广告:
　　关键句：中意冰箱,人人<u>中意</u>。(关联双关)
　　探测词：品牌(中度关联探测词)(Yes)
　　陈述句：中意冰箱不是合资品牌。(No)

对照组1(b):

b1：语　境：某理发店为了宣传理发师的技艺,写了这样一条广告:
　　关键句：虽属毫发技艺,却是<u>顶上</u>功夫。(无关双关)
　　探测词：看好(高度无关探测词)(Yes)
　　陈述句：理发师的技艺非常高超。(Yes)

b2：语　境：某理发店为了宣传理发师的技艺,写了这样一条广告:
　　关键句：虽属毫发技艺,却是<u>顶上</u>功夫。(无关双关)
　　探测词：品牌(中度无关探测词)(Yes)
　　陈述句：理发师的技术不体现在头发上。(No)

对照组2(c):

c1：语　境：某冰箱公司作为合资企业,有这样一则极其有趣的广告:
　　关键句：中意冰箱,人人<u>知晓</u>。(无关直义句)
　　探测词：看好(高度无关探测词)(Yes)
　　陈述句：中意冰箱属于合资品牌。(Yes)

c2：语　境：某冰箱公司作为合资企业,有这样一则极其有趣的广告:
　　关键句：中意冰箱,人人<u>知晓</u>。(无关直义句)
　　探测词：品牌(中度无关探测词)(Yes)
　　陈述句：中意冰箱不是合资品牌。(No)

实验组(a):

a1：语　境：某洗发水护发效果极好,因此它有这样一则广告:

　　　　关键句：美丽秀发,尽在**飘柔**。(关联双关)

　　　　探测词：顺滑(高度关联探测词)(Yes)

　　　　陈述句：柔顺是头发好的一个标志。(Yes)

a2:语　境：某洗发水护发效果极好,因此它有这样一则广告:

　　　　关键句：美丽秀发,尽在**飘柔**。(关联双关)

　　　　探测词：产品(中度关联探测词)(Yes)

　　　　陈述句：飘柔洗发水护发效果差。(No)

对照组1(b):

b1:语　境：小张想去非洲体验一下生活,刚刚到那里,他就说:

　　　　关键句：以后开始尝试<u>非人</u>生活了。(无关双关)

　　　　探测词：顺滑(高度无关探测词)(Yes)

　　　　陈述句：小张以后要开始尝试艰苦生活了。(Yes)

b2:语　境：小张想去非洲体验一下生活,刚刚到那里,他就说:

　　　　关键句：以后要开始尝试<u>非人</u>生活了。(无关双关)

　　　　探测词：产品(中度无关探测词)(Yes)

　　　　陈述句：小张不想去尝试非洲人的生活。(No)

对照组2(c):

c1:语　境：某洗发水护发效果极好,因此它有这样一则广告:

　　　　关键句：美丽秀发,尽在**呵护**。(无关直义句)

　　　　探测词：顺滑(高度无关探测词)(Yes)

　　　　陈述句：该洗发水护发效果极好。(Yes)

c2:语　境：某洗发水护发效果极好,因此它有这样一则广告:

　　　　关键句：美丽秀发,尽在**呵护**。(无关直义句)

　　　　探测词：产品(中度无关探测词)(Yes)

　　　　陈述句：该洗发水护发效果极差。(No)

实验组(a):

a1:语　境：小张想去非洲体验一下生活,刚刚到那里,他就说:

　　　关键句：以后要开始尝试<u>非人</u>生活了。(关联双关)

　　　探测词：艰苦的(高度关联探测词)(Yes)

　　　陈述句：小张以后要开始尝试艰苦生活了。(Yes)

a2:语　境：小张想去非洲体验一下生活,刚刚到那里,他就说:

　　　关键句：以后要开始尝试<u>非人</u>生活了。(关联双关)

　　　探测词：当地的(中度关联探测词)(Yes)

　　　陈述句：小张不想去尝试非洲人的生活。(No)

对照组1(b):

b1:语　境：某洗发水护发效果极好,因此它有这样一则广告:

　　　关键句：美丽秀发,尽在**飘柔**。(无关双关)

探测词：艰苦的（高度无关探测词）（Yes）

陈述句：柔顺是头发好的一个标志。（Yes）

b2：语　境：某洗发水护发效果极好，因此它有这样一则广告：

关键句：美丽秀发，尽在<u>飘柔</u>。（无关双关）

探测词：当地的（中度无关探测词）（Yes）

陈述句：飘柔洗发水护发效果差。（No）

对照组2（c）：

c1：语　境：小张想去非洲体验一下生活，刚刚到那里，他就说：

关键句：以后要开始尝试<u>平常</u>生活了。（无关直义句）

探测词：艰苦的（高度无关探测词）（Yes）

陈述句：小张以后要开始尝试常人生活了。（Yes）

c2：语　境：小张想去非洲体验一下生活，刚刚到那里，他就说：

关键句：以后要开始尝试<u>平常</u>生活了。（无关直义句）

探测词：当地的（中度无关探测词）（Yes）

陈述句：小张以后要开始尝试富人生活了。（No）

实验组（a）：

a1：语　境：某品牌电梯质量可靠，为了吸引顾客，打出这样一则广告：

关键句：华达电梯助君<u>高升</u>。（关联双关）

探测词：晋职（高度关联探测词）（Yes）

陈述句：华达电梯助您升官发财。（Yes）

a2：语　境：某品牌电梯质量可靠，为了吸引顾客，打出这样一则广告：

关键句：华达电梯助君<u>高升</u>。（关联双关）

探测词：上楼（中度关联探测词）（Yes）

陈述句：华达电梯让您慢慢上楼。（No）

对照组1（b）：

b1：语　境：康乐厨房电器用品打了这样一则极其有趣的广告：

关键句：幸好有康乐为我<u>出气</u>。（无关双关）

探测词：晋职（高度无关探测词）（Yes）

陈述句：康乐牌厨房电器解决厨房困扰。（Yes）

b2：语　境：康乐厨房电器用品打了这样一则极其有趣的广告：

关键句：幸好有康乐为我<u>出气</u>。（无关双关）

探测词：上楼（中度无关探测词）（Yes）

陈述句：康乐牌厨房电器排烟效果差。（No）

对照组2（c）：

c1：语　境：某品牌电梯质量可靠，为了吸引顾客，打出这样一则广告：

关键句：华达电梯助君<u>轻松</u>。（无关直义句）

探测词：晋职（高度无关探测词）（Yes）

陈述句：华达电梯让您轻松上楼。（Yes）

c2：语　境：某品牌电梯质量可靠，为了吸引顾客，打出这样一则广告：

　　关键句：华达电梯助君<u>轻松</u>。（无关直义句）

　　探测词：上楼（中度无关探测词）（Yes）

　　陈述句：康乐电梯让您轻松上楼。（No）

实验组（a）：

a1：语　境：康乐厨房电器用品打了这样一则极其有趣的广告：

　　关键句：幸好有康乐为我<u>出气</u>。（关联双关）

　　探测词：排忧（高度关联探测词）（Yes）

　　陈述句：康乐牌厨房电器解决厨房困扰。（Yes）

a2：语　境：康乐厨房电器用品打了这样一则极其有趣的广告：

　　关键句：幸好有康乐为我<u>出气</u>。（关联双关）

　　探测词：排烟（中度关联探测词）（Yes）

　　陈述句：康乐牌厨房电器排烟效果差。（No）

对照组1（b）：

b1：语　境：某品牌电梯质量可靠，为了吸引顾客，打出这样一则广告：

　　关键句：华达电梯助君<u>高升</u>。（无关双关）

　　探测词：排忧（高度无关探测词）（Yes）

　　陈述句：华达电梯助您升官发财。（Yes）

b2：语　境：某品牌电梯质量可靠，为了吸引顾客，打出这样一则广告：

　　关键句：华达电梯助君<u>高升</u>。（无关双关）

　　探测词：排烟（中度无关探测词）（Yes）

　　陈述句：康乐电梯让您慢慢上楼。（No）

对照组2（c）：

c1：语　境：康乐厨房电器用品打了这样一则极其有趣的广告：

　　关键句：幸好有康乐为我<u>所用</u>。（无关直义句）

　　探测词：排忧（高度无关探测词）（Yes）

　　陈述句：这是一则厨房电器的广告。（Yes）

c2：语　境：康乐厨房电器用品打了这样一则极其有趣的广告：

　　关键句：幸好有康乐为我<u>所用</u>。（无关直义句）

　　探测词：排烟（中度无关探测词）（Yes）

　　陈述句：这不是一则厨房电器的广告。（No）

实验组（a）：

a1：语　境：某化妆品公司的产品质量一般，包装却很高端，大家都说：

　　关键句：他们可谓专做<u>表面</u>文章。（关联双关）

　　探测词：外部（高度关联探测词）（Yes）

　　陈述句：该化妆品公司重形式轻内涵。（Yes）

a2：语　　境：某化妆品公司的产品质量一般,包装却很高端,大家都说：
　　　关键句：他们可谓专做<u>表面</u>文章。(关联双关)
　　　探测词：脸蛋(中度关联探测词)(Yes)
　　　陈述句：该公司不做与美肤有关的产品。(No)

对照组1(b)：
b1：语　　境：某液体燃料加工厂的大门上写着这样一则有趣的标语：
　　　关键句：众志成城,为祖国<u>加油</u>。(无关双关)
　　　探测词：外部(高度无关探测词)(Yes)
　　　陈述句：该工厂希望为祖国发展贡献力量。(Yes)
b2：语　　境：某液体燃料加工厂的大门上写着这样一则有趣的标语：
　　　关键句：众志成城,为祖国<u>加油</u>。(无关双关)
　　　探测词：脸蛋(中度无关探测词)(Yes)
　　　陈述句：该工厂不为祖国补给石油能源。(No)

对照组2(c)：
c1：语　　境：某化妆品公司的产品质量一般,包装却很高端,大家都说：
　　　关键句：他们可谓专做<u>女性</u>文章。(无关直义句)
　　　探测词：外部(高度无关探测词)(Yes)
　　　陈述句：该公司专做女性美容产品。(Yes)
c2：语　　境：某化妆品公司的产品质量一般,包装却很高端,大家都说：
　　　关键句：他们可谓专做<u>女性</u>文章。(无关直义句)
　　　探测词：脸蛋(中度无关探测词)(Yes)
　　　陈述句：该公司专做男性美容产品。(No)

实验组(a)：
a1：语　　境：某液体燃料加工厂的大门上写着这样一则有趣的标语：
　　　关键句：众志成城,为祖国<u>加油</u>。(关联双关)
　　　探测词：出力(高度关联探测词)(Yes)
　　　陈述句：该工厂希望为祖国发展贡献力量。(Yes)
a2：语　　境：某液体燃料加工厂的大门上写着这样一则有趣的标语：
　　　关键句：众志成城,为祖国<u>加油</u>。(关联双关)
　　　探测词：能源(中度关联探测词)(Yes)
　　　陈述句：该工厂不为祖国补给石油能源。(No)

对照组1(b)：
b1：语　　境：某化妆品公司的产品质量一般,包装却很高端,大家都说：
　　　关键句：他们可谓专做<u>表面</u>文章。(无关双关)
　　　探测词：出力(高度无关探测词)(Yes)
　　　陈述句：该化妆品公司重形式轻内涵。(Yes)
b2：语　　境：某化妆品公司的产品质量一般,包装却很高端,大家都说：

附

录

　　关键句：他们可谓专做<u>表面</u>文章。（无关双关）

　　探测词：能源（中度无关探测词）（Yes）

　　陈述句：该公司不做与美肤有关的产品。（No）

对照组2（c）：

c1：语　境：某液体燃料加工厂的大门上写着这样一则有趣的标语：

　　关键句：众志成城，为祖国<u>祈祷</u>。（无关直义句）

　　探测词：出力（高度无关探测词）（Yes）

　　陈述句：这是一则燃料加工厂的标语。（Yes）

c2：语　境：某液体燃料加工厂的大门上写着这样一则有趣的标语：

　　关键句：众志成城，为祖国<u>祈祷</u>。（无关直义句）

　　探测词：能源（中度无关探测词）（Yes）

　　陈述句：这不是一则燃料加工厂的标语。（No）

实验组（a）：

a1：语　境：北京奥运快到了，我们作为浙江蒙娜袜业的员工：

　　关键句：要为北京奥运<u>做足</u>工夫。（关联双关）

　　探测词：充分（高度关联探测词）（Yes）

　　陈述句：我们为北京奥运会做足够准备。（Yes）

a2：语　境：北京奥运快到了，我们作为浙江蒙娜袜业的员工：

　　关键句：要为北京奥运<u>做足</u>工夫。（关联双关）

　　探测词：脚上（中度关联探测词）（Yes）

　　陈述句：我们不给北京奥运会生产袜子。（No）

对照组1（b）：

b1：语　境：天仙牌电扇的质量闻名遐迩，尤其是其朗朗上口的广告词：

　　关键句：天仙的名气是<u>吹出来</u>的。（无关双关）

　　探测词：充分（高度无关探测词）（Yes）

　　陈述句：天仙牌电风扇很有名气。（Yes）

b2：语　境：天仙牌电扇的质量闻名遐迩，尤其是其朗朗上口的广告词：

　　关键句：天仙的名气是<u>吹出来</u>的。（无关双关）

　　探测词：脚上（中度无关探测词）（Yes）

　　陈述句：天仙牌电风扇没有质量保证。（No）

对照组2（c）：

c1：语　境：北京奥运快到了，我们作为浙江蒙娜袜业的员工：

　　关键句：要为北京奥运<u>下点</u>工夫。（无关直义句）

　　探测词：充分（高度无关探测词）（Yes）

　　陈述句：为北京奥运会贡献一份力量。（Yes）

c2：语　境：北京奥运快到了，我们作为浙江蒙娜袜业的员工：

　　关键句：要为北京奥运<u>下点</u>工夫。（无关直义句）

探测词：脚上（中度无关探测词）（Yes）

陈述句：为伦敦奥运会贡献一份力量。（No）

实验组（a）：

a1：语　境：天仙牌电扇的质量闻名遐迩，尤其是其朗朗上口的广告词：

关键句：天仙的名气是<u>吹出来</u>的。（关联双关）

探测词：夸捧（高度关联探测词）（Yes）

陈述句：天仙牌电风扇很有名气。（Yes）

a2：语　境：天仙牌电扇的质量闻名遐迩，尤其是其朗朗上口的广告词：

关键句：天仙的名气是<u>吹出来</u>的。（关联双关）

探测词：风大（中度关联探测词）（Yes）

陈述句：天仙牌电风扇没有质量保证。（No）

对照组1（b）：

b1：语　境：北京奥运快到了，我们作为浙江蒙娜袜业的员工：

关键句：要为北京奥运做<u>足</u>工夫。（无关双关）

探测词：夸捧（高度无关探测词）（Yes）

陈述句：我们为北京奥运会做足够准备。（Yes）

b2：语　境：北京奥运快到了，我们作为浙江蒙娜袜业的员工：

关键句：要为北京奥运<u>做足</u>工夫。（无关双关）

探测词：风大（中度无关探测词）（Yes）

陈述句：我们不给北京奥运会生产袜子。（No）

对照组2（c）：

c1：语　境：天仙牌电扇的质量闻名遐迩，尤其是其朗朗上口的广告词：

关键句：天仙的名气是<u>传出来</u>的。（无关直义句）

探测词：夸捧（高度无关探测词）（Yes）

陈述句：该电风扇是天仙牌。（Yes）

c2：语　境：天仙牌电扇的质量闻名遐迩，尤其是其朗朗上口的广告词：

关键句：天仙的名气是<u>传出来</u>的。（无关直义句）

探测词：风大（中度无关探测词）（Yes）

陈述句：该电风扇不是天仙牌。（No）

Filler Material

实验组（a）：

a1：语　境：某通信产品卖场在搞促销活动，做了这样一条宣传标语：

关键句：百年一遇，劝君莫失<u>良机</u>。（关联双关）

探测词：月阳（假词）（No）

陈述句：商品促销活动，机会难得。（Yes）

a2：语　境：某通信产品卖场在搞促销活动，做了这样一条宣传标语：

语义修辞的认知神经机制研究

　　　关键句：百年一遇,劝君莫失<u>良机</u>。(关联双关)
　　　探测词：体云(假词)(No)
　　　陈述句：该卖场不出售通信产品。(No)

对照组1(b)：

b1：语　境：某汽车公司的产品非常畅销,它有这样一则广告：
　　　关键句：万事俱备,只欠<u>东风</u>。(无关双关)
　　　探测词：月阳(假词)(No)
　　　陈述句：只差最后一个条件就可以开始了。(Yes)

b2：语　境：某汽车公司的产品非常畅销,它有这样一则广告：
　　　关键句：万事俱备,只欠<u>东风</u>。(无关双关)
　　　探测词：体云(假词)(No)
　　　陈述句：该汽车的品牌不是东风。(No)

对照组2(c)：

c1：语　境：某通信产品卖场在搞促销活动,做了这样一条宣传标语：
　　　关键句：百年一遇,劝君莫失<u>优惠</u>。(无关直义句)
　　　探测词：月阳(假词)(No)
　　　陈述句：该通信卖场在搞促销活动。(Yes)

c2：语　境：某通信产品卖场在搞促销活动,做了这样一条宣传标语：
　　　关键句：百年一遇,劝君莫失<u>优惠</u>。(无关直义句)
　　　探测词：体云(假词)(No)
　　　陈述句：该卖场没在搞促销活动。(No)

实验组(a)：

a1：语　境：某汽车公司的产品非常畅销,它有这样一则广告：
　　　关键句：万事俱备,只欠<u>东风</u>。(关联双关)
　　　探测词：里飞(假词)(No)
　　　陈述句：只差最后一个条件就可以开始了。(Yes)

a2：语　境：某汽车公司的产品非常畅销,它有这样一则广告：
　　　关键句：万事俱备,只欠<u>东风</u>。(关联双关)
　　　探测词：高填(假词)(No)
　　　陈述句：该汽车的品牌不是东风。(No)

对照组1(b)：

b1：语　境：某通信产品卖场在搞促销活动,做了这样一条宣传标语：
　　　关键句：百年一遇,劝君莫失<u>良机</u>。(无关双关)
　　　探测词：里飞(假词)(No)
　　　陈述句：商品促销活动,机会难得。(Yes)

b2：语　境：某通信产品卖场在搞促销活动,做了这样一条宣传标语：
　　　关键句：百年一遇,劝君莫失<u>良机</u>。(无关双关)

探测词：高填（假词）（No）

陈述句：该卖场不出售通信产品。（No）

对照组2（c）：

c1：语　境：某汽车公司的产品非常畅销，它有这样一则广告：

关键句：万事俱备，只欠<u>付款</u>。（无关直义句）

探测词：里飞（假词）（No）

陈述句：该品牌汽车为畅销汽车。（Yes）

c2：语　境：某汽车公司的产品非常畅销，它有这样一则广告：

关键句：万事俱备，只欠<u>付款</u>。（无关直义句）

探测词：高填（假词）（No）

陈述句：该品牌汽车不是畅销汽车。（No）

实验组（a）：

a1：语　境：天大集团作为国内著名的制药公司，它有这样一则广告：

关键句：您的健康是<u>天大</u>的事。（关联双关）

探测词：金久（假词）（No）

陈述句：身体健康是件重要的事。（Yes）

a2：语　境：天大集团作为国内著名的制药公司，它有这样一则广告：

关键句：您的健康是<u>天大</u>的事。（关联双关）

探测词：紫长（假词）（No）

陈述句：天大集团不是药业公司。（No）

对照组1（b）：

b1：语　境：《知音》作为国内著名的情感类杂志，有这样一则广告：

关键句：人生得一<u>知音</u>足矣。（无关双关）

探测词：金久（假词）（No）

陈述句：人生能够得一知己足矣。（Yes）

b2：语　境：《知音》作为国内著名的情感类杂志，有这样一则广告：

关键句：人生得一<u>知音</u>足矣。（无关双关）

探测词：紫长（假词）（No）

陈述句：《知音》为一本经济类杂志。（No）

对照组2（c）：

c1：语　境：天大集团作为国内著名的制药公司，它有这样一则广告：

关键句：您的健康是<u>自己</u>的事。（无关直义句）

探测词：金久（假词）（No）

陈述句：天大集团是家药业公司。（Yes）

c2：语　境：天大集团作为国内著名的制药公司，它有这样一则广告：

关键句：您的健康是<u>自己</u>的事。（无关直义句）

探测词：紫长（假词）（No）

陈述句：天大集团不是药业公司。(No)

实验组(a)：

a1：语　境：《知音》作为国内著名的情感类杂志,有这样一则广告：

关键句：人生得一<u>知音</u>足矣。(关联双关)

探测词：桔牛(假词)(No)

陈述句：人生能够得一知己足矣。(Yes)

a2：语　境：《知音》作为国内著名的情感类杂志,有这样一则广告：

关键句：人生得一<u>知音</u>足矣。(关联双关)

探测词：柚狗(假词)(No)

陈述句：《知音》为一本经济类杂志。(No)

对照组1(b)：

b1：语　境：天大集团作为国内著名的制药公司,它有这样一则广告：

关键句：您的健康是<u>天大</u>的事。(无关双关)

探测词：桔牛(假词)(No)

陈述句：身体健康是件重要的事。(Yes)

b2：语　境：天大集团作为国内著名的制药公司,它有这样一则广告：

关键句：您的健康是<u>天大</u>的事。(无关双关)

探测词：柚狗(假词)(No)

陈述句：天大集团不是药业公司。(No)

对照组2(c)：

c1：语　境：《知音》作为国内著名的情感类杂志,有这样一则广告：

关键句：人生得一<u>良品</u>足矣。(无关直义句)

探测词：桔牛(假词)(No)

陈述句：《知音》为国内情感类杂志。(Yes)

c2：语　境：《知音》作为国内著名的情感类杂志,有这样一则广告：

关键句：人生得一<u>良品</u>足矣。(无关直义句)

探测词：柚狗(假词)(No)

陈述句：《知音》不是国内情感类杂志。(No)

实验组(a)：

a1：语　境：大宝护肤品保水护肤效果好,它有一则知名的广告：

关键句：想要皮肤好,<u>早晚</u>用大宝。(关联双关)

探测词：星自(假词)(No)

陈述句：要想皮肤好,迟早用大宝。(Yes)

a2：语　境：大宝护肤品保水护肤效果好,它有一则知名的广告：

关键句：想要皮肤好,<u>早晚</u>用大宝。(关联双关)

探测词：术仪(假词)(No)

陈述句：早、晚都用大宝皮肤也变不好。(No)

对照组1(b)：

b1：语　境：现在开会,领导讲话都是白纸黑字印好的,用不着记什么：
　　关键句：讲的反正都是<u>些普通话</u>。(无关双关)
　　探测词：星自(假词)(No)
　　陈述句：领导开会都是用北方普通话讲的。(Yes)

b2：语　境：现在开会,领导讲话都是白纸黑字印好的,用不着记什么：
　　关键句：讲的反正都是<u>些普通话</u>。(无关双关)
　　探测词：术仅(假词)(No)
　　陈述句：领导开会讲的都是很有意义的话。(No)

对照组2(c)：

c1：语　境：大宝护肤品保水护肤效果好,它有一则知名的广告：
　　关键句：想要皮肤好,<u>最好</u>用大宝。(无关直义句)
　　探测词：星自(假词)(No)
　　陈述句：大宝能让你的皮肤变好。(Yes)

c2：语　境：大宝护肤品保水护肤效果好,它有一则知名的广告：
　　关键句：想要皮肤好,<u>最好</u>用大宝。(无关直义句)
　　探测词：术仅(假词)(No)
　　陈述句：大宝不能让你皮肤变好。(No)

实验组(a)：

a1：语　境：现在开会,领导讲话都是白纸黑字印好的,用不着记什么：
　　关键句：讲的反正都是<u>些普通话</u>。(关联双关)
　　探测词：肺木(假词)(No)
　　陈述句：领导开会都是用北方普通话讲的。(Yes)

a2：语　境：现在开会,领导讲话都是白纸黑字印好的,用不着记什么：
　　关键句：讲的反正都是<u>些普通话</u>。(关联双关)
　　探测词：力水(假词)(No)
　　陈述句：领导开会讲的都是很有意义的话。(No)

对照组1(b)：

b1：语　境：大宝护肤品保水护肤效果好,它有一则知名的广告：
　　关键句：想要皮肤好,<u>早晚</u>用大宝。(无关双关)
　　探测词：肺木(假词)(No)
　　陈述句：要想皮肤好,迟早用大宝。(Yes)

b2：语　境：大宝护肤品保水护肤效果好,它有一则知名的广告：
　　关键句：想要皮肤好,<u>早晚</u>用大宝。(无关双关)
　　探测词：力水(假词)(No)
　　陈述句：早、晚都用大宝皮肤也变不好。(No)

附

录

对照组 2(c)：

c1：语　境：现在开会,领导讲话都是白纸黑字印好的,用不着记什么：

　　关键句：讲的反正都是些大道理。(无关直义句)

　　探测词：肺木(假词)(No)

　　陈述句：领导讲的都是大家知道的。(Yes)

c2：语　境：现在开会,领导讲话都是白纸黑字印好的,用不着记什么：

　　关键句：讲的反正都是些大道理。(无关直义句)

　　探测词：力水(假词)(No)

　　陈述句：领导讲的都是大家不知道的。(No)